山と溪谷社 編

山のリスクマネジメント

ヤマケイ登山学校
山と溪谷社

Contents

ヤマケイ登山学校

山のリスクマネジメント

リスクマネジメントって何だ？

リスクマネジメントとは、その言葉どおり「危機管理」のことであり、起こりうるリスクを事前に想定し、それが発生したときに損害を最小限に抑えるための対応のことを指す。

山に登る際にも、そのリスクマネジメントが必要不可欠となる。なぜなら、山という自然のなかにはさまざまな危険が潜んでおり、そこをフィールドとする登山は常に危険と背中合わせにあるからだ。そうした危険に対するリスクマネジメントがなされてこそ、楽しく充実した登山が初めて実現できるといっていい。

しかし残念ながら、リスクマネジメントの重要性をすべての登山者が認識しているとはいえないようで、遭難事故は増え続ける一方だ。いまや年間の遭難件数は2000件を超えるまでになり、遭難者は3000人以上を数え、死者・行方不明者は300人以上にものぼる。

その根底にあるいちばんの問題は、本章でも触れるが、登山者が危険を察知できない、あるいは察知しようとしないことではないかと思う。実際、「自分は遭難しない」と、根拠なく思い込んでいる登山者は決して少なくない。「危ない山には行かないから」「しっかりしたリーダーがついているから」「もう何十年も山をやってきているから」といった声も、これまでに何度か耳にしてきた。だが、半ば観光地化された低山でも遭難事故は起きているし、リーダーが行動不能に陥ってしまうことだってある。それに、登山歴がウン十年という山のベテランが、これまでに数えきれないほど山で命を落としている。

遭難事故は決して〝対岸の火事〟ではなく、山に登っている以上、いつ自分たちの身に降りかかってきてもおかしくはない。山で遭難して九死に一生を得た人は、異口同音に「まさか自分が遭難するとは」と言う。それが、明日は〝我が身〟かもしれないのが、山の現実である。

山でのリスクを回避して、楽しい思い出とともに帰宅できる登山を毎回実践していただくために、本書を役立たせてもらえたなら幸いである。

（羽根田 治／ライター）

Part 1

登山のプランニング

山に潜むリスク

山は危険と隣り合わせ

この雄大で美しい山には、さまざまな危険が潜んでいる

今日、老若男女を問わず、多くの登山者が四季折々に個々のスタイルで登山を楽しんでいる。美しい自然に魅せられて、達成感を得るため、忙しない日常を忘れるため、心身を鍛えるため、癒やしを求めて、などなど、その目的は人それぞれだ。

日本は国土の約73％を山地が占める山国であり、標高数百メートルの低山から3000m級の北アルプスまで、個性豊かな山々が全国各地に数えきれないほどある。そこでの楽しみ方は、無限に広がっているといっても過言ではない。

しかし、山はいつもやさしい表情でわれわれを迎え入れてくれるとは限らない。人間の思惑など関係なく、ときに山の自然は突如として牙をむいてくる。雄大で美しく見える山の自然には、さまざまなリスクが潜んでいる。標高の高低や季節に関係なく、登山は多かれ少なかれリスクが伴うものであり、それがいつ自分に降りかかってきてもおかしくはない。山の中にいるかぎり、人は誰でも常に遭難と背中合わせの状態にある――それを登山者はしっかりと認識すべきである。

クライミングインストラクター＆ガイドの菊地敏之氏は、その著書のなかで〈「危険」がもっとも危険なのは、その危険を察知できない事にある〉と述べている。増加する一方の遭難事故に歯止めをかけるために必要不可欠なのは、ひとりひとりの登山者が「山には危険がついてまわる」という認識をもって山と向き合うことであり、それが登山のリスクマネジメントのスタートラインとなろう。

さて、山のリスクには、図で示したように「地形的因子」「気象的因子」「人的因子」の主に3つがある。実際の遭難事故はこの3つが絡み合って起きているが、人的因子が関係しなければ事故は起こらない。すなわち、遭難事故防止の鍵は、どのように人的因子を排除するか、言葉を替えれば、いかにヒューマンエラーをなくすか、なのである。

山の三大危険因子

人的因子

もともと人間の側に潜んでいるリスク。たとえばある程度の登山経験がある人は過信や油断、不注意による事故を起こしやすい傾向にある。逆に初心者や高齢者は、体力・技術・知識不足による事故が目立っている。中高年層になると、疾病や持病の危険因子も高くなる。そのほか、認知バイアス(人間が無意識的に潜在させている思考の偏りやゆがみ)も事故を引き起こす見逃せない要因となる

気象的因子

気象現象に潜むリスク。雨、雪、風、低温などは低体温症や凍傷を引き起こしやすくなるし、高温は熱中症の要因となる。ガスや吹雪のときにはルートミスを犯しやすく、強風は転落の直接的原因ともなる。また、雨や雪に濡れた岩場は滑りやすくなって転・滑落やスリップを誘引するし、台風が登山道の崩壊をもたらすこともある。やはり地形的要因との兼ね合いでさまざまなリスクが現出してくる

地形的因子

岩場では転倒や転・滑落、樹林帯では道迷い、山頂では落雷など、沢筋では増水など、山の地形そのものに起因するリスク。どんなに安全そうに見える地形であってもリスクが皆無ということはない。たとえば平坦な草原でも、ガスに巻かれると方向がわかりにくくなりルートミスのリスクが高まるというように、気象的因子との相互関係によってリスキーな状況となることもある

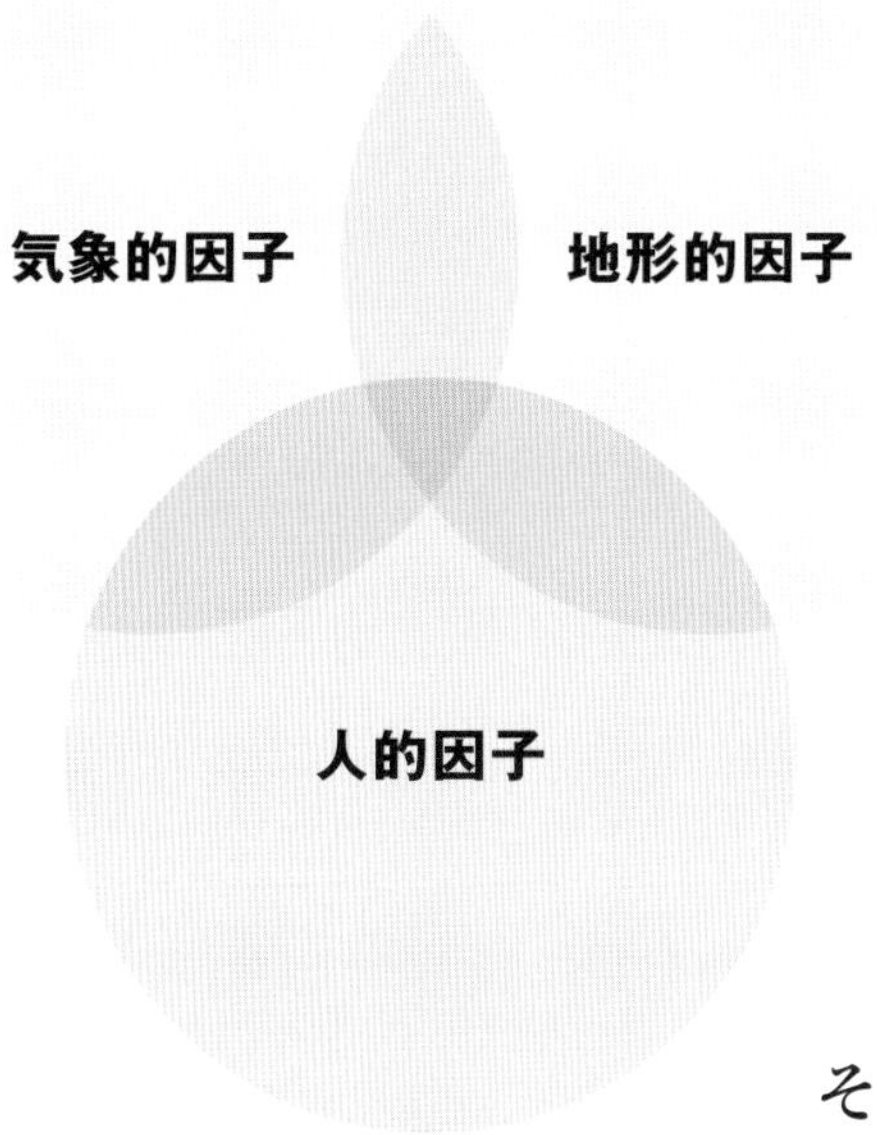

「地形的因子」「気象的因子」「人的因子」を図示すると左のようになり、この3つが複合的に絡み合って引き起こされている。ただし、遭難事故は人的因子が介在してこないかぎり起こらない。山頂に落雷があっても、そこに登山者がいなければ事故にならないのと同じ理屈である。それが、「遭難事故の大半は人為的なミスによって起きている」といわれるゆえんでもある

結局のところ、
「危険」が最も危険なのは、
その危険を察知できないことにある。
問題なのは、なにが危険なのかわからない、
危険をシミュレーションできない、
危険なことを危険なことだと考えられない、
ということなのだ。

菊池敏之『最新クライミング技術』(東京新聞出版局)より

自分とコースの体力レベルを知る

過大評価すると痛い目に

スポーツや日常生活における運動強度の目安

	運動の強さ	歩く／走る速さ	スポーツ、生活習慣の種類
	1メッツ台		寝る、座る、立つ、食事、入浴 デスクワーク、車に乗る
	2メッツ台	ゆっくり歩く	立ち仕事、ストレッチング、 ヨガ、キャッチボール
	3メッツ台	ふつうに歩く～やや速く歩く	階段を下りる、掃除、 軽い筋力トレーニング、ボウリング、 バレーボール、室内で行なう軽い体操
	4メッツ台	速歩き	水中運動、バドミントン、ゴルフ、 バレエ、庭仕事
	5メッツ台	かなり速く歩く	野球、ソフトボール、子どもと遊ぶ
ハイキング▶	6メッツ台	ジョギングと歩行の組み合わせ	バスケットボール、水泳（ゆっくり）、 エアロビクス
無雪期の一般登山▶	7メッツ台	ジョギング	サッカー、テニス、スケート、スキー
岩山登山・雪山登山▶	8メッツ台	ランニング（分速130m）	サイクリング（時速20km）、 水泳（中くらいの速さ）、階段を上がる
	9メッツ台		荷物を上の階に運ぶ
	10メッツ台	ランニング（分速160m）	柔道、空手、ラグビー
ロッククライミング▶	11メッツ台		速く泳ぐ、階段を駆け上がる

＊「メッツ」は、ある動作や運動が安静時の何倍のエネルギーを使うかを示す単位

マイペース登高能力テストのやり方

マイペースで登り、かかった時間から
1時間あたりの登高標高差を求める。
・きつさを感じる手前のスピード
・息が弾まないで、話をしながら登れるスピード
・休みながら数時間程度同じ速さで登れるスピード

体重の10%程度の荷物
できるだけ単調な登りが500m以上続くルートを選ぶ

マイペース登高能力テストの評価指針

1時間当たりの登高標高差	メッツ
500m/h以上	8メッツ台
400m/h以上	7メッツ台
300m/h以上	6メッツ台
300m/h未満	6メッツ未満

「マイペース登高能力テスト」で、自分の体力レベルを知ることができる。定期的に同じルートで行なえば、体力レベルの推移も把握できる。やさしい登山ルートなら6メッツ程度の体力が、難しい登山ルートとなると8メッツ以上の体力が必要となる

上の表は、さまざまなスポーツや日常生活における動作の運動強度を示したものであり、登山は意外に過酷な運動であることが読み取れる。そこで気になってくるのが、今の自分の体力レベルはどれぐらいなのかということだが、それを知るのに役立つのが、鹿屋《かのや》体育大学の山本正嘉《やまもとまさよし》教授が考案した「マイペース登高能力テスト」だ。テストの結果、たとえば1時間に400m以上の標高差を登れたのであれば、無雪期の一般コースを歩くのに必要な体力が備わっているということになる。

一方、登山コースごとの運動強度（体力的なキツさ）を数値化したのが「ルート定数」で、やはり山本教授が考案した公式によって求められる（次ページ参照）。このルート定数に重さの要素（体重と荷物の合計）を掛け合わせると、そのコースを歩くのに必要なエネルギー消費量もわかるので、自分の体力レベルの評価と合わせてプランニングの参考にするといいだろう。

ルート定数および登山中のエネルギー消費量を求める公式

登山中のエネルギー消費量（kcal）

＝

ルート定数

時間の要素：1.8×行動時間（h）
＋
距離の要素：0.3×歩行距離（km）＋10.0×登りの累積標高差（km）＋0.6×下りの累積標高差（km）

×

重さの要素：体重（kg）＋ザック重量（kg）

ルート定数とは、登山コースの体力的なキツさを1〜100前後の数字で数値化したもので、数字が大きいほど体力的にキツいコースということになる。このルート定数をもとに、そのコースを歩く際のエネルギー消費量を求めることができる。長野県の『信州 山のグレーディング』の一覧表に主要登山コースのルート定数が示されているので、計算が楽だ。なお、同じコースを歩く際の水分消費量も上記と同じ公式で求められる（エネルギー消費量の単位kcalをmlに置き換えるだけでいい）

北アルプス 山のグレーディング一覧表（「信州 山のグレーディング一覧表」より抜粋）

★＝縦走コース　◍＝周回コース

ルート名称	スタート地点	ルート中の最高地点	終了地点	合計タイム（時間）	ルート長（km）	累積登り標高差（km）	累積下り標高差（km）	ルート定数
有明山（中房）	有明荘	有明山	有明荘	7	5.3	0.98	0.98	24.5
★裏銀座（高瀬ダム・上高地）	高瀬ダム	槍ヶ岳	上高地	32.3	47.8	3.84	3.6	113.1
烏帽子岳（高瀬ダム）〈ブナ立尾根〉	高瀬ダム	烏帽子岳	高瀬ダム	9.8	12.1	1.55	1.55	37.8
奥穂高岳（上高地）〈涸沢〉	上高地	奥穂高岳	上高地	17.7	36.6	2.08	2.08	64.8
★表銀座（中房温泉・上高地）	燕岳登山口	槍ヶ岳	上高地	25.3	37.5	3.07	3.02	89.2
★不帰キレット（猿倉・八方池山荘）	猿倉	唐松岳	八方池山荘	16.1	18.5	2.21	1.62	57.6
餓鬼岳（白沢登山口）	白沢登山口	餓鬼岳	白沢登山口	11	13.6	1.78	1.78	42.7
風吹岳（風吹登山口）	風吹登山口	風吹岳	風吹登山口	6.5	6.9	0.82	0.82	22.4
★鹿島・爺ヶ岳（大谷原・扇沢）	大谷原	鹿島槍ヶ岳（南峰）	扇沢	15.1	19.8	2.4	2.14	58.3
鹿島槍ヶ岳（大谷原）	大谷原	鹿島槍ヶ岳（南峰）	大谷原	14.2	18.4	2.05	2.05	52.7
鹿島槍ヶ岳（扇沢）	扇沢	鹿島槍ヶ岳（南峰）	扇沢	14.8	21.2	2.44	2.44	58.8
霞沢岳（上高地）	上高地	霞沢岳	上高地	13.1	23.1	1.81	1.81	49.7
涸沢（上高地）	上高地	涸沢	上高地	11.3	30.6	1.17	1.17	42
★唐松・五竜（八方池山荘・アルプス平駅）	八方池山荘	五竜岳	アルプス平駅	12.1	17.1	1.66	1.97	44.7
唐松岳（八方池山荘）	八方池山荘	唐松岳	八方池山荘	7.1	10.5	0.95	0.95	26
北葛岳（七倉）	七倉	北葛岳	七倉	14	13.1	1.88	1.88	49.1
北穂高岳（上高地）〈涸沢〉	上高地	北穂高岳	上高地	16	34.7	1.97	1.97	60.1
五竜岳（アルプス平駅）	アルプス平駅	五竜岳	アルプス平駅	11.4	15.4	1.62	1.62	42.4
小蓮華岳（栂池）	栂池自然園	小蓮華岳	栂池自然園	9.3	13.3	1.14	1.14	32.8
爺ヶ岳（扇沢）	扇沢	爺ヶ岳	扇沢	8.3	12.3	1.57	1.57	35.1
常念岳（一ノ沢）	一ノ沢	常念岳	一ノ沢	10	12.1	1.53	1.53	37.9
常念岳（三股）	三股	常念岳	三股	13.7	10.5	1.53	1.53	44
★白馬→朝日（猿倉・蓮華温泉）	猿倉	白馬岳	蓮華温泉	19.7	28.6	2.91	2.68	74.6
白馬岳（猿倉）	猿倉	白馬岳	猿倉	9.8	13.2	1.72	1.72	39.9
白馬岳（栂池）	栂池自然園	白馬岳	栂池自然園	12	17.7	1.5	1.5	42.8
◍大キレット（上高地）〈北穂→槍〉	上高地	槍ヶ岳	上高地	25.2	41.7	2.65	2.65	86
★蝶ヶ岳・常念（上高地・一ノ沢）〈長塀尾根〉	上高地	常念岳	一ノ沢	15	22.8	1.9	2.07	54
★蝶ヶ岳・常念（三股・一ノ沢）	三股	常念岳	一ノ沢	11.8	15.8	1.96	1.99	46.7
蝶ヶ岳（三股）	三股	蝶ヶ岳	三股	7.7	9.7	1.33	1.33	30.8
★燕→常念（中房温泉・一ノ沢）	燕岳登山口	常念岳	一ノ沢	16.5	23	2.39	2.52	62
燕岳（中房温泉）	燕岳登山口	燕岳	燕岳登山口	7.8	9.8	1.42	1.42	31.9
◍鳴沢岳・スバリ岳・針ノ木岳（扇沢）	扇沢駅	針ノ木岳	扇沢駅	14.8	21.3	2.56	2.56	60.2
西穂高岳（上高地）	上高地	西穂高岳	上高地	12.2	13.2	1.45	1.45	41.2
★乗鞍岳（鈴蘭橋・畳平）	鈴蘭橋	剣ヶ峰	畳平	7	10.8	1.52	0.39	31.2
白馬大池（栂池）	栂池自然園	白馬乗鞍岳	栂池自然園	5.8	7.9	0.78	0.78	21.2
白馬乗鞍岳（栂池）	栂池自然園	白馬乗鞍岳	栂池自然園	5	5.7	0.63	0.63	17.4
★八峰キレット（アルプス平駅・大谷原）	アルプス平駅	鹿島槍ヶ岳（南峰）	大谷原	19.3	21.3	2.14	2.58	64
針ノ木岳（扇沢）	扇沢駅	針ノ木岳	扇沢駅	9.5	12.3	1.51	1.51	36.8
船窪岳（七倉）	七倉	船窪岳	七倉	14.5	13.8	2.15	2.15	53
◍穂高縦走（上高地）〈北穂→前穂〉	上高地	奥穂高岳	上高地	19.2	27.1	2.37	2.37	67.8
前穂高岳（上高地）〈重太郎新道〉	上高地	前穂高岳	上高地	10.3	12.5	1.62	1.62	39.5
真砂岳（高瀬ダム）〈湯俣〉	高瀬ダム	野口五郎岳	高瀬ダム	17.3	32	2.11	2.11	63
焼岳（新中ノ湯登山口）	新中ノ湯登山口	焼岳（北峰）	新中ノ湯登山口	5	6.4	0.86	0.86	20
槍ヶ岳（上高地）	上高地	槍ヶ岳	上高地	20	39.1	2.13	2.13	70.3

＊作成／長野県山岳総合センター（鹿屋体育大学の山本正嘉教授の研究成果をもとに作成）　監修／長野県山岳遭難防止対策協会

力量に合った山、コースを選ぶ

山のグレーディングを活用しよう

技術難易度（左ページの最下段のA～Eに対応）

	登山道の状況	登山者に求められる技術・能力
A ★	◇おおむね整備済み ◇転んだ場合でも転落・滑落の可能性は低い ◇道迷いの心配は少ない	◇登山の装備が必要
B ★★	◇沢、崖、場所により雪渓などを通過 ◇急な登下降がある ◇道がわかりにくいところがある ◇転んだ場合の転落・滑落事故につながる場所がある	◇登山経験が必要 ◇地図読み能力があることが望ましい
C ★★★	◇ハシゴ・クサリ場、また、場所により 雪渓や徒渉箇所がある。 ミスをすると転落・滑落などの事故となる場所がある ◇案内標識が不十分な箇所も含まれる	◇地図読み能力、ハシゴ・クサリ場などを 通過できる身体能力が必要
D ★★★★	◇厳しい岩稜や不安定なガレ場、ハシゴ・クサリ場、 ヤブこぎを必要とする箇所、 場所により雪渓や徒渉箇所がある ◇手を使う急な登下降がある ◇ハシゴ・クサリ場や案内標識などの人工的な補助は 限定的で、転落・滑落の危険箇所が多い	◇地図読み能力、岩場、雪渓を 安定して通過できる バランス能力や技術が必要 ◇ルートファインディングの技術が必要
E ★★★★★	◇緊張を強いられる厳しい岩稜の登下降が続き、 転落・滑落の危険箇所が連続する ◇深いヤブこぎを必要とする箇所が連続する場合がある	◇地図読み能力、岩場、雪渓を安定して 通過できるバランス能力や技術が必要 ◇ルートファインディングの技術、 高度な判断力が必要 ◇登山者によってはロープを使わないと 危険な場所もある

＊作成／長野県山岳総合センター（鹿屋体育大学の山本正嘉教授の研究成果をもとに作成）　監修／長野県山岳遭難防止対策協会

　前項では、自分の体力レベルと、計画している登山コースの体力的なキツさを、数値として客観的に求める方法を紹介した。登山の計画を立てるときには、これらをもとに自分の力量に見合った山、コースを選ぶことが大前提となる。

　力量に見合った山とは、体力的にいえば、自分の体力を10とすると、その6～7割程度で登れる山のことを指す。3～4割ほどの余力を残しておくのは、万一のアクシデントに備えるためで、その余力がないとあっという間に窮地に陥ってしまう。

　また、登山は体力だけでなく、テクニカルな能力、すなわち技術も要求されてくる。たとえばクサリ場やハシゴが連続する険しい稜線では基本的な岩登りの技術が必要となるし、ピッケル・アイゼンワークが身についていなければ本格的な雪山に登れない。地図とコンパスを用いる読図は、すべての登山者が習得すべき基本的なテクニックでもある。

　このように、体力と技術の両輪による総合力が登山の力量であり、背伸びをして力量以上の山に登ろうとすれば、いつかどこかで必ず痛い目を見ることになる。

　そうならないようにするために、自分の力量や山の難易度を正当に評価することが大切になってくる。特に登山を一時中断していて中高年になって再開した人は、自分の力量は過大評価しがちに、逆に山の難易度は過小評価しがちなので注意したい。

　長野をはじめ秋田・山形・栃木・群馬・新潟・山梨・岐阜・静岡の各県と石鎚《いしづち》山系では、それぞれの主要登山ルートを、登るのに必要な体力度とコースの難易度で評価した「山のグレーディング」を作成して公開している。技術度に関しては、数値化できるような明確な基準はないが、これらのグレーディングで定義されている同一基準の「技術的難易度」（上記参照）が参考になる。「山のグレーディング」は自分の力量に合った山選びに役立つものなので、ぜひ活用していただきたい。

9県1山域の日本百名山の「登山ルートグレーディング」（抜粋）

とりまとめ／長野県

＊長野県の登山ルートのうち、とくに条件の厳しいルート（奥穂高岳〜西穂高岳、北鎌尾根、鋸岳、赤石岳など）は評価の対象としていない。

体力度（数字が大きくなるほど体力が必要）	目安	A	B	C	D	E
10	2〜3泊以上が適当			白山（ホワイトロード料金所）〈北縦走路〉 (縦)裏銀座（高瀬ダム・上高地） (周)笠ヶ岳→双六岳→槍ヶ岳（新穂高） 白山（大窪）〈北縦走路〉 黒部五郎岳（新穂高）〈小池新道・双六岳経由〉	(縦)聖岳→赤石岳（聖光小屋・椹島）〈兎岳・大沢岳・小赤石岳往復〉 (縦)塩見岳→間ノ岳→農鳥岳（鳥倉・奈良田温泉）	(周)槍ヶ岳→奥穂（新穂高）〈飛騨乗越〉
9				(縦)表銀座（中房温泉・上高地） 白山（石徹白登山口）〈南縦走路〉 (周)双六岳→笠ヶ岳（新穂高）〈笠新道〉 (縦)双六岳→笠ヶ岳（新穂高・槍見）〈小池新道〉	(縦)赤石岳→聖岳（椹島・聖沢） (縦)北岳→塩見岳（広河原・鳥倉） (縦)塩見岳→北岳（鳥倉・広河原） (縦)荒川岳（前岳）→荒川岳（東岳）（鳥倉・椹島）	(周)大キレット（上高地）〈北穂→槍〉
8			笠ヶ岳（新穂高）〈小池新道〉	(縦)黒部五郎岳→双六岳（飛越トンネル・新穂高）〈小池新道〉 (周)双六岳→槍ヶ岳（新穂高）〈飛騨乗越〉 (縦)聖岳・茶臼岳（聖沢・畑薙大吊橋）	(周)千枚岳→荒川岳→赤石岳（椹島） 槍ヶ岳（新穂高）〈南岳新道・千丈分岐〉	蝙蝠岳・塩見岳（二軒小屋）
7	1〜2泊以上が適当		(縦)金峰山・甲武信ヶ岳（廻り目平・毛木平）〈十文字峠〉 (縦)燕岳→常念岳（中房温泉・一ノ沢） 富士山（御殿場口〈開山期のみ〉）	(縦)北岳→農鳥岳（広河原・奈良田） (周)笠ヶ岳（新穂高）〈笠新道・小池新道〉 (周)笠ヶ岳（新穂高・槍見）〈小池新道〉 飯豊山（大日杉小屋）	飯豊山（天狗平）〈ダイグラ尾根〉 (周)空木→越百（今朝沢橋） 塩見岳（鳥倉） 茶臼岳・光岳（畑薙大吊橋） (周)皇海山（銀山平）	
6			鹿島槍ヶ岳（扇沢） 富士山（馬返） (縦)蝶ヶ岳・常念岳（上高地・一ノ沢）〈長塀尾根〉 光岳（易老渡） 鳳凰山（夜叉神峠） 富士山（須走口〈開山期のみ〉）	笠ヶ岳（新穂高）〈笠新道〉 奥穂高岳（新穂高） (縦)鹿島槍ヶ岳・爺ヶ岳（大谷原・扇沢） (縦)笠ヶ岳（新穂高・槍見）〈笠新道〉 間ノ岳（広河原）〈草すべり〉 聖岳（聖光小屋）	赤石岳（椹島） 甲斐駒ヶ岳（竹宇駒ヶ岳神社）	
5	1泊以上が適当		(縦)蝶ヶ岳・常念岳（三股・一ノ沢） 石鎚山（河口）〈今宮〉 (周)大朝日岳（朝日鉱泉口）〈中ツル尾根・鳥原山〉 石鎚山（梅ヶ市）〈堂ヶ森〉 大朝日岳（古寺鉱泉口） 常念岳（三股）	木曽駒ヶ岳（アルプス山荘）〈上松A〉 (周)鳳凰山（青木鉱泉）〈地蔵岳・中道〉 石鎚山（保井野登山口）〈堂ヶ森・天狗岳〉 (縦)乗鞍岳（青屋・畳平） 御嶽山（チャオ御岳スノーリゾート）	(周)千枚岳・荒川岳（二軒小屋） (縦)西穂高岳→焼岳（新穂高ロープウェイ・中尾） 平ケ岳（鷹ノ巣駐車場）	
4			甲武信ヶ岳（西沢渓谷入口）〈徳ちゃん新道〉 前掛山（浅間登山口） 常念岳（一ノ沢） 雲取山（後山林道片倉谷ゲート）〈三条の湯〉 御嶽山（濁河） 恵那山（神坂峠登山口）	白馬岳（猿倉） (周)赤岳・横岳・硫黄（美濃戸） 白山（大白川温泉） 鳥海山（鉾立）〈新山〉 (縦)剣ヶ峰山→武尊山（武尊神社・上ノ原） (周)武尊山（川場野営場）〈不動岩経由〉	赤岳（美し森）〈県界尾根〉 赤岳（美し森）〈真教寺尾根〉 高妻山（戸隠キャンプ場） (周)高妻山（戸隠キャンプ場） (周)巻機山・割引岳（桜坂駐車場）〈割引沢ルート・井戸尾根コース〉	
3	日帰りが可能	(周)霧ヶ峰（八島湿原）〈鷲ヶ峰→蝶々深山・車山肩〉 月山（八合目駐車場）	白根山（金精峠トンネル） 四阿山（峰の原） 四阿山（バラギ） 苗場山（祓川駐車場）〈祓川ルート〉 四阿山（鳥居峠） 四阿山（菅平牧場）〈根子岳〉	鳥海山（湯ノ台口）〈薊坂〉 赤岳（美濃戸）〈南沢・文三郎〉 谷川岳（西黒尾根登山口） 仙丈ヶ岳（北沢峠） 鳥海山（祓川）〈七高山〉 谷川岳（マチガ沢出合）〈厳剛新道〉		
2		金峰山（大弛峠） (周)大菩薩嶺（ロッジ長兵衛）〈大菩薩峠・唐松尾根〉 茶臼岳（峠の茶屋駐車場）	焼岳（新中ノ湯登山口） (縦)熊野岳（蔵王ライザスキー場・刈田リフト上駅）〈中丸山〉 (縦)石鎚山（成就（ロープウェイ）・土小屋） 三本槍岳（峠の茶屋駐車場） 蓼科山（女神茶屋）	瑞牆山（瑞牆山荘） 皇海山（皇海橋）		
1		(縦)地蔵岳（地蔵山頂駅・樹氷高原駅）〈いろは沼〉				
		A ★	B ★★	C ★★★	D ★★★★	E ★★★★★

技術的難易度　右になるほど難易度が増す

凡例

（　）登山口
〈　〉山名と登山口だけでは経路が特定できない場合の経由地
(縦)　入山口と下山口が異なるルート
→　縦走の順
(周)　入山口と下山口は同じだが途中の経路が異なる周回ルート

色の凡例

東北　那須・日光・尾瀬
上信越・新潟　北アルプス
八ヶ岳とその周辺
奥秩父・富士山とその周辺
中央アルプス・御嶽山・白山
南アルプス　石槌山系

上記は、9県と1山域（石鎚山系）にある日本百名山のうち、63山、180ルートのグレーディングを一覧にしたものからの抜粋（2020年1月現在）。この表の技術的難易度A・Bに当たるコースは一般的な登山ルートで、7メッツ程度の運動に耐えられる体力が必要。C〜Eに該当するのは厳しいルートで、8メッツ程度の運動に耐えられる体力が必要だ。なお、このグレーディングの180ルートについては、P9同様にルート定数を示した一覧表もインターネット上で公開されている

登山計画書と登山届

自分の命を守るための最重要事項

目的とする山にどのようなタクティクスで登ろうとするのかを明文化した書類が登山計画書だ。想定されるトラブルを未然に防ぎ、計画をスムーズに遂行させるためになくてはならないものなので、計画を立てる際には必ず作成しよう。

計画書に記入する必要事項は、左ページのフォーマットに示したとおり。フォーマットは山岳団体や警察の山岳救助隊などのウェブサイトからもダウンロードできる。

作成にあたっては、地図やガイドブック、インターネットの記録などチェックしながら机上でシミュレーション登山をしていくといい。メンバーの力量や日程、一日の歩行距離とコースタイムなどを考慮しながら、無理のない計画を立てていこう。

ウェブサイト「ヤマレコ」「コンパス」「ヤマタイム」などの登山プラン作成機能は、地図上のポイントをクリックしていくだけで自動的に登山計画書がつくれて便利だが、地図をしっかりシミュレーションしながら行なわないと、地形やコースが頭に入ってこない。登山計画書は体裁を整えればいいというものではなく、コースをチェックしながら自分たちの実力に見合った計画であるかどうかを、今一度確認するためのものでもあるということを忘れずに。

完成した計画書は、メンバー全員と共有するのは当然として、コピーして一通は家族に渡し、もう一通を登山届として地元の管轄警察署に提出する。これは、なにかアクシデントが起きたときに、家族や警察などに迅速に対応してもらうために必要不可欠なこと。未提出だと救助の初動が遅れ、助かるものも助からなくなってしまう。今はインターネットやメールで登山届を送信できる警察署も増えている。山によっては登山届用のポストがないところもあるので、使ってみる価値はある。

なお、近年は条例による登山届の提出義務化が進んでいるが、条例の有無にかかわらず、必ず登山届は提出することだ。

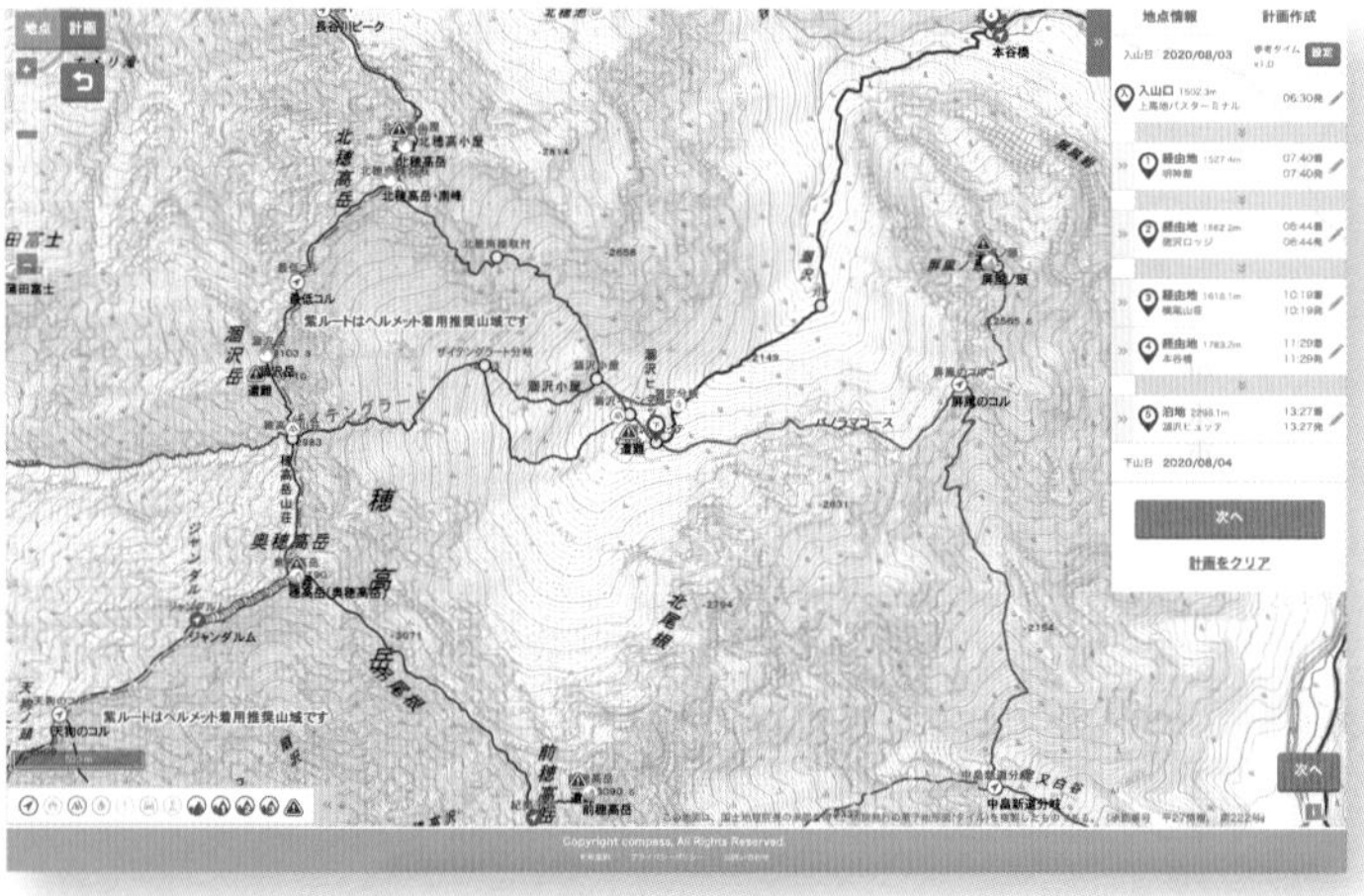

北アルプス登山マップ

左上は日本山岳ガイド協会が運営するウェブサービスの「コンパス」。地図上のポイントをクリックしていくだけで自動的に登山計画書が作成され、ネット上から提出もできる。計画書は家族や警察らと共有できるので、事故発生時には迅速な対応が可能となる。ネット上で登山計画書を作成できるサイトは、ほかに山と溪谷社の「ヤマタイム」、山のコミュニティサイト「ヤマレコ」がある。右上は、スマートフォン用のヤマレコのアプリ。もちろん、従来のように登山口にある登山届ポストに提出してもかまわない

登山計画書のポイント

❶所属団体・組織

山岳会や山岳部に所属している場合に記入。事故が起きたときのために、会(部)の緊急連絡先も記入しておく。どこにも所属していなければ「無所属」と記入

❷住所・携帯電話

個々のメンバーのものを記入する。万一のときの連絡手段として、携帯電話番号の記入も必須

❸山岳保険

加入している山岳保険や山岳共済の名称を記入。未加入の場合は「なし」と書く

❹エスケープルート

悪天候やアクシデントが発生して計画どおりの行程で進めなかった際に、エスケープルートや引き返す判断基準、避難する山小屋などを記入しておく

❺主な装備、その他

個人装備を所持していることを前提として、主に緊急時に備えるための装備の有無を記入する。そのほか、入下山の交通手段、帰宅予定日時(救助要請をするリミット)、救助体制の有無など、必要と思われる事項を記載しておく

登山計画書

20＊＊ 年 7 月 29 日

■山域・山名:北アルプス・奥穂高岳

■山行期間:20＊＊年8月3日～6日(予備日1日含む)

❶ ■所属団体・組織:森友山岳会　■緊急連絡先:籠池晋三(会長)090-0000-0000

■メンバー (L=リーダー、SL=サブリーダー)

役割	氏名	年齢	性別	血液	❷ 住所・携帯電話	緊急連絡先	❸ 山岳保険
L	山賀好男	42	男	A	東京都千代田区神保町0-0-0 090-0000-0000	山賀好世(妻) 080-000-0000	○○山岳保険
SL	海茂良那	37	男	AB	東京都港区新橋0-0-0 090-0000-0000	海茂良恵(妻) 090-000-0000	○○山岳保険
	川田泳子	34	女	O	千葉県千葉市美浜区0-0-0 090-0000-0000	川田潜(父) 090-000-0000	○○山岳共済

■行動計画

月日	行程
8月3日	上高地～横尾～涸沢(涸沢ヒュッテ泊)
8月4日	涸沢～白出のコル～奥穂高岳～白出のコル(穂高岳山荘泊)
8月5日	白出のコル～涸沢～横尾～上高地
8月6日	予備日

❹ エスケープルート:悪天候時は来たルートを引き返す

❺ ■主な装備、その他

＊ツエルト、非常食、ファーストエイドキット、スマートフォン、GPS、ココヘリ

＊ 8/2 新宿発の夜行バスにて入山

＊所属山岳会に救助体制はなし

日帰り単独登山の場合は

ホームグラウンド的な近郊の低山にひとりで日帰りで登る場合、家族に具体的な行き先を告げずに「ちょっと山に行ってくる」とだけ伝えて出かけていく人がいる。しかし、夜になっても帰宅せず、行方不明になったまま長い間発見されないというケースが実は少なくない。そうなると、残された家族にはさまざまな大きな負担がのしかかってくることになる。

ひとりでふらっと山に行くときでも、登山届を提出するに越したことはないが、それができないのなら、万が一のことを想定して、せめて左のようなメモを家族に残していこう。

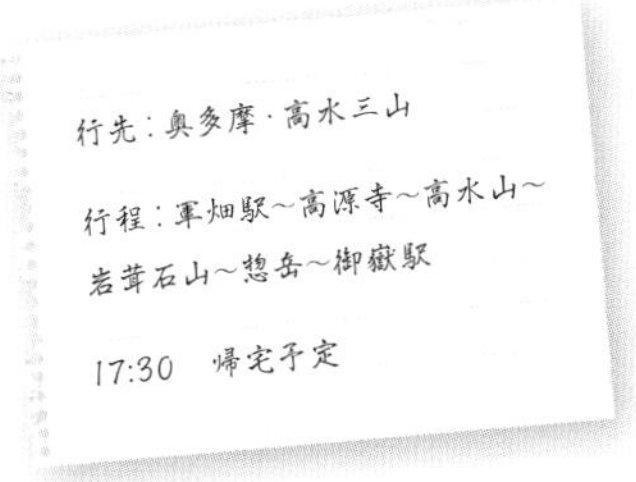

メモには登る山とコースを

危険箇所をチェックする

現地で慌てふためかないために

山やコースによっては遭難事故の発生場所がだいたい決まっていて、夏山シーズン中に同じ場所で立て続けに事故が起きることもある。事故を回避するには、そのような危険箇所を事前にチェックすることも重要になってくる。

たとえば、長野県警は「ヤマレコ」と協力して、県内における山岳遭難事故の発生場所を地形図上に示した「山岳遭難マップ」の公開を開始した。それとは別に同県警は毎年、前年に県内で起きた山岳遭難事故の統計資料を公開しているが、その巻末にはすべての事故の概要が一覧表になって掲載されている（下記参照）。

また、長野・富山・岐阜の3県の合同山岳遭難防止対策連絡会議も、過去に転・滑落事故や転倒事故、落石事故が起きた地点を地図に盛り込んだ『北アルプス登山マップ』を作成し、やはりインターネット上で公開している。これらのほか、主要山岳地を抱える各都道府県警などのホームページでも、管轄する山域での遭難発生地点マップや過去に起きた事故の概要等をチェックできるし、山岳雑誌に同様の記事が掲載されることもある。

実際に事故が起きているルートや地点を明らかにする、こうした情報は、注意すべき危険箇所を意識づけすることにつながり、事故の回避に大きく役立つので、積極的に活用しよう。登山計画書の作成時にコースをシミュレーションするときには、事前にチェックした危険箇所を地図上に落としておくといいだろう。それを頭に入れておけば、山行中に現場に差しかかったときにきっと注意力が喚起されるはずだ。

と同時に、現地に行ったときに入手できる最新のリスク情報も見逃さないようにしたい。台風通過後の登山道の状況や、事故が多発している危険箇所などについては、最寄りの山小屋に問い合わせて確認を。インターネットに投稿されている直近の山行記録に最新情報が記されていることもあるので、要チェックだ。

現地のリスク情報を見落とさない

現地の登山口や登山道上には、事故多発地帯、落石危険箇所、増水注意箇所、登山道の崩落箇所、クマの出没情報などのリスク情報が掲示されている。これらを見落とさないようにするとともに、「まあ大丈夫だろう」などと楽観的に考えないようにしたい

長野県の山岳遭難事故統計

長野県警と長野県山岳遭難防止対策協会は、前年の遭難事故統計を毎年発表しており、ウェブサイトでも閲覧できるようになっている。個々の事故についての概略も一覧表にまとめられているので、事故の状況や発生場所などをチェックしてみるといい

発生日時 月日	曜日	時分	天候	山域	山名	遭難者 住所	性別	年齢	負傷程度	態様	パーティ人数	遭難の状況
7/21	土	15:15	晴	八ヶ岳連峰	赤岳	兵庫県	男	70	重傷	転倒	3	美濃戸口へ向けて下山中、つまづいて転倒、負傷
7/21	土	15:20	晴	北アルプス	常念岳	北海道	男	82	軽傷	転倒	6	常念岳山頂から下山中、バランスを崩して転倒、負傷
7/22	日	8:00	晴	その他の山系	山林	静岡県	男	65	無事救出	道迷い	2	渓流釣りのため入山中、道に迷い、行動不能
7/22	日	11:30	晴	その他の山系	裏志賀山	埼玉県	男	10	軽傷	転倒	90	下山中、浮石でバランスを崩し転倒、負傷
7/22	日	13:00	晴	北アルプス	蝶ヶ岳	山梨県	男	58	重傷	転倒	1	単独で、下山中、足を滑らせて転倒、負傷
7/22	日	17:05	晴	北アルプス	燕岳	埼玉県	男	9	無事救出	病気	16	燕岳へ向けて登山中、体調不良により行動不能
7/23	月	6:50	晴	北アルプス	槍ヶ岳	山梨県	男	60	重傷	転倒	2	槍沢を下山中、浮石に乗り転倒、負傷
7/23	月	9:30	晴	北アルプス	白馬乗鞍岳	大阪府	女	27	軽傷	転倒	7	下山中、石で足を滑らせ転倒、負傷
7/24	火	14:00	晴	北アルプス	唐松岳	東京都	男	13	無事救出	疲労	31	唐松岳へ向けて登山中、体調不良により行動不能
7/25	水	10:00	晴	北アルプス	唐松岳	大阪府	男	68	重傷	転倒	1	単独で、八方尾根を下山中、転倒、負傷

＊長野県の『平成30年中 山岳遭難統計』より抜粋

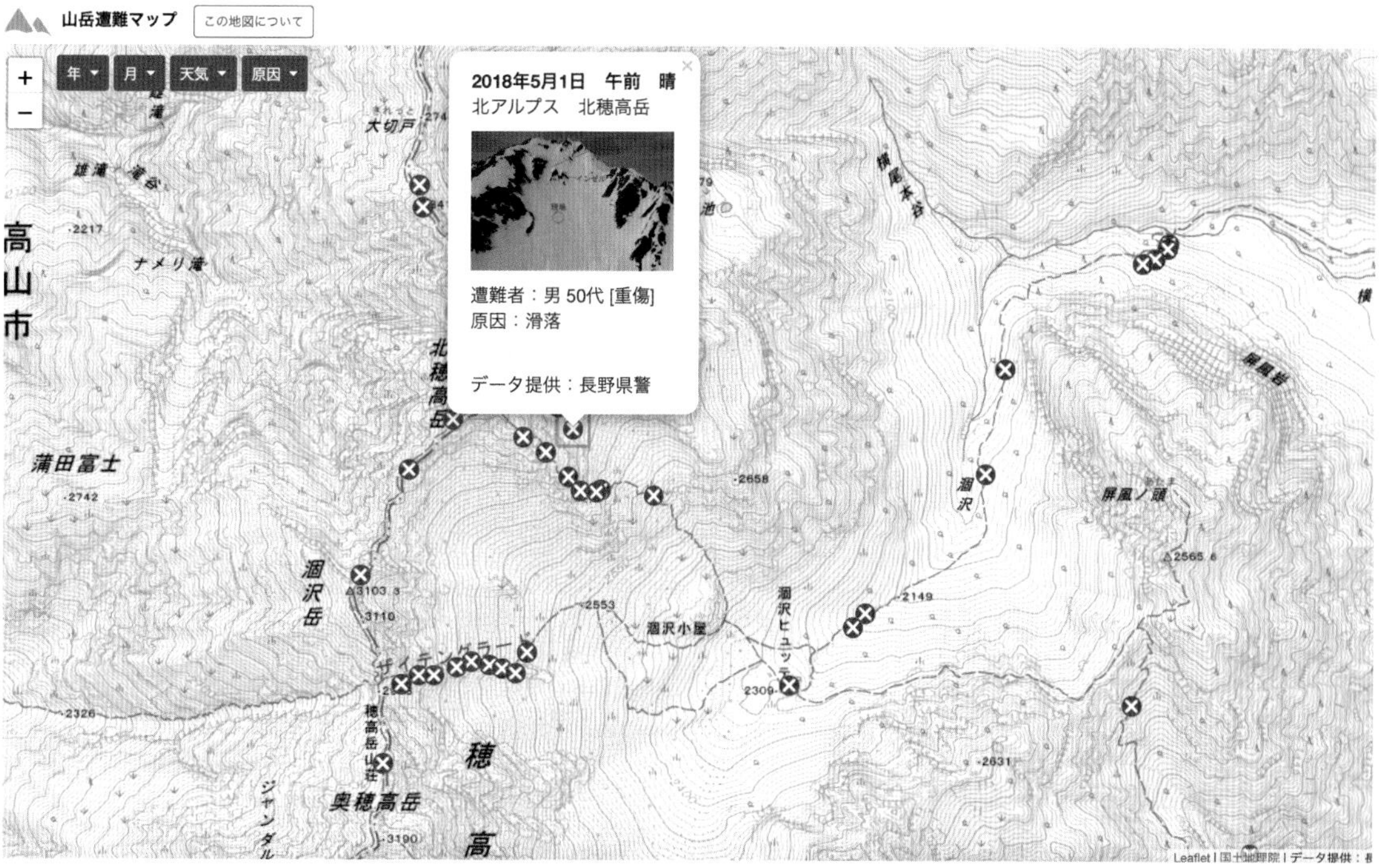

長野県の山岳遭難マップ

長野県警は、2017年度に取りまとめた山岳遭難のデータをもとに「山岳遭難マップ」を作成、2019年よりヤマレコのウェブサイトでの公開を開始した。地図上に落とされたマークをクリックすると、事故発生地点、遭難原因、遭難者の性別と年代などが表示される。2018年以降のデータも順次更新し、地図上に反映される予定だ

北アルプス登山マップ

北アルプス三県合同山岳遭難防止対策連絡会議が作成・公開している「北アルプス登山マップ」。2015年中に発生した遭難事故発生地点が一目瞭然。登山道上の危険箇所も明示されている。インターネットでダウンロード可能

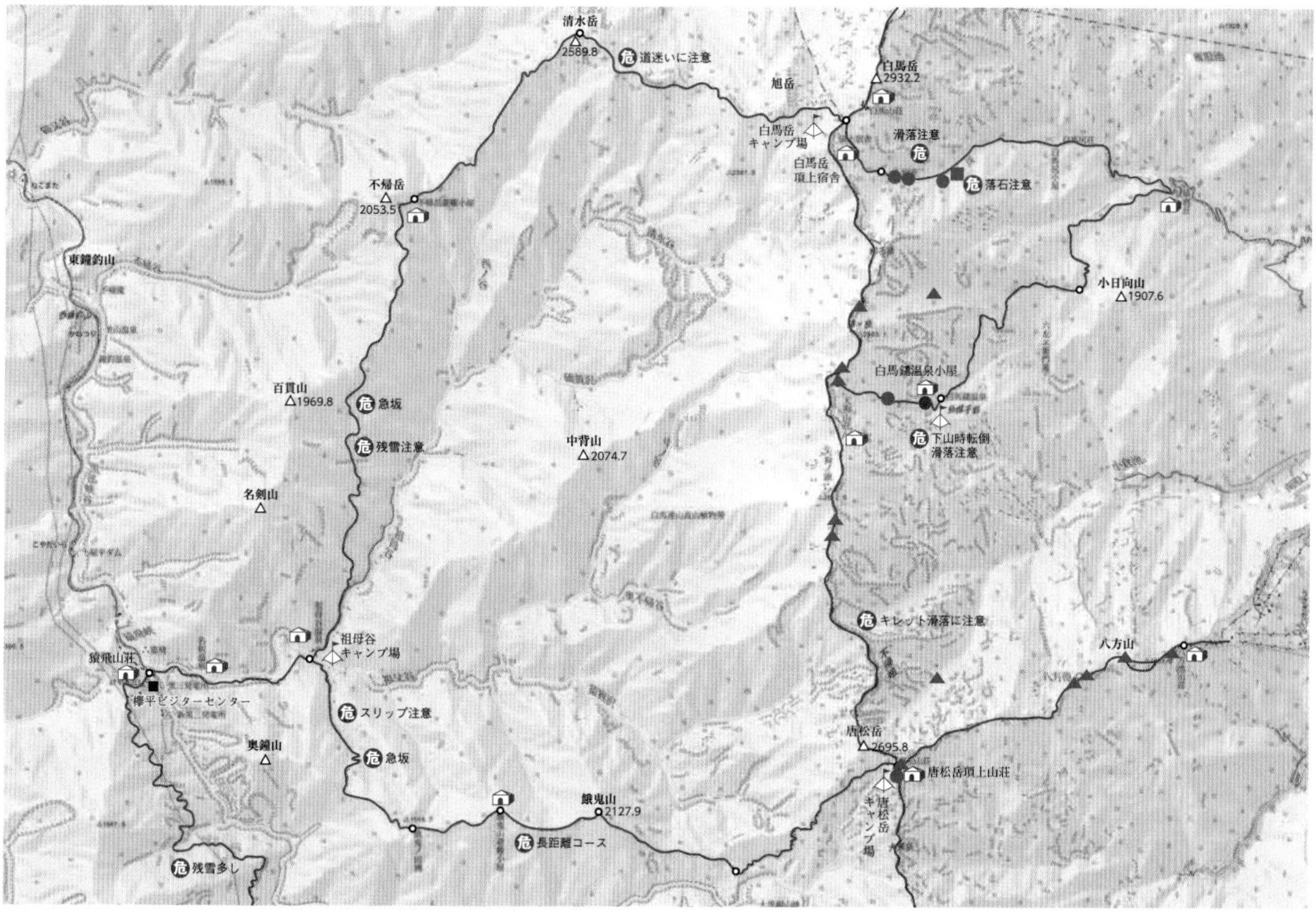

万一に備える装備

装備の有無が生死を分けることも

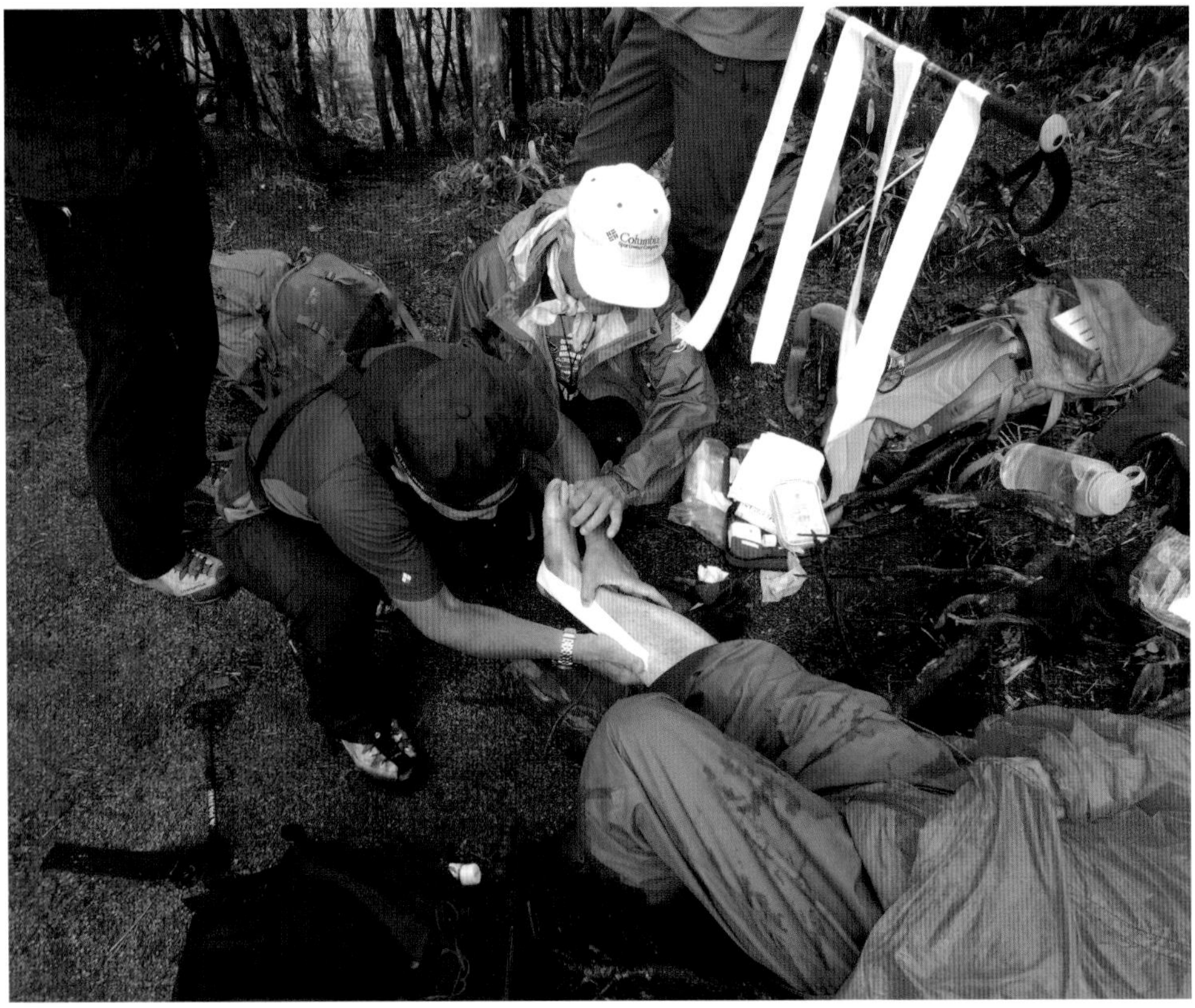

山ではどんなアクシデントが起きるかわからない。万一に備える必要最小限の装備を携行しよう（写真協力／Liss）

登山がいつも計画どおりに順調にいくとはかぎらない。むしろルートミスや天候の急変、ケガや病気、登山用具の破損・故障、交通機関の遅延など、なにかしらのトラブルやアクシデントに見舞われることのほうが多かったりもする。

こうしたトラブルやアクシデントに対処するための装備を携行するのも、登山のリスクマネジメントのひとつである。しかし、そのすべてに完璧に対処しようとしたら、あれもこれも持たなければならず、それだけでザックはパンパンになってしまう。そこで緊急時に備えるための装備は、下山するまで、あるいは救助されるまでの間の応急処置的に使用するものと割り切り、必要最小限のアイテムだけを持つようにしたい。

次のページに、万一に備える主な装備をピックアップしたが、このなかで日帰り登山でも携行しなければならないのが雨具、ツエルト、ヘッドランプ、ファーストエイドキット、リペアキット、通信ツールと充電器だ。たとえ日帰りであっても、山ではなにが起きるかわからない。突然の雨や下山遅れ、万一のビバークなどを想定し、これらは必ず携行するようにしたい。

岩場や岩稜などがあるコース、危険箇所を通過しなければならないコースの場合は、ヘルメットやロープ・スリング・カラビナ類が必要となる。トレッキングポールはひざの痛みを予防するのに効果的だが、傷病人が出たときには搬送のための簡易担架や背負子をつくるのにも応用でき、1セット持っているとなにかと役に立つ。標高の高い山に登るのであれば、夏であっても防寒具は必携だ。ライターやマッチはビバーク時に暖をとるときに、レスキューシートは傷病者の保温のほか、救助者に合図を送る用途にも使える。

これらのほか、クマ対策グッズ、日焼け止めクリーム、手拭い、ホイッスルなど、コースの状況や季節などに応じて必要だと判断したなら装備に加えよう。

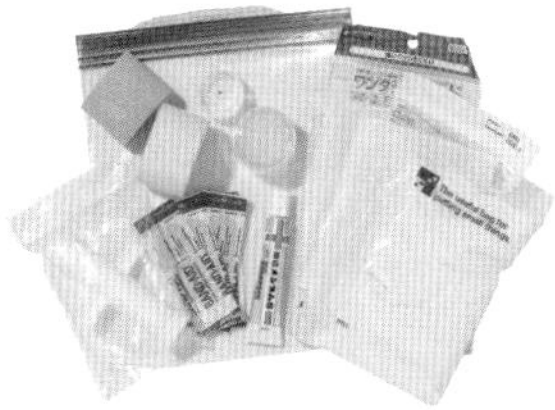

ファーストエイドキット

登山中のケガや病気に備え、薬品類などをコンパクトにまとめて携行する。常備薬や持病の薬は人によって異なるので、個々のメンバーがそれぞれ持つ。詳細はP98を参照

雨具

ザックの中に常備しておくべきアイテムのひとつ。ゴアテックスに代表される防水透湿素材の上下セパレートタイプが基本。

モンベル／ストームクルーザージャケット&パンツ

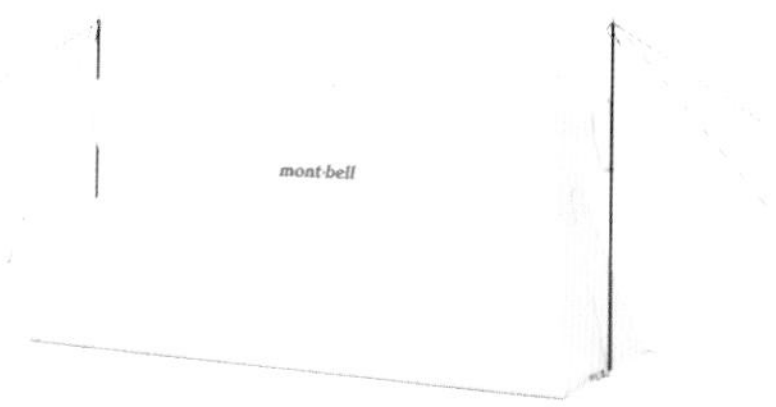

ツエルト

軽量・小型の簡易テント。ビバークの際の必需品で、ツエルトの有無が生死を分けることもある。最軽量のものは100～200g程度だ。モンベル／ U.L.ツエルト

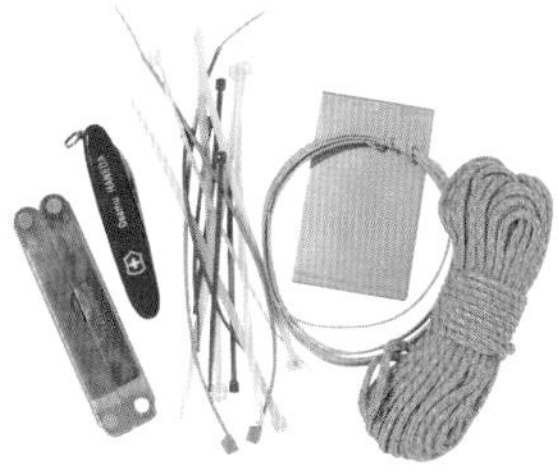

リペアキット

登山用具などの故障に備えるためのキット。テーピングテープ、細引き、針金、結束バンド、プライヤー付きのマルチツールなどを小さなポーチなどに入れて携行する

防寒具

フリースやダウンジャケットが代表格。万一に備えて夏でも携行したい。薄手のダウンジャケットがかさばらず収納性に優れる。

モンベル／プラズマ1000ダウンジャケット

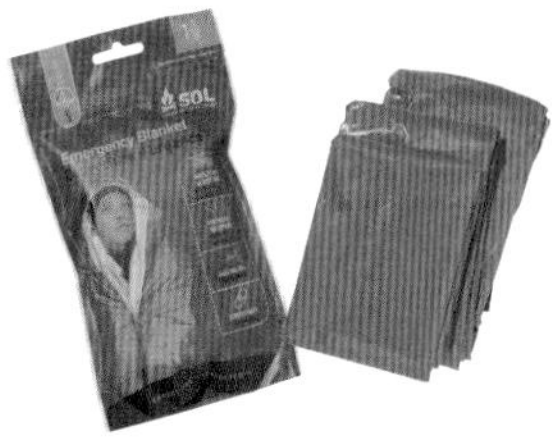

レスキューシート

体を保温するのに使用する。ポリエステルフィルムにアルミニウムを蒸着しているものが一般的だが、繰り返し使用できるタイプや、より保温性の高い封筒型などもある

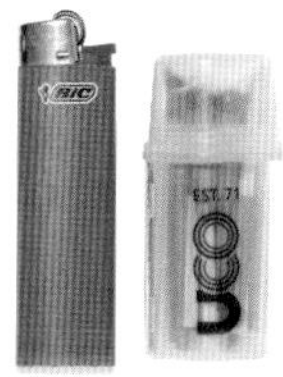

マッチ、ライター

ビバーク時に火をおこせると、暖もとれるし気持ちも落ち着く。ライターはヤスリと発火石の摩擦で着火させるフリント式タイプのものが、マッチは防水タイプのものがベスト

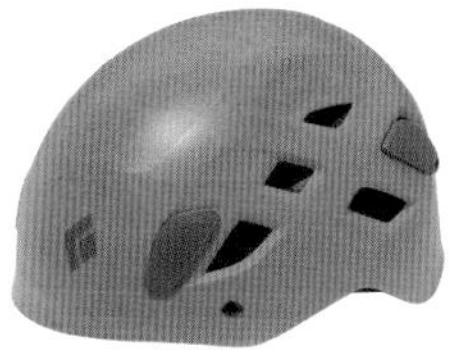

ヘルメット

転・滑落や落石に備え、一般登山道でも岩稜や岩場などを歩くときには装着したい。ヘルメットのおかげで命が助かった例もある。

ブラックダイヤモンド／ハーフドーム

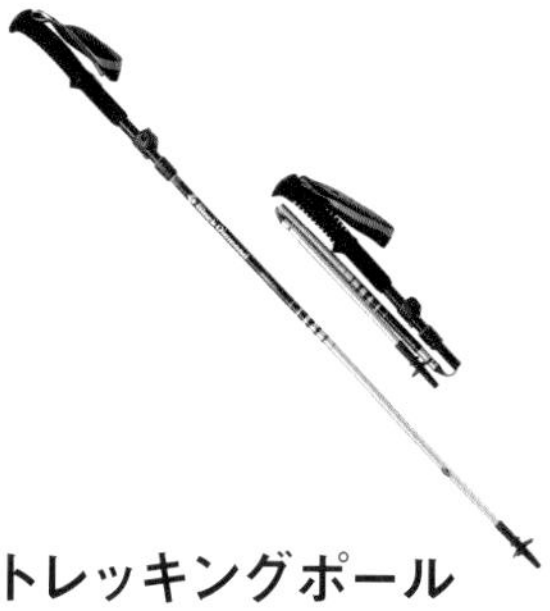

トレッキングポール

登下降時に使用することで、ひざへの負担を軽減し痛みを予防できる。また、ツエルトを張るときのポールの代用としても使える。

ブラックダイヤモンド／ディスタンスFLZ

通信ツール、充電器

救助を要請するのになくてはならないアイテム。今日はスマートフォンか携帯電話が最も一般的。予備のバッテリーまたは携帯タイプの充電器も必ずセットで持つこと

ヘッドランプ

予期せぬアクシデントなどで行動が夜間にまで及んでしまったときに必要となる。日帰り登山であっても必ず携行すること。

ブラックダイヤモンド／コズモ250

ロープ、スリング、カラビナ

ロープを使って危険箇所を通過するときに必要となる。ロープはリーダーが持てばいいが、スリングとカラビナは個々のメンバーが携行する。詳細はP47を参照

天気予報を活用する

さまざまな予報をチェックしてリスクを回避

山行前の天気予報チェックチャート

当日	前日	2日前	1週間前
天気予報	天気予報	天気予報	週間天気予報
天気図	天気図	天気図	衛星画像
気象警報・注意報	気象警報・注意報	台風情報	台風情報
今後の雨（降水短時間予報）	今後の雨（降水短時間予報）		
雨量の動き（高解像度降水ナウキャスト）			
観天望気			

衛生画像

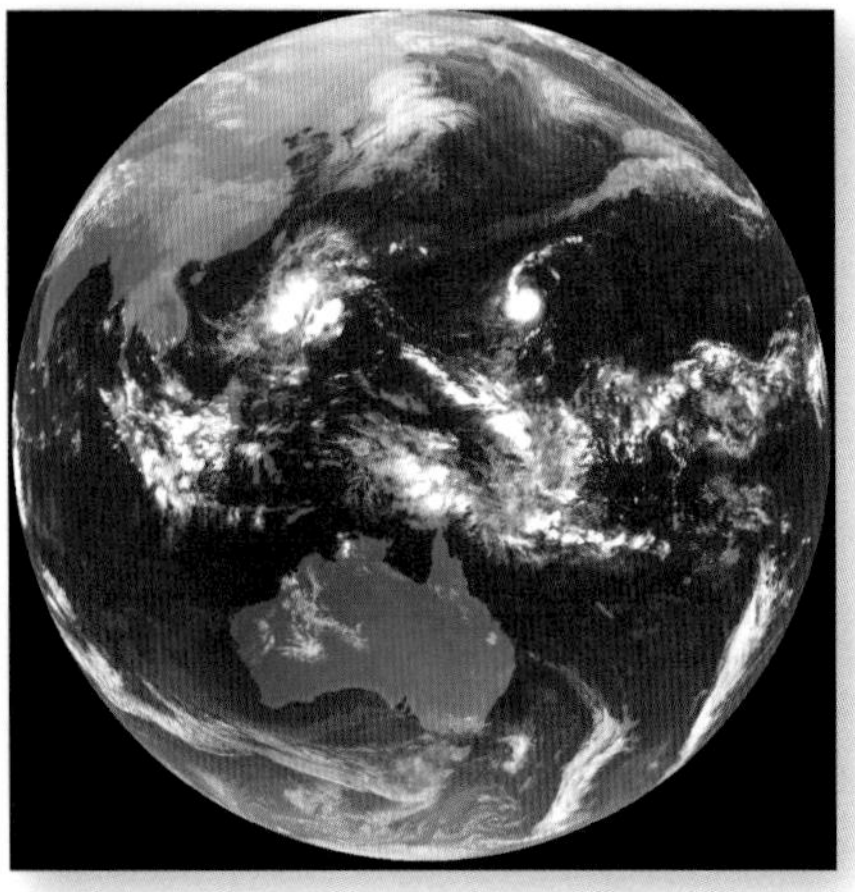

静止気象衛星ひまわりによる連続的な観測データ。地球が反射した太陽光を写す「可視画像」、雲から放出される赤外線を捉えた「赤外画像」、赤外画像の一種で大気中の水蒸気と雲からの赤外放射を観測した「水蒸気画像」の3種類がある。上は赤外画像（カラー）

週間天気予報

11月13日17時　長野県の週間天気予報

日付		14 木	15 金	16 土	17 日	18 月	19 火	20 水
北部 府県天気予報へ		曇時々雨	曇時々晴	曇時々晴	晴時々曇	曇	曇時々晴	曇時々晴
降水確率(%)		50/60/40/50	20	20	10	40	30	30
信頼度		/	/	B	A	C	C	B
長野	最高(℃)	15	14 (10〜15)	13 (10〜16)	14 (12〜18)	16 (13〜20)	11 (9〜17)	10 (6〜14)
長野	最低(℃)	11	3 (1〜5)	4 (2〜6)	5 (3〜7)	7 (2〜8)	4 (1〜8)	3 (1〜6)
中部・南部 府県天気予報へ		曇一時雨	晴時々曇	晴時々曇	晴時々曇	曇	曇時々晴	晴時々曇
降水確率(%)		50/50/10/10	10	10	10	40	30	20
信頼度		/	/	A	A	C	B	A
松本	最高(℃)	16	14 (10〜15)	13 (10〜16)	14 (11〜17)	15 (12〜18)	11 (9〜16)	10 (6〜14)
松本	最低(℃)	12	1 (0〜4)	2 (1〜4)	3 (2〜6)	6 (2〜8)	3 (0〜7)	2 (0〜4)

平年値	降水量の合計	最高最低気温	
		最低気温	最高気温
長野	平年並 2 - 11mm	2.7 ℃	12.5 ℃
松本	平年並 1 - 12mm	1.7 ℃	13.0 ℃

毎日11時と17時の1日2回発表。全国主要地点の7日先までの天気、最低気温と最高気温、降水確率、信頼度が予想されている。いつごろから天気が崩れるのか（回復するのか）という傾向がわかるが、多少ズレることも。マークだけではなく、予報文まで目を通そう

登山者にとって山行当日の天気は最も気になるところ。山に潜むさまざまな危険は、天気が悪化することによって倍増するのは間違いなく、遭難事故の多くは悪天候時に発生している。山行前には天気予報をチェックして、天気が崩れそうなら計画を見直す判断も必要になってくる。

今、インターネット上には多種多様な天気予報サイトがあり、それぞれ独自のサービスを提供しているが、情報量が最も多いのはやはり気象庁のサイトである。そのさまざまなコンテンツのなかから、チェックすべき予報や情報をチャート化したのが上の図だ。

山行中の情報チェックにはスマートフォンが役に立つが、ネットがつながらない場合に備えてラジオを携行し、NHK第一放送の天気予報を聞くといい（NHKの天気予報は気象庁の予報をもとに構成されている）。また、空や風、自然現象などを観察して気象変化を予測する観天望気の知識も学んでおきたい。

今後の雨（降水短時間予報）

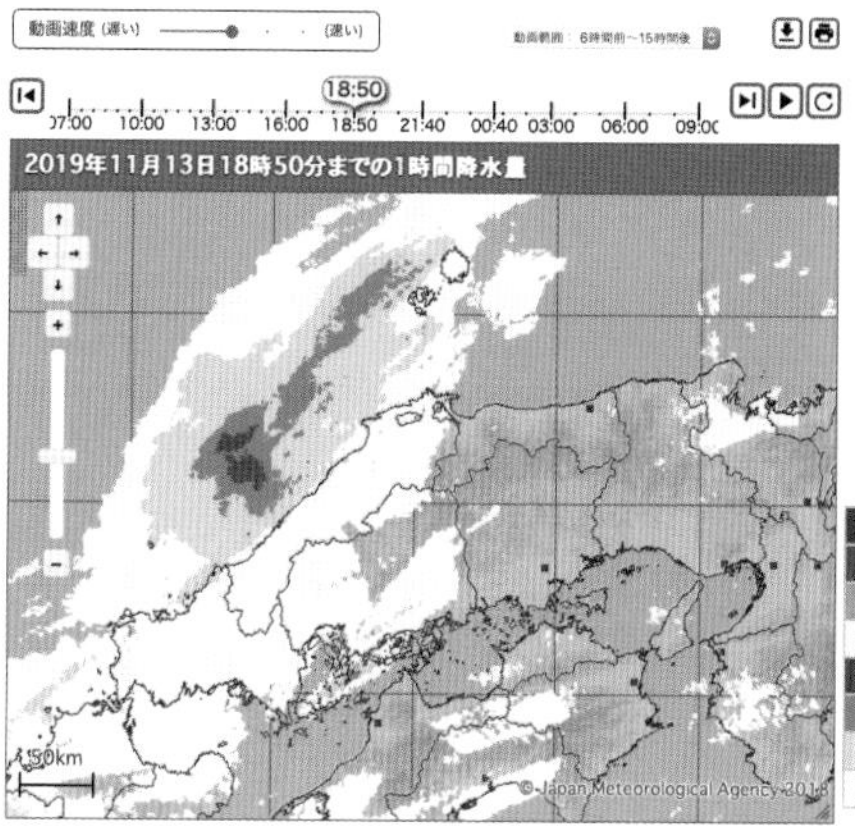

15時間先までの1時間ごとの降水量分布を予測する。6時間先までの予測は10分ごとに、7～15時間先までの予測は1時間ごとに更新される。前日もしくは朝の行動開始時に雨の可能性を確認できるので、計画の決行・変更・中止の判断材料のひとつにするといい

雨雲の動き（高解像度降水ナウキャスト）

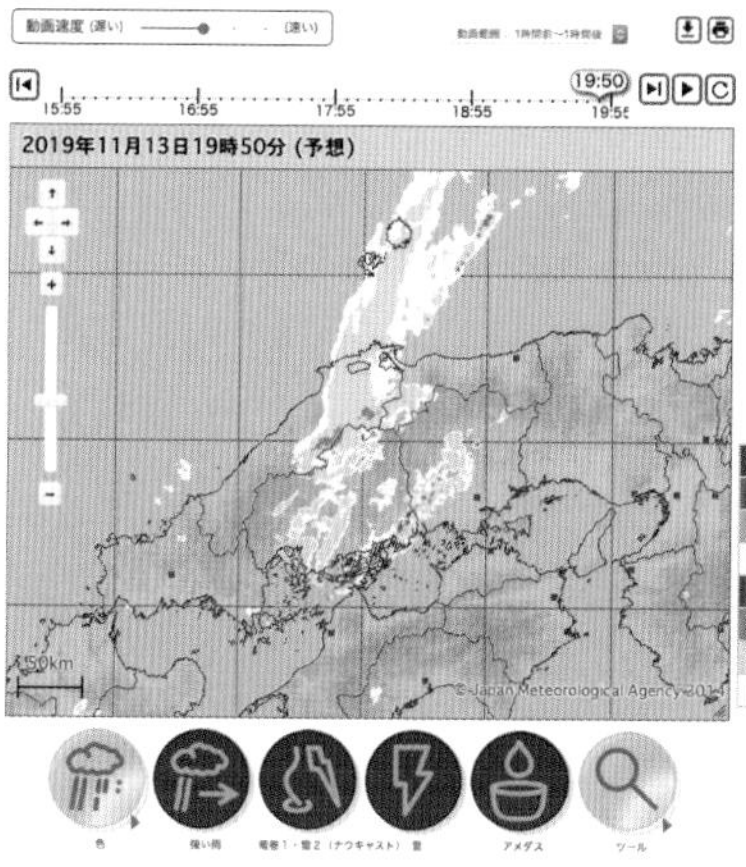

気象レーダーの観測データを利用して、5分ごとの60分先までの降水強度分布を予測する。降水だけでなく、雷や竜巻の発生を表示することも可能。大気の状態が不安定なときは、こまめにこれをチェックして強い雨域や雷の接近をいち早く察知し、早急に安全地帯に避難しよう

観天望気

観天望気とは、雲の形や動き、空の様子、風の方向や強さ、気温の高低などから天気を予測すること。気象データを入手しにくい山の中では、天候を推測する有効ないち手段となるが、気象に関する深い知識が必要だ。精度を上げるには、天気図などと併用するといい

府県天気予報

14日11時長野地方気象台発表の天気予報(今日14日から明後日16日まで)

北部	地域時系列予報へ	降水確率		気温予報		
今日14日	南の風　後　北の風　くもり　時々　晴れ　夜のはじめ頃　一時　雨	00-06	--%			日中の最高
		06-12	--%	長野		16度
		12-18	30%			
		18-24	50%			
明日15日	北の風　くもり　昼前から　晴れ　所により　朝　まで　雨か雪	00-06	30%		朝の最低	日中の最高
		06-12	10%	長野	4度	14度
		12-18	0%			
		18-24	0%			
明後日16日	北の風　くもり	週間天気予報へ				

毎日5時、11時、17時の1日3回発表（天気が急変したときには随時修正して発表）。2日先までの天気、風向と風速、波の高さ、翌日までの6時間ごとの降水確率、最高・最低気温が予想されている。予報の根拠を簡潔に書いた天気概況もしっかり読もう

台風情報

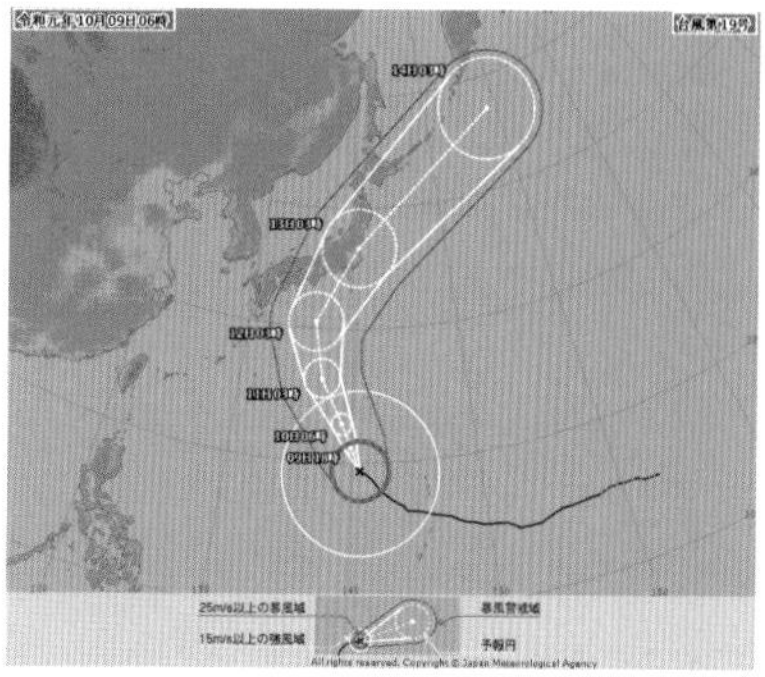

台風の実況と予報から成る。実況は台風の中心位置、進行方向と速度、中心気圧、最大風速、最大瞬間風速、暴風域、強風域が、予報は5日先までの同様の内容の予測が発表される。台風の進路や強さは大きく変わることもあるので、常に最新の情報をチェックすることだ

気象警報・注意報

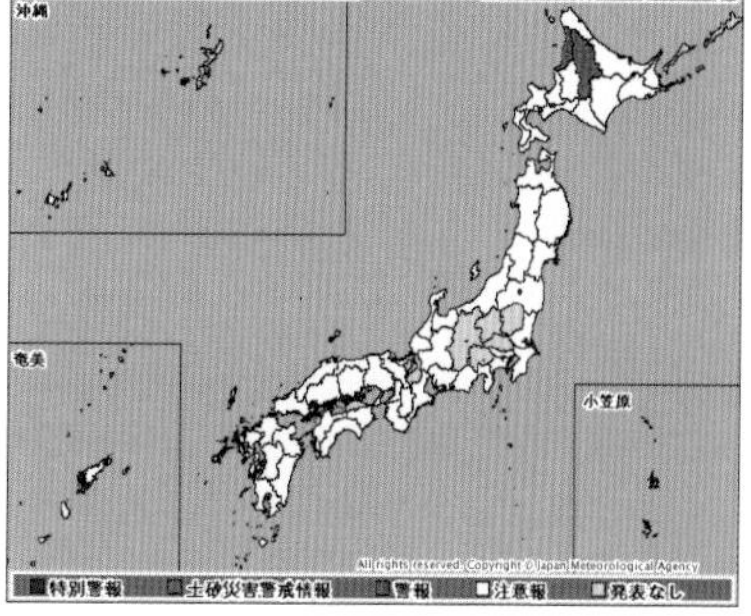

注意報は大雨や強風などによって災害が起こる恐れのあるときに、警報は重大な災害が起こる恐れのあるときに、気象庁が発表する。発表基準は市町村ごとに異なり、市町村単位で発表される。どちらもテレビやラジオの天気予報で報道されるほか、気象庁や民間気象予報会社のホームページなどでも確認できる

＊各天気予報および衛星画像の出典は気象庁ホームページ

山の天気予報と要注意の天気図

山の天気と平地の天気は違う

山の天気予報

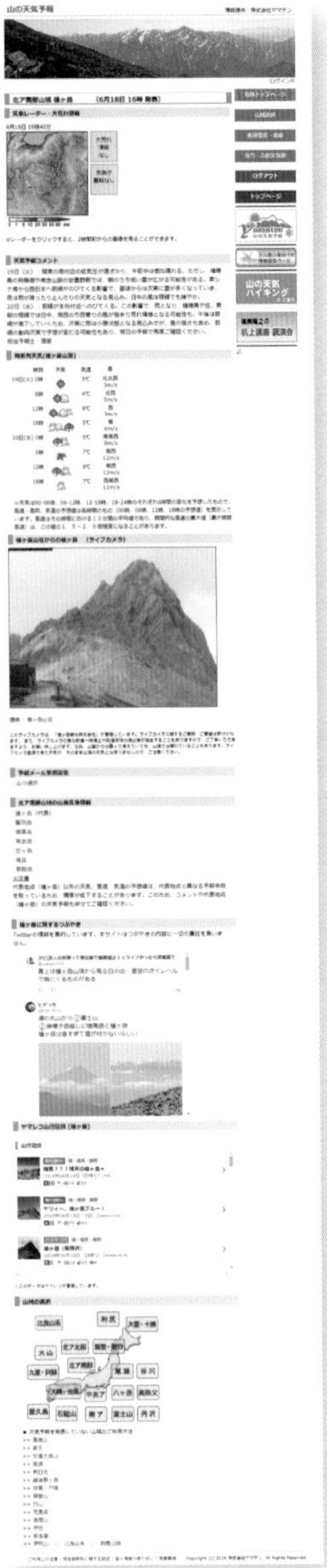

山の天気予報（ヤマテン）

https://i.yamatenki.co.jp
山の天気を予測する専門サイトの草分け的存在。全国18山域、59山の天気予報（天気、気温、風向・風速を6時間単位で翌々日まで予報）をPCや携帯電話、スマートフォンに毎日配信。山岳気象に精通した気象予報士が手づくりで予報しているのが特徴。月額300円（税別）

登山天気アプリ 日本気象協会tenki.jp

スマホアプリ（Android、iOS）
日本気象協会が提供する山の天気予報アプリ。日本三百名山＋αの山頂、登山口、山麓の3時間ごとの天気予報を2日先まで表示。1週間先の天気と天気図のほか、高層天気図や雨雲レーダー、雷の危険度、気象衛星などもチェックできる。月額240円

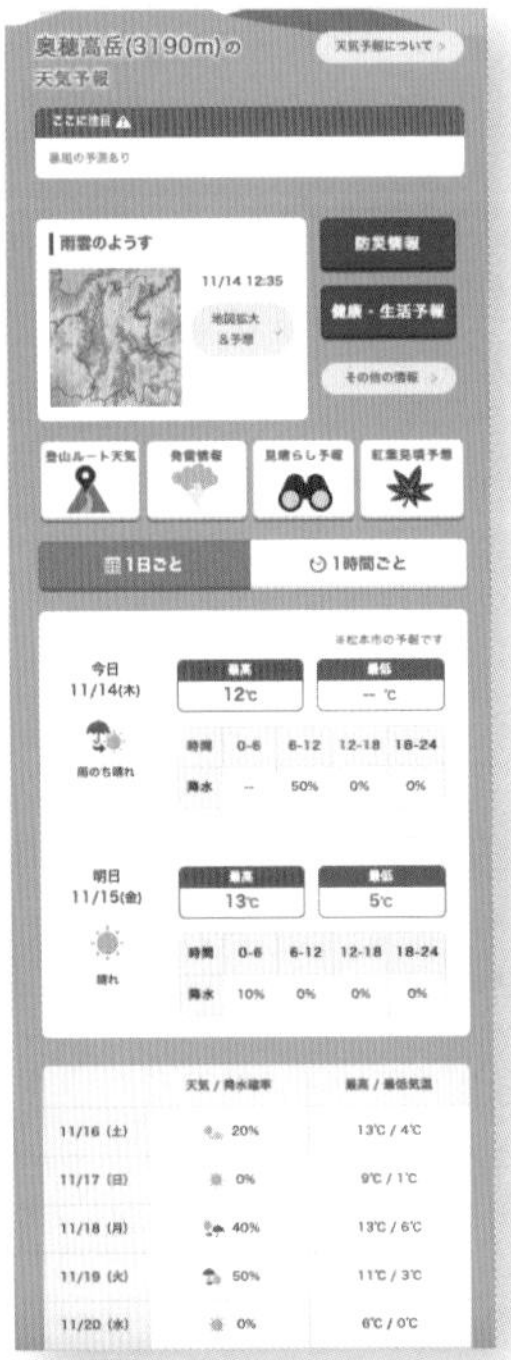

お天気ナビゲーター 登山ナビ

https://s.n-kishou.co.jp/w/charge/tozan/tozan_top.html
日本気象が運営する天気予報の総合サイト「天なび（お天気ナビゲーター）」内のいちサービス。日本百名山の登山ルート上の天気予報を1時間ごとに更新するほか、全国の主要山岳の10日先までの天気予報、直近の雷や雨の情報などを提供する。月額110円または288円

同じエリアであっても、山麓の天気と山の上の天気は大きく異なることがある。これは、複雑な凹凸がある山岳地独特の地形により、上昇気流と下降気流があちこちで発生しているため。「山の天気は変わりやすい」といわれているのもこのためだ。

一般的な傾向として覚えておきたいのは、「山の天気は地上の天気より早く変わる」「山の天気は地上より悪くなる」「天気の回復も遅れる」ということ。この流れを考慮して、天気が下り坂になるタイミングや回復するタイミングを推測し、行動を決定したい。

また、次ページに挙げたパターンの天気図のときには、山の天気はほぼ間違いなく大荒れになるか悪天候が何日も続いたりする。山行計画は中止または変更するのが賢明だろう。

なお、より正確な山の天気予報を入手するのは、上で紹介したような専門サイトを利用するといい。いずれも有料サイトになるが、利用価値は大だ。

要注意の天気図

台風

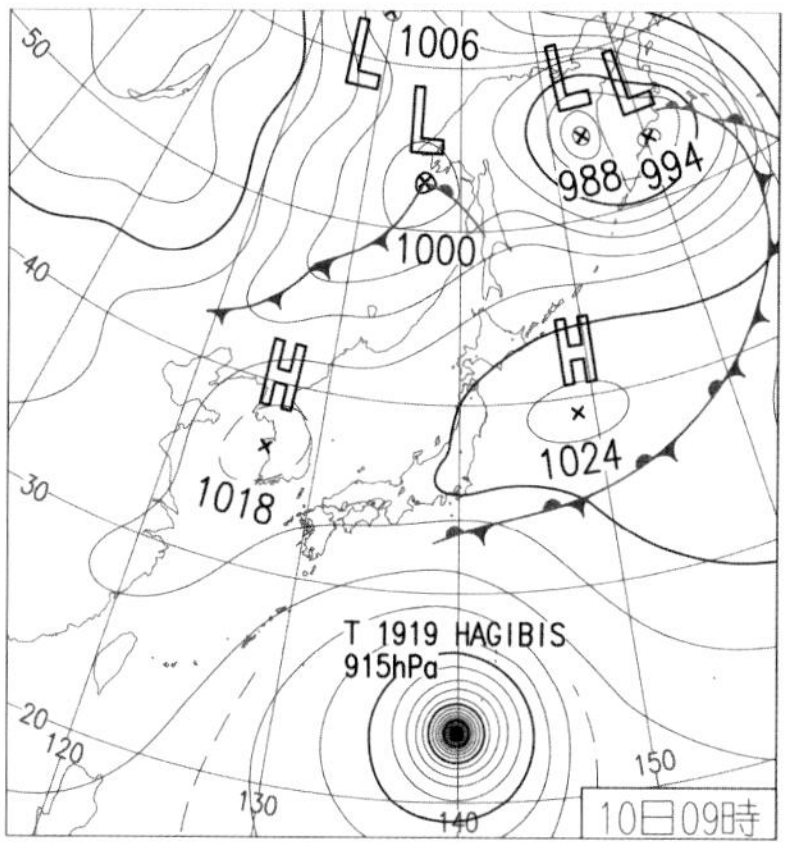

最大風速が17ｍ／ｓ以上の熱帯低気圧。基本的に太平洋高気圧の縁に沿うように進み、日本列島に接近・上陸する進路をとると、進路に沿う広い範囲で暴風雨に見舞われ、場合によっては大きな災害をもたらすことがある。8～9月にかけて多く発生する

二つ玉低気圧

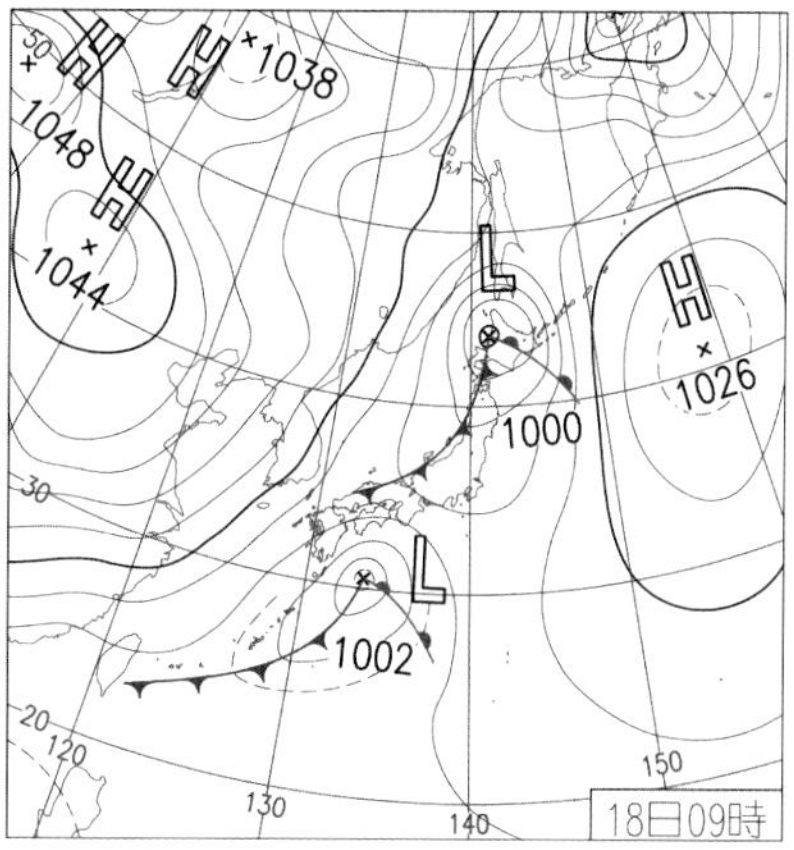

日本海低気圧と南岸低気圧が日本列島をはさむようにして同時に進行する気圧配置。山は大雨、大雪、強風に見舞われ、大荒れの天候となる。2つの低気圧は東の海上でひとつになって台風並みに発達し、通過後は一時的に冬型の気圧配置が強まって大雪や暴風雪になる

秋雨前線

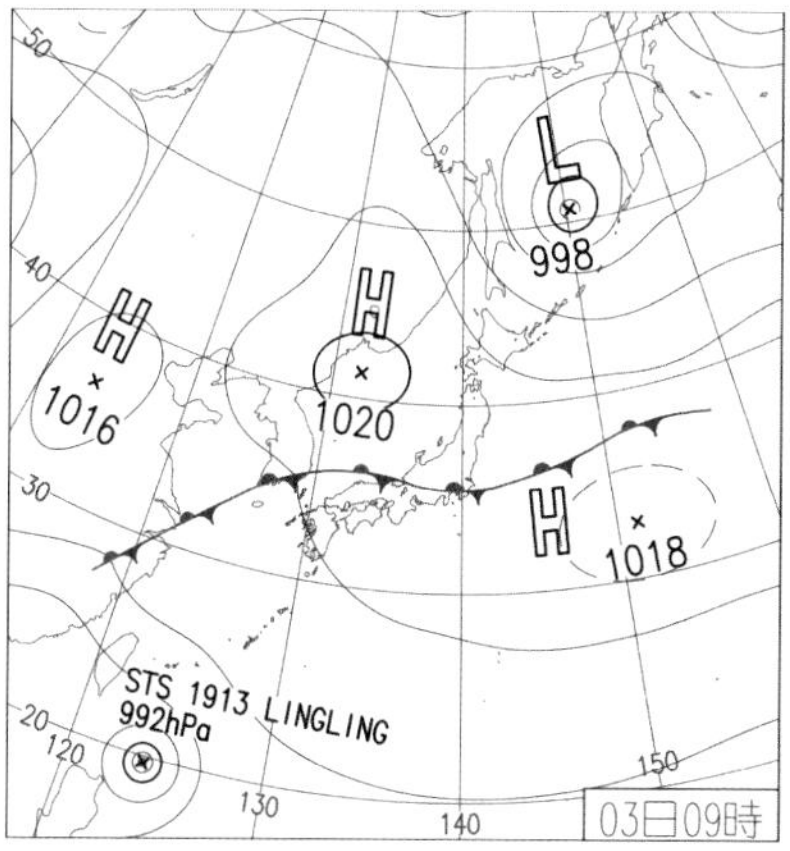

9月中旬～10月上旬ごろの間に太平洋高気圧と大陸高気圧との間に形成される前線。日本列島付近に停滞すると、ぐずついた空模様が多くなる。停滞している秋雨前線に台風が接近した場合は、前線が刺激されて活動が活発になり、山は何日間も荒れた天候になる

日本海低気圧

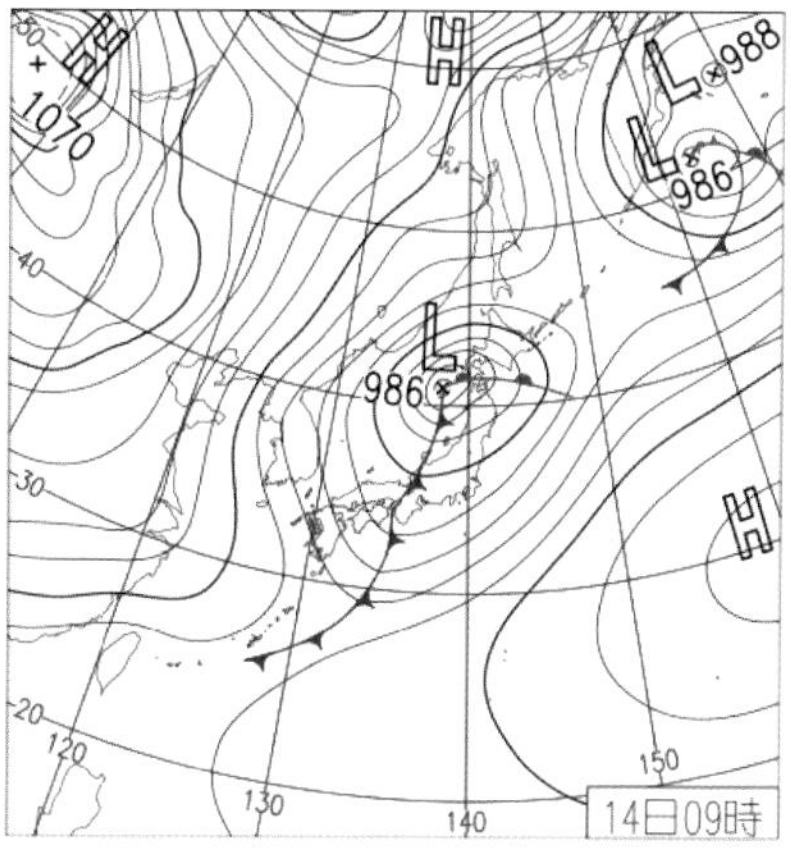

日本海を東～北東方向に発達しながら進んでいく低気圧。南寄りの風が強くなって気温も上昇し、「春一番」や春の嵐をもたらすことが多い。山岳地では雨や強風、雪崩に要注意。通過後は北から寒気が入って北西の風が強まり、日本海側の山を中心に猛吹雪となる

台風通過後の冬型

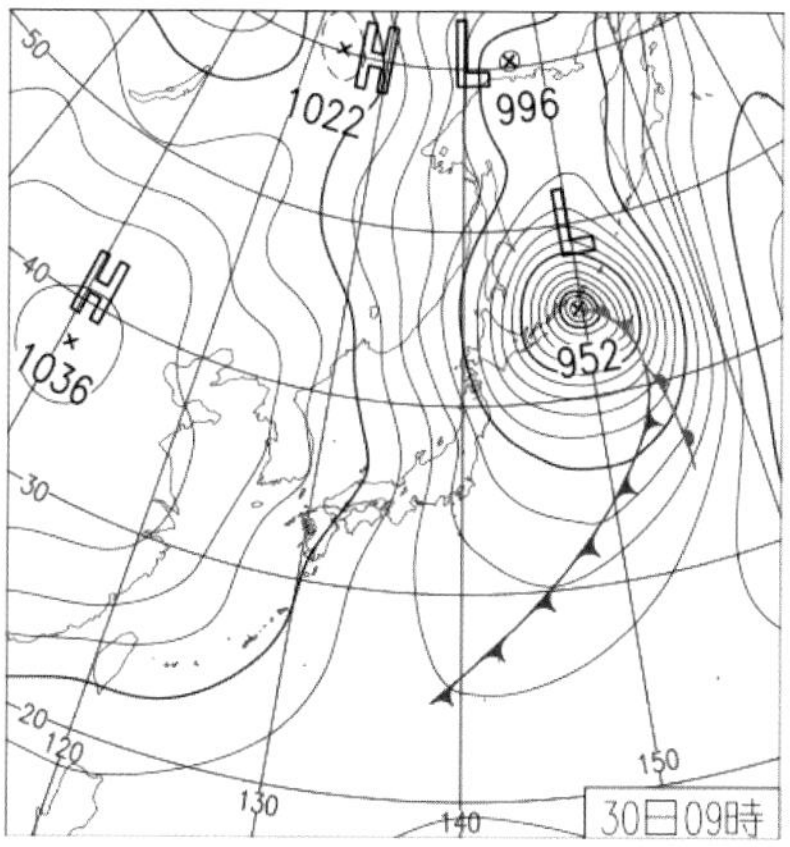

台風が日本列島の南海上から東海上、三陸沖を北上して温帯低気圧に変わると、低気圧が発達して一時的に冬型の気圧配置となり、日本海側の山を中心に大荒れの天候となる。過去にはこのパターンによる秋山での大きな遭難事故がいくつか発生している

梅雨前線

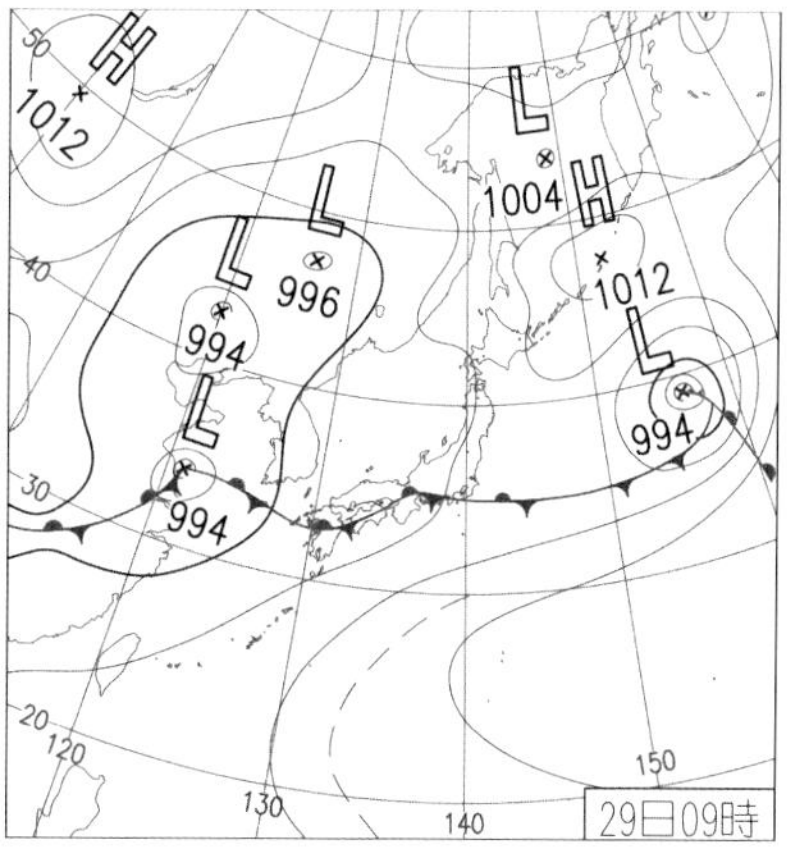

梅雨の時期に発生する停滞前線。オホーツク海高気圧の冷たく湿った空気と、太平洋高気圧の暖かく湿った空気がぶつかり合ってできるため、雨や曇りの日が多くなる。前線上に低気圧やくびれ（北側に盛り上がった箇所）があるときは、その南側で集中豪雨となる

＊天気図の出典は気象庁ホームページ

山岳保険に加入する

救助費用は決してタダではない

現代の山岳遭難救助は、主に警察や消防の救助隊やヘリコプターによって行なわれており、原則的に救助費用は無料となっている。ただし、警察や消防の隊員だけではなく、民間救助隊員がいっしょに出動するケースも多く、その場合には当事者（遭難者やその家族ら）が民間救助隊員に対して報酬を支払うことになる。また、救助に使用するロープなどの消耗品や隊員の保険代なども当事者が負担する。下の表は、独自の山岳遭難対策制度をとる日本山岳救助機構合同会社（jRO）の救助費用の支払い実績の一部であるが、現実には数万円～数十万円、場合によっては数百万円の救助費用が請求されていることがわかる。

特に近年は救助費用の有料化も徐々に進み、また民間救助隊が出動する事例も増えてきている。これに伴い救助費用も高額化する傾向にあり、その流れは今後も加速するであろうとみられている。

そこで必要となるのが、救助費用を補償してくれる山岳保険への加入である。山岳保険は、いくつかの保険会社や山岳団体が商品化しており、その種類は補償内容によってさまざまだ。最もシンプルなのは、必要最小限の捜索・救助費用のみを補償するもので、これに死亡・後遺障害、入・通院、個人賠償責任、携行品損害などを組み合わせたプランが各種ラインナップされている。

山岳保険を選ぶ際には、山岳登攀（クライミング、沢登り、雪山登山など危険度が高い山行）を行なうかどうかがひとつの目安となる。山岳登攀をするのなら、それらをカバーしたものを、しないのなら無雪期の一般登山やハイキングのみを対象とした保険を選ぼう。また、年間を通しての補償が必要なのか（1回の山行ごとに加入できる保険もある）、高山病や凍傷などの病気による遭難も補償の範囲内か、救助のため仲間が現場に駆けつけて活動する費用もカバーされるのか、なども要チェックだ。

日本山岳救助機構（jRO）の2019年度の支払い実績の一部

月	遭難発生場所	遭難事故の概要	被害	補てん金額
1	谷川岳 天神尾根	天神尾根をスキーで滑走中、雪崩に巻き込まれる。悪天候のため捜索活動ができず発生2日後に発見される。空息死。	死亡	¥349,930
1	志賀高原 焼額山	4人パーティで滑走中、うち1人がツリーホールに落下。他メンバーは気づかず滑走。遭難者から他メンバーへ無線にて救助要請。メンバーからさらに焼額山スキー場に救助要請、捜索・救助活動を行なった。	特になし	¥115,000
2	北アルプス 白馬乗鞍岳	東斜面を山スキーで登山中、2400m付近にて雪崩に遭遇し完全埋没。付近登山者により救助要請。大腿骨骨折、肺挫傷。	入院	¥302,578
2	白山	パーティとはぐれてしまい道迷い。スキーが壊れる等のトラブルや雪庇や雪崩に巻き込まれる。本人から携帯電話で救助要請、2泊ビバーク後に発見され救助される。GPS情報のやりとりあり。謝礼費用発生。	特になし	¥ 2,700
2	中央アルプス越百山～南駒ヶ岳	滑落し死亡。遺体搬送費用請求予定。	死亡	¥150,000
2	中央アルプス 木曽駒ヶ岳	※単独　乗越浄土付近で50mほど滑落。その際、右足首骨折。付近登山者により救助要請、民間救助隊により救助活動が行なわれた。	入院	¥462,394
2	箱根山台ヶ岳	登山中に言葉の伝達が思うようにならず下山。右脳出血、歩行不能となる。同行者の担送により下山。	入院	¥ 20,000
2	越後湯沢 神楽ヶ峰	反射板ルー トを滑走予定だったが、視界不良のため棒沢付近へ滑走してしまい道迷い。ビバーク2泊あり。同じ山小屋に宿泊予定だった友人より救助要請。	負傷	¥100,000
2	上州武尊	※単独　詳細不明。天候不良のため道迷いしたと思われる。警察や民間ヘリなどによる捜索が行なわれたが発見に至らず。事故発生約3週間後、バックカントリースキーヤーにより発見される。	死亡	¥1,757,920
2	北アルプス 乗鞍岳	位ヶ原山荘から下山中に転倒、骨折。ソリとスノーモービルでけん引、救急車を乗り継ぎ最寄り医療機関へ収容。	負傷	¥309,658
2	八ヶ岳	登山中に脳こうそくで倒れる。同行者による救助要請。最寄りの医療機関まで警察ヘリにて搬送。	入院	¥138,980

警察や消防が中心に行なう救助活動であっても、捜索・救助費用がタダということはありえない。安くすんでも数万円、高ければ数百万円という金額が当事者負担となる

（上）埼玉県では全国に先駆けて救助費用の有料化を導入。条例により、防災ヘリが山岳遭難救助に出動した場合、救助費用の一部は遭難者に請求される（写真協力／埼玉県消防防災課）
（右）スキー場に設置されている、救助費用の当事者負担を告知する看板。このような措置をとるスキー場も現れ始めている

山岳遭難における救助費用の目安

■たとえば道に迷って遭難すると…

山頂から下山する途中でルートを誤り、道に迷う。自力では正しいルートに戻れず、救助を要請したが、悪天候のためヘリコプターでの捜索・救助は行なえず。警察の救助隊員3人と民間の救助隊員3人が出動し、翌々日に発見、救助される。

●民間救助隊員の日当
3万円×3人×3日間＝27万円

●民間救助隊員の危険手当
5000円×3人×3日間＝4万5000円

●民間救助隊員の保険加入代
1万円×3人×3日間＝9万円

●交通費（ガソリン代）　**5000円**
●消耗装備品代　**5万円**
●食料代　**5000円**

合計：46万5000円

■救助費用の目安

●警察・消防のヘリコプター
および隊員の出動
0円（費用は税金より捻出）

●民間ヘリコプターの出動
1分間のフライトで約1万円

●民間救助隊員の出動
1人1日当たり約3万円〜5万円

●民間救助隊員の危険手当
1人1日当たり約5000円

●民間救助隊員の保険加入代
1人1日当たり約1万円

＊危険手当は早朝や夕方以降の出動、悪天候時や冬季の出動、ビバークなどを伴う出動時に加算される。
＊そのほか、隊員の宿泊費、食料費、交通費、消耗装備品代（ロープやスリング類など）などがかかってくる。

電波を使った探索システム

遭難時の生存率を上げる新技術

ココヘリ

ヘリコプターを活用した会員制の捜索システム。小型の電波発信器を持った登山者が山で行方不明になったときに、提携するヘリコプター運航会社が捜索を行ない、電波を受診して行方不明者を見つけ出す。救助活動は、位置情報を提供された警察や消防が行なう。通信距離は半径約3km。入会金3000円、年会費3650円

こんにちは通信
電波圏外でも、すれ違いの際に
YAMAP アプリが Bluetooth で
お互いの位置情報を交換

YAMAPみまもり機能

アプリをダウンロードした登山者同士がすれ違うときに、スマートフォンのGPS機能で取得した位置情報を送受信する機能。ブルートゥースを利用するため電波が届かないエリアでも送受信できる。下山して通信エリアに入れば、取得した位置情報はYAMAPのサーバーに送信され、登山者の家族はSNSの専用ページなどの地図上で登山者の位置情報を確認できる。事故が発生した際には、救助隊らとその情報を共有することによって遭難場所を絞り込むのに役立つ。すべてのユーザーが無料で利用可能

山で遭難して行動不能になってしまった登山者の捜索・救助活動は時間との勝負になる。山の厳しい自然環境のなかでは、じっとしていても体力は消耗するばかりで、時間の経過とともに生存率はどんどん下がってくるからだ。

遭難者をいち早く発見・救助するためのツールとして、電波を使って正確な位置情報を把握するシステムの開発・運用は古くから進められてきた。たとえば富山県警山岳警備隊では、冬季の剱《つるぎ》・立山《たてやま》連峰への登山者を対象に、１９８８年から「ヤマタン」と呼ばれる電波発信機の貸し出しを行なっている。雪山登山の必携装備であるアバランチビーコンもその一種だ。ただし、これらが使用するのは微弱電波なので、遠距離では正確な位置情報の特定が難しいという欠点がある。

そこで各研究機関や企業などは、さまざまな電波を使った位置情報探索システムの研究開発を現在も進めている。そのなかでもいち早く実用化されたのが、上に示した「ココヘリ」だ。ココヘリが使用する電波は９００MHz帯で、実用レベルでの補足距離は半径約３km。障害物による影響を受けにくく、ＧＰＳが苦手とする山間部でもピンポイントで位置情報を捉えることができる。実際に救助実績も多数あり、全国の警察や消防が導入を進めている。

また、探索システムではないが、スマートフォン用の無料登山地図アプリ「ＹＡＭＡＰ」は、ユーザーの登山者同士が山ですれ違うときに、Bluetoothを通じてお互いの位置情報を交換し合いサーバーに記録する「ＹＡＭＡＰみまもり機能」を新たに搭載し、サービスの提供を開始した。同アプリには、現在地の緯度や経度を表示し、非常時にワンタッチで１１０番通報できる機能も備わっている。

このように、電波を使った位置情報探索システムの研究開発は日進月歩。今後の新しいシステムの実用化が期待される。

Part 2

無雪期のリスクマネジメント

■監修／ P40 ～ 44 日下康子（医学博士）・中村富士美（国際山岳看護師）、P46 ～ 70 木元康晴（登山ガイド）

道迷い

なぜ引き返せないのか？

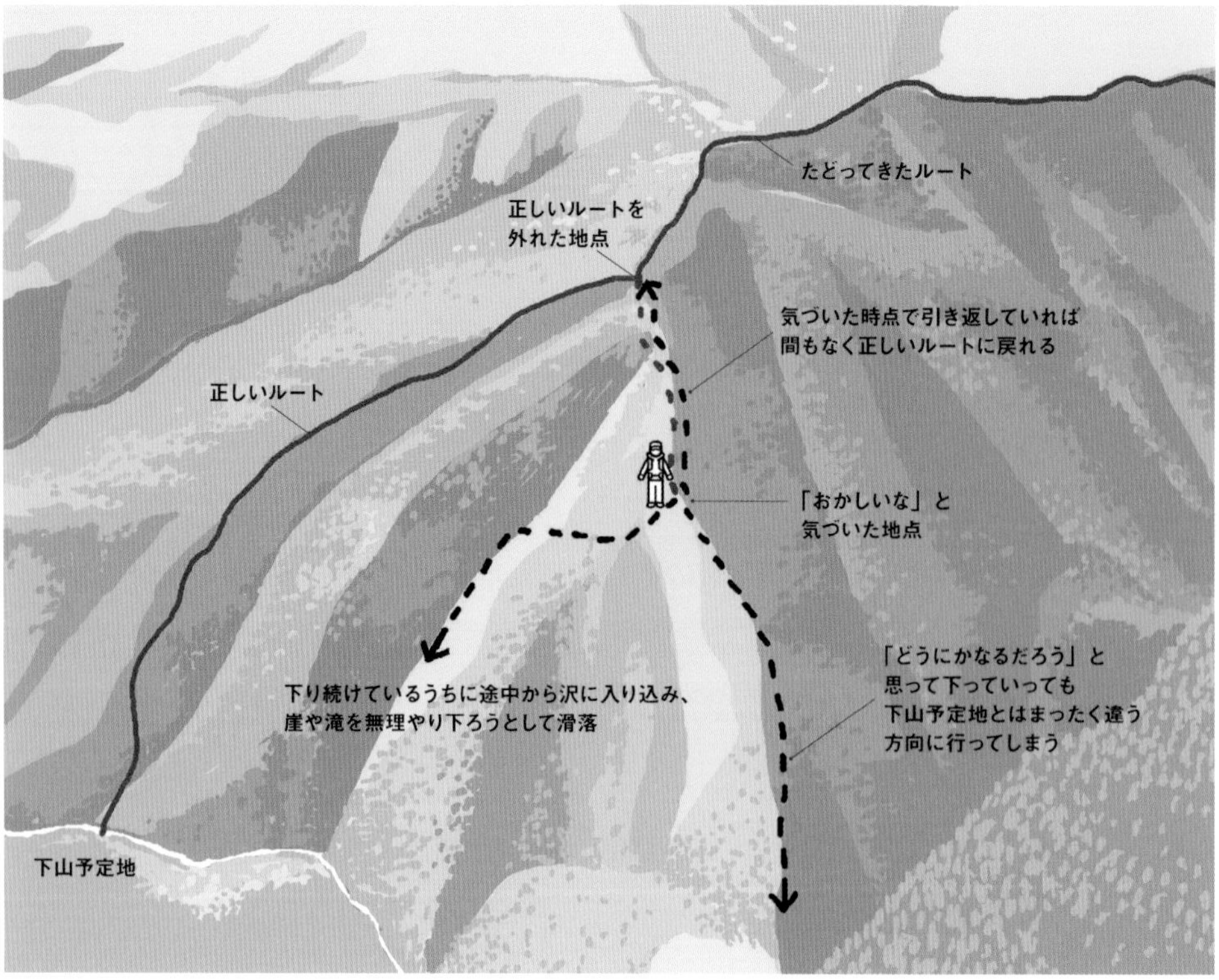
たどってきたルート
正しいルートを
外れた地点
気づいた時点で引き返していれば
間もなく正しいルートに戻れる
正しいルート
「おかしいな」と
気づいた地点
「どうにかなるだろう」と
思って下っていっても
下山予定地とはまったく違う
方向に行ってしまう
下り続けているうちに途中から沢に入り込み、
崖や滝を無理やり下ろうとして滑落
下山予定地

道に迷ったことに気づいたときに、「このまま下っていけばどうにかなるだろう」と思うのは大間違い。いつしか沢に入り込んで転・滑落してしまうケースが非常に多い。運よく下れたとしても、下山口とはまったく違う場所に出てしまう

山岳遭難のなかでも飛び抜けて多いのが、道迷いによる遭難事故だ。道に迷ったのち、転・滑落して死傷するという事故は「転滑落事故」として計上されるので、道迷いが要因となっている事故は、統計上の数字よりももっと多いものとみられている。

なぜこれほどまでに道迷い遭難が多いのかというと、次に挙げる3つの登山の基本が実行されていないのがいちばんの原因だと思われる。

・現在地を確認しながら行動する
・迷ったら引き返す
・沢を下ってはならない

登山の必携装備である地図とコンパスでこまめに現在地を確認しながら行動していれば、正規のルートを外れたときは早いタイミングでミスに気づくことができる。また、「あれ、おかしいな」と少しでも不審に思ったら、それ以上先に進まずにたどってきたルートを引き返すことで、いずれ正しいルートに復帰できる。

ところが、「おかしい」と感じた時点で引き返さず、「もうちょっと様子を見てみよう」などと考えて先に進み、やがては沢に入り込んで転・滑落してしまうというのが、道迷い遭難の典型的なパターンである。「山で迷ったら引き返す」というのは、誰もが知っている登山の鉄則であるはずなのに、なぜかそれができない。登山歴の長い山慣れた人であっても、引き返さずにみすみすと道迷い遭難の罠にはまり込んでいってしまう。

これは、山で道迷い遭難に至る過程が、認知バイアスによる判断ミスの積み重ねだからだろう。認知バイアスとは、人間が無意識的に潜在させている思考の偏りやひずみのことをいう。それがいかに作用するのかを示したのが次ページの図だ。

一瞬の気のゆるみや油断などによって引き起こされる転・滑落事故などとは異なり、道迷いは人の心の弱さに起因するものだけに、技術や知識を身につけるだけでは防ぎきれない部分がある。それが道迷い遭難の厄介なところだ。

要因別山岳遭難者の推移（警察庁）

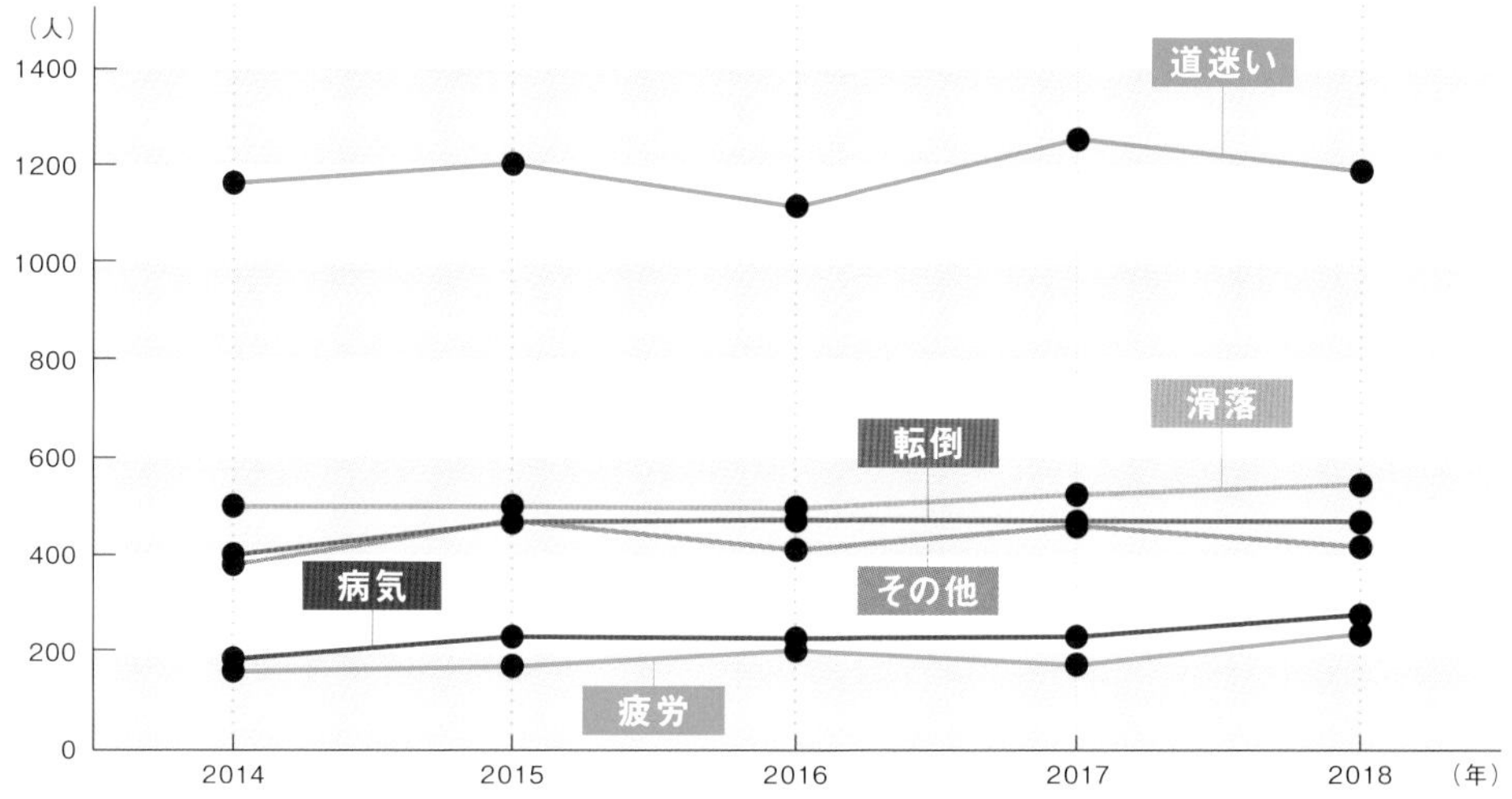

山岳遭難の事故要因は、かつては転・滑落がトップだったが、今日では道迷いが断然多く、山でのいちばん大きなリスクとなっているといっても過言ではない

道に迷う心理的要因

正しいルートを外れる

▼

「自分は今、正しいルートをたどっているハズ」 ← **確証バイアス**：自分に都合のいい情報だけを受け入れて、さらに思い込みを強化していく傾向

▼

「なにかおかしいな」と思いはじめる

「あれ、この道でいいのかな？」

「まあ、いいや。もうちょっと進んでみよう」 ← **正常性バイアス**：ある程度までの異常を異常と感じず、正常な範囲内のものとして処理する心のメカニズム ／ **楽観主義バイアス**：物事を悲観的ではなく、自分の都合のいいように楽観的にとらえる傾向

▼

道に迷ったことをはっきり認識する

「やっぱりおかしい。
でも今さら引き返すのも面倒だ」 ← **労力の比較**：それまでにかけてきた労力を無駄にしたくないために、これからかかるであろう労力を相対的に小さく考える傾向

「このまま下っていけばなんとかなるだろう」 ← **楽観主義バイアス**：物事を悲観的ではなく、自分の都合のいいように楽観的にとらえる傾向 ／ **決断の先延ばし**：「どうにかなるだろう」「楽をしたい」「面倒くさい」といった心理が働き、決断を先延ばしにする傾向

▼

引き返せず先に進んで遭難！

迷うポイント

尾根筋や沢筋と登山道の見極めをしっかりと

あれ、おかしいな。この道で合っているのかな？
まあ、いいや。もうちょっと進んでみるか

登山道を外れて道に迷いはじめると、どこかの時点で必ず「あれ、おかしいな」と思う。このときに引き返せば、それほど労なく正しいルートに戻ることができる。しかし、「もうちょっと先まで進んで様子を見よう」などと考えると、道迷いの深みにはまり込んでいってしまう

道迷い遭難は、登りよりも下りで多発している。どんな山にしても、尾根や沢は頂上という一点に向かって集約していくので、極端にいってしまえば、どこをどう登っても最終的には山頂にたどり着ける。しかし逆に下るときは、尾根や沢は山頂から四方八方に向かって拡散していく形になるため、尾根や沢を一本間違えただけでまったく別の方向へ進んでしまう。よって下山するときは特に、ルートを外れないよう注意深く慎重に行動する必要がある。

さて、下山中に道に迷いやすいポイントというのは、だいたい決まっている。まずひとつは、登山道が尾根から外れるところ。それまで尾根上についていた登山道が、ある地点で尾根から外れて山腹の斜面へと続いている場合、その地点を見落として、まっすぐ続いている尾根へとついつい進んでいってしまう。

また、下っている登山道が枯れ沢を横切るところも要注意。対岸に続いている登山道に気づかず、沢のほうに引き込まれるというケースが少なくないからだ。沢には立ち木やヤブがほとんどなく、歩きやすいうえ、道があるように見えてしまうこともあるので、なおさら誘導されやすい。しかし、下っていくうちに必ず崖や滝に突き当たる。そこを無理やり下ろうとして、転・滑落してしまうというわけだ。「迷ったら沢を下ってはならない」といわれるのはこれによる。

道に迷いやすいこうしたポイントでは、たくさんの人が迷いかけているため、たいてい誤った方向に踏み跡がついている。だが、最初は明瞭だった踏み跡も、しばらく進むうちに次第に不明瞭になってくる。「これはおかしい」というセンサーが働いたら、それより先には進まず、その場から引き返すにかぎる。

そのほか、次ページで挙げたような雪渓上、岩場やガレ場、広い尾根なども道に迷いやすいポイントなので、不安ならば地図とコンパスで進むべき方向を確認しながら行動することだ。

ルートを外しやすいポイント

■岩場、ガレ場

ルートを示すペンキマークを見落として踏み跡をたどっていったりすると、危険箇所に飛び出してしまうことがある。マークを忠実に追っていくようにしよう

■登山道が尾根から逸れる箇所

尾根沿いの登山道が尾根から外れる箇所では、そのまま尾根をたどっていってしまいやすい。特に写真のように登山道が急角度で曲がっているところは要注意

■雪渓

雪渓は時期によって状況が変化し、ルート取りが変わってくることもある。特に雪渓が終わる箇所では、どこから登山道が始まっているのかよく確認を

■登山道が沢を横切る箇所

斜面を下る登山道が沢を横切っている場所では、間違えて沢のほうに入り込んでいってしまいがち。沢の対岸に続いている登山道を見落とさないように

■通行止めサインの見落とし

ルートを外しやすい箇所には、「この先に進むな」という意味で倒木が積まれていることがある。ボーッとしていて、うっかりこのサインを見落とさないように

■目印のない平坦地や広い尾根

ランドマークのない開けた場所や、広がりのある尾根上では方向を見失いやすい。特に悪天候のときやガスで視界が利かないときは慎重に行動すること

道迷いを防ぐ

予習と確認、リカバーの3段構えで

道迷い多発地点を事前にチェック

道迷いのリスクマネジメントは、計画段階から始まる。予定コースを地図上でたどりながらシミュレーション登山をして、前項で述べたような道迷いの要注意ポイントをチェックしておこう。

その際には、ガイドブックやインターネットの山行記録を参照するといい。ガイドブックには迷いやすいポイントが明記されているし、ネットに投稿された記録には道に迷った実体験が記されていることもあり、注意喚起につながる。また、P14・15で紹介した事故統計や遭難マップなども参考となる。

そのほか、ヤマレコの「みんなの足跡」を見ると、実際に登山者が道に迷いそうになったリアルな軌跡を地形図上で確認でき、未然防止に非常に役に立つ。これを事前にチェックしておければ、現地で同じ轍を踏むこともなくなるだろう。

コースを地図上でシミュレーションする

計画を立てる段階で、たどるコースを地形図や登山地図でシミュレーションして、コースの状況を事前に把握しておく。特にルートミスを犯しそうな地形や分岐点などは要チェック。そのほか、登山道の起伏、危険箇所、周囲の植生、エスケープルートなども頭に入れておきたい。ヤマタイムやヤマレコでは、地図上のポイントをクリックしていくだけで登山計画が立てられて便利だが、しっかりシミュレーションを行なうことが重要だ

ヤマレコ「みんなの足跡」をチェックする

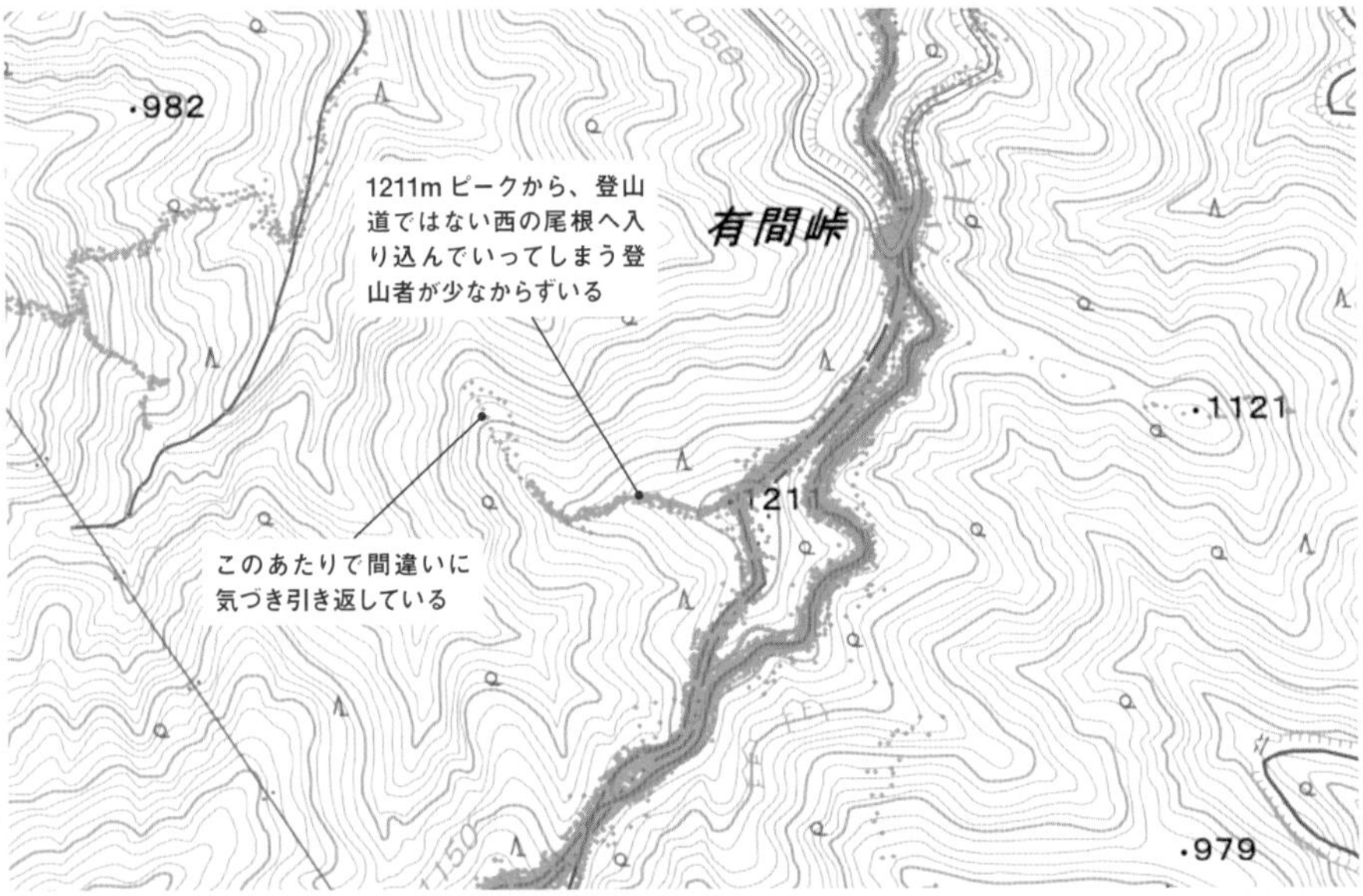
.982
1211m ピークから、登山道ではない西の尾根へ入り込んでいってしまう登山者が少なからずいる
有間峠
.1121
1211
このあたりで間違いに気づき引き返している
.979

「みんなの足跡」とは、ヤマレコユーザーが実際に山を歩いたときのGPS軌跡データを地形図上に落としたもので、ヤマレコのウェブサイトで誰でも見ることができる。多くの人が歩いているポピュラーなルートは太いオレンジの線で、バリエーションルートのように入山者の少ないルートは細い線で表示されているので、これを見れば道に迷いやすい箇所も一目瞭然だ。たとえば上の地図では、有間峠の南側にある1211mピークから西に派生する尾根へ、細かいオレンジ色のラインが先細りになって続いており、何人もの人がルートを外れて迷い込んでいってしまったことがわかる。事前にこの「みんなの足跡」をチェックしておけば、迷いやすいポイントでのミスを回避できるようになるだろう。

現在地を確認しながら行動するのが大原則

登山の必携装備である地図とコンパスは、道に迷ったときに使うものではなく、道に迷わないようにするためのツールである。完全に道に迷ってしまってから地図とコンパスを取り出したとしても、ほとんど役に立たないと思ったほうがいい。

地図とコンパスでこまめに現在地を確認しながら行動すれば、正しいルートをたどっていることを認識していられるので、安心感があり気持ちに余裕も出てきて、道に迷いにくくなる。万一、登山道を外れたとしても、最後に現在地を確認したのが20分前であれば、その20分の距離を引き返すことで正しいルートに戻ることができる。

しかし、一度も現在地を確認していなかったら、そう簡単にはいかない。迷ったことをはっきり自覚しても、どこまで引き返せばいいのかわからないのでリカバーに時間がかかり、どうしても焦りが生じる。それが「このまま進んでしまえ」という判断につながり、最悪、遭難につながってしまうことにもなりかねない。

■地図で現在地を確認しながら行動する

道に迷わないようにするための基本中の基本である。地図やコンパスは道迷いを未然に防ぐために活用するものであり、完全に道に迷ってから見たのではもはや遅い。行動中でもすぐに取り出せるようにしておいて、展望の利くところや分岐点、ランドマークのある場所などでこまめに地図上で現在地を確認することだ。そうしていれば、たとえルートを外れたとしても、すぐに「おかしいな」と気づくことができる。その時点でそれ以上は先に進まず、たどってきたルートを引き返していけば、最後に現在地を確認した地点までの間に、必ずルートを外れた箇所が見つかるはずだ

■標識や赤テープなどの目印を見落とさない

定期的に整備されている登山道では、ルートを示す道標や赤テープ、ペンキマークなどの目印が要所要所に付けられているので、うっかり見落とさないように注意しよう。木の枝に付けられた赤テープや岩に記されたペンキマークは、場所によっては見つけにくいこともある。それまであった目印が見当たらなくなったときは、焦らずに前の目印があるところまで戻り、周囲をよく観察して慎重に行動すれば、次の目印が必ず見つかるはずだ。ただし、赤テープは、沢登りのパーティや林業関係者らが登山道の目印以外の目的で付けることもあるので、過信は禁物だ

地図アプリを有効活用する

登山中の通信手段として携行するスマートフォンは、地図アプリをダウンロードしておけばハンディGPS代わりに使える便利なナビゲーションツールとなる。圏外であっても、簡単な操作で2万5000分ノ1地形図上での現在地がピンポイントでわかるのは、なにより心強い。

ただし、使うには事前にWi-Fi環境下で地図をキャプチャ（ダウンロード）しておく必要がある。また、バッテリー切れや故障、低温に弱いなどのリスクもあるので、地図とコンパスも携行し、双方をうまく使い分けるようにしたい。

深みにはまる前に引き返すか登り返す

山で道に迷ったときに、冷静に考えれば、引き返すことが最も安全で確実な方法であるはずなのに、なかなかそこへ思いが至らない。焦りや時間的制約、体力の消耗などに誘引されて、前述したような認知バイアスが作用し、ほとんどの人は引き返せずにそのまま突き進んでしまう。

しかし、いくら疲れていようと、帰りのバスの時間が気になったとしても、先に進んではならないし、絶対に沢を下ってはならない。「どうにかなるだろう」と考えるかもしれないが、たいていの場合はどうにもならず、状況はよりいっそう悪化してしまう。

まずはその場で休憩をとり、行動食や水分を補給するなどして気持ちを落ち着かせることだ。冷静さを取り戻したら、記憶を頼りに、たどってきたルートを引き返していこう。このときにGPSがあると心強い。どこを通ってきたのかわからなければ、近くにあるピークや尾根をめざして登り返すのが鉄則である。

■沢は下らず、尾根やピークに登り返す

「道に迷ったら沢を下らない」というのも登山の大原則のひとつ。沢を下れば必ず崖や滝が現われて行き詰まってしまうからだ。そこを無理やり下ろうとして転・滑落してしまうというのが、道迷い遭難の典型的なパターンである。逆に、尾根やピークに登り返せば、見通しが利くようになるうえ、登山道や作業道に出られる確率も高い。時間的にも体力的にも余裕がないなかでは、どうしても楽な「沢を下る」という選択をしがちになるが、たいていの場合、その判断は凶と出る。たとえ時間がかかっても、体力的につらくても、尾根やピークに登り返すという判断をすべきだ

■「おかしいな」と思ったら引き返す

言うまでもなく、昔からいわれている登山の大原則のひとつだが、誰もが心得ているにもかかわらず、いざ自分が道に迷ったときには、引き返せない人が非常に多い。それは山の経験が豊富な人も例外ではない。P27で解説したように、さまざまな心理的要因が働いているからであろう。しかし、早い時点で引き返していれば、十中八九、道迷い遭難は防ぐことができる。もし、「おかしいな」と思って引き返すかどうか迷ったとしたら、道迷いに引きずり込まれるバイアスが働いていることを自覚し、気持ちを落ち着かせたうえで、その場からたどってきたルートを引き返していくにかぎる

台風、大雨後は要注意

台風が接近・通過したり、集中豪雨のような大雨が降ったりすると、斜面の崩落や沢の増水、多数の倒木などにより山の状況は大きく変わり、各地の山で登山道が荒廃する被害が続出する。荒れた登山道は、元どおりに整備されるまでにかなりの時間がかかり、まだ整備が進まないうちに入山すると、従来の情報が当てにならずにルートを外れてしまうということが起こりうる。台風や大雨のあとの登山は、現地の最新情報を入手するとともに、荒れていることを想定した準備と計画で臨むようにしたい。

転・滑落／転倒

油断、不注意が命取りに

狭い登山道ですれ違うときは山側で待機する

岩場などの危険箇所では一歩一歩を慎重に

転・滑落や転倒事故の原因は、「つまづく」「浮き石に乗る」「バランスを崩す」「足を滑らせる」などさまざま。ことに険しい稜線や岩場での転・滑落は致命的であり、たとえ命に別状はなくても重傷を負って行動不能に陥ってしまうケースが多い。また、手首や足首を骨折したり頭部を裂傷したりする転倒事故も多発している。

地形的な要因はあるにしても、転・滑落や転倒事故の99％は当事者の不注意や単純ミスから引き起こされており、回避策はとにかく油断せずに慎重に行動することに尽きる。やせた岩稜帯や険しい岩場などを通過するときには特に気を引き締めよう。危険箇所を通過するときには、ヘルメットを着用することが今では常識になっているので、ヘルメットの携行も忘れずに。

ただし、危険箇所を通り越しても油断は禁物だ。緊張が解け、ふっと気を抜いたところでも事故は起きる。難路が終わってひと休みしていた登山者が、行動を再開しようと立ち上がったときによろけてしまい、谷底へ転落してしまったという事故も過去に起きている。一瞬の気のゆるみが死につながってしまうこともあるので、わずかでも危険があるところでは、決して気を抜かずに行動することだ。

また、狭い稜線を縦走中、方向転換したときにザックが仲間に当たって転落してしまったというケースもある。岩場や岩稜では、自分自身の安全を確保するだけではなく、自分の動きが仲間やほかの登山者に危険を及ぼさないように注意を払いたい。

なお、転・滑落や転倒事故は午後の時間帯の下りで起こることが多い。それまで行動してきた疲労が蓄積していること、「あとは下るだけ」と注意力が散漫になっていること、登りよりも下りを苦手とする人が多いこと、などがその要因だと思われる。下山にとりかかるときもまた油断することなく、気を引き締め直して慎重に下りていこう。

落石

ヘルメットを着用し、危険を予測して回避する

長野県における山岳ヘルメット着用奨励山域

山域名	指定する山域
北アルプス南部	槍・穂高連峰のうち、北穂高岳から涸沢岳・屏風岩、前穂高岳（北尾根から吊尾根）一帯、西穂高岳から奥穂高岳、北穂高岳から南岳（大キレット）、北鎌尾根・東鎌尾根の区域
北アルプス北部	不帰の嶮周辺、八峰キレット周辺
南アルプス	甲斐駒ヶ岳、鋸岳
中央アルプス	宝剣岳
戸隠連峰	戸隠山、西岳

＊ただし、ほかの山域においてヘルメットが不要という主旨ではない

山の岩稜帯やガレ場には、大小の岩や石が不安定な状態で無数に堆積しており、ただでさえ自然落石が起こりやすい。しかもそこを登山者が歩くことによって、人為的落石の危険もいっそう高まってくる。なかには岩場やガレ場の基本的な歩き方が身についていない登山者も見受けられ、槍《やり》・穂高《ほたか》連峰の縦走路などでは、無意識的に石をガラガラ崩しながら歩く登山者が少なくないという。実際、登山者が誘発する落石が後続の登山者を直撃してしまう人為的な落石事故は、毎年のように起きている。

　岩場やガレ場など落石が起きそうな場所を通過する際には、自分が落石を起こさないように注意するのは当然のこと。少なくとも北アルプスなどの険しい稜線のコースを歩こうとする以上は、石を落とさないような歩き方を身につけるべきだろう。また、岩場やガレ場は、ルートを外れると浮き石が多く危険な状態になっている。ルートを外れての追い越しなどは絶対にしてはならない。

と同時に、落石を回避するための行動術も必要になってくる。岩場やガレ場で上部に先行パーティがいる場合は、落石が起きることを想定して、安易にその直下には入らないように。逆に自分たちが先行しているときに、真下にほかの登山者が入ってこようとしたら、声をかけて注意しよう。

　もし落石があった場合には、できるかぎり石から目を離さずに、当たる直前に身をかわすしかない。断続的な落石なら、素早く岩陰に隠れたり、ザックで頭部をカバーしたりして身を守ろう。落石を起こしてしまったときは、「ラク！」と大声で叫んで後続の登山者に知らせることだ。

　なお、長野県は落石や転・滑落の危険が高い5つのエリアを「山岳ヘルメット着用奨励山域」に指定し、登山者へのヘルメット着用を呼びかけている（表参照）。このエリア以外でも、同様の危険が想定されるルートを歩く際には積極的にヘルメットを着用したい。

着地するとき

つま先もしくはかかとから着地するのではなく、垂直方向に荷重するように靴底全体をフラットに置く

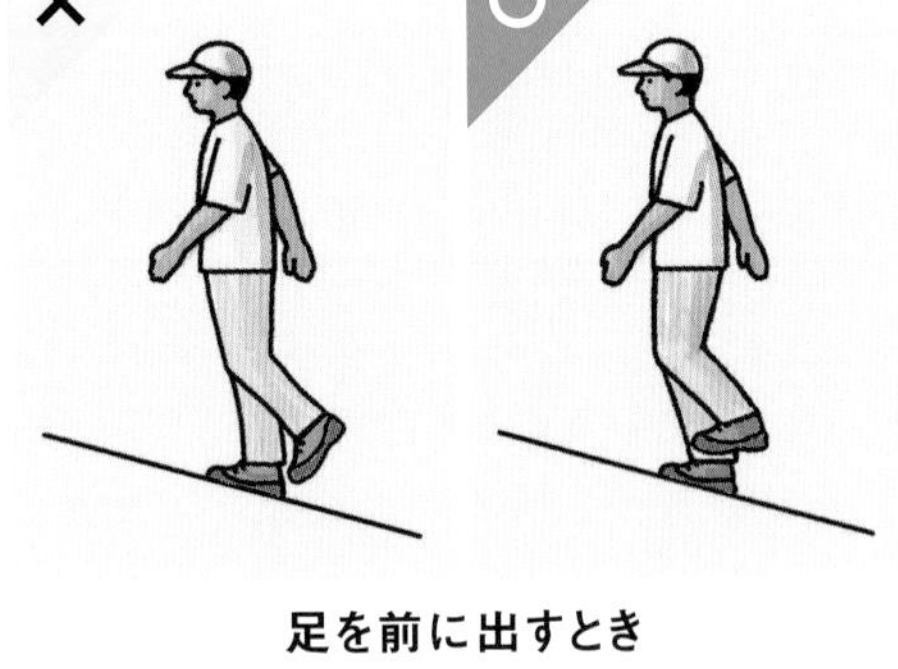

足を前に出すとき

後ろ足を前に出すときは、つま先で蹴り上げるようにするのではなく、靴底をフラットに持ち上げる感覚で

残雪・雪渓

落石やルートミス、崩壊などに要注意

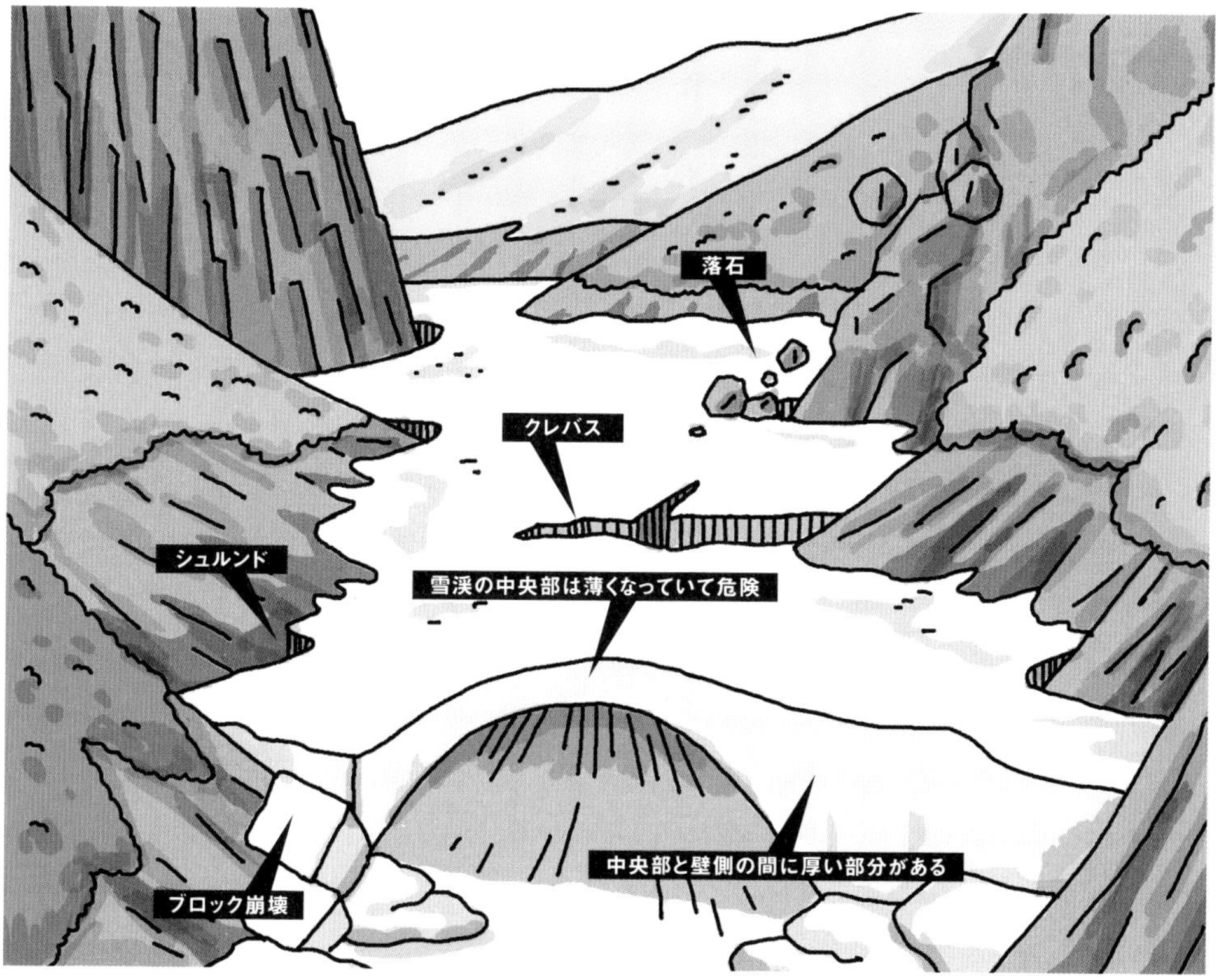

雪渓の中央部は、水流があるため薄くなっているので、踏み抜いてしまう危険が高い。雪渓の端と地面との間に生じる隙間（シュルンド）、クレバス、落石などにも注意が必要だ

夏になっても積雪が解けずに残っているのが雪渓だ。北アルプスの白《しろ》馬《うま》岳や針《はり》ノ木《き》岳、剱《つるぎ》岳などの雪渓はよく知られており、その上は一般の登山ルートにもなっている。

上のイラストは、雪渓の構造を表わしたもの。雪渓の中央部および両壁と接触している端は薄く弱いので、安易に近づかないこと。自分たちでルート取りをするときは、中央部と端の間にある、いちばん厚い部分をたどっていくようにしよう。ペンキなどでルートが示されているなら、それを外さないように。

渡り始めるときと渡り終えるときには、シュルンドにも注意する必要がある。シュルンドというのは、雪渓が両岸に接するところにできる隙間のことで、特に渡り終えるときは、どれくらい口を開けているのか見えにくい。うっかりシュルンドに落ちてしまうと、その中はまるで冷蔵庫のようなものなので、たちまち低体温症に陥ってしまう。

そのほか、クレバスや落石にも充分注意したい。雪渓上の落石は音もなく落ちてくるので、行動中および休憩時には上部への警戒を怠らないこと。また、ガスがかかって見通しが悪いときには、ルートを間違えないよう慎重に行動しよう。

春先、山に残雪がある場合も、登山道が雪に隠されているため、ルートミスを起こしやすい。地図やコンパスで方向を確認しながら進まないと、見当違いのほうへ行ってしまう。

何気なく通過する雪渓上にもさまざまなリスクが潜んでいる

悪天候

天気予報をチェックして計画の変更・中止を

悪天候時の登山はリスクが倍増する。行動しないのがいちばん

山での天候悪化は、登山者を窮地に追い込むさまざまな危険の誘因となる（P7参照）。悪天候下での登山は、晴れているときと比べてリスクは5割増し、あるいは2倍増しぐらいに考えておいたほうがいい。

過去の遭難事故を振り返ってみると、特にゴールデンウィークのころと秋の体育の日前後に、悪天候による大きな遭難事故が何件も起きている。この時期の標高の高い山は、ひとたび天気が崩れると真冬と変わらないコンディションとなり、気温は氷点下まで下がって猛吹雪に見舞われる。それを想定した計画・装備で挑まないと、たちどころに命を奪われてしまう。天候次第で状況が天国と地獄ほどにも変わってしまうのが山の恐ろしさなのだ。

春や秋に限らず、山に行く当日に天気が悪いという予報が出ていたなら、計画を中止または延期するのが賢明である。リスクを冒してまでわざわざ天気の悪い日に歩くよりは、天気のいい日にあらためて出直したほうが楽しい山行となるのは、まず間違いない。

とはいえ、山の天気は変わりやすく、ときに天気予報が当たらないこともある。そのときに、認知バイアスが働くと、「なんとかなるだろう」「すぐに回復するさ」などと楽観的に考えてしまう。しかし、山の天気は予報よりも早く悪くなったり、悪天候が長引いたりするのが当たり前。それを見越して、計画を変更するなり登山を中止するなりしてリスクを回避しよう。

特に注意したいのは、1日の行程が長く、途中にエスケープできる山小屋やコースがないルートをたどっているとき。決行するか撤退するかについて、より慎重かつスピーディな判断を下す必要がある。その際にはパーティの人数も考慮しなければならない。山ではパーティの人数が多ければ多いほど、スピードはダウンしてリスクが高くなる。それも計算に入れたうえで、安全を重視した判断を下すことだ。

落雷

予報に注意し早めの避難を

主に夏の暑い日に、大気が不安定な状態になったときに発生するのが雷だ。北アルプスなど標高の高い山では、夏の午後になると毎日のように雷が発生している。

雷を回避するためには、なるべく朝早くから行動を開始し、午後の早いうちに目的地に到着するような計画を立てたい。天気予報の雷情報や、積乱雲の発生・発達にも注意し、雷が発生しそうなときは早めに行動を切り上げて山小屋などに避難しよう。

もし野外で雷に遭遇してしまったら、谷筋や窪地、山の中腹などに逃げ込んで、できるだけ姿勢を低く保って雷が去るのをじっと待つしかない。大きな木の下は、木に落ちた雷が人に飛び移ってくる「側撃」が起こる可能性があるので、かえって危険である。ただし、左のイラストで示した保護範囲内にいれば、比較的安全だとされている。

落雷でも被害を受けにくいとされる「保護範囲」

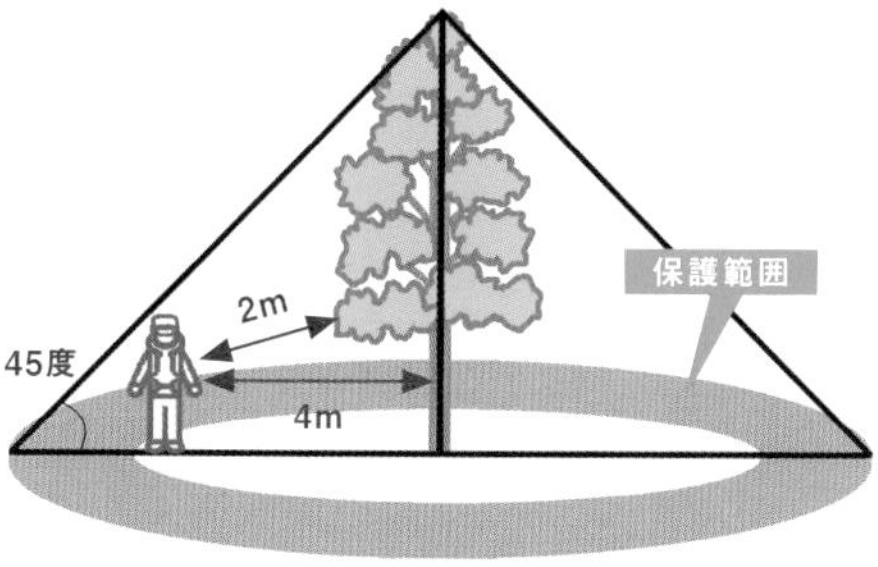

高さが5m以上の立ち木の周囲には、比較的落雷を受けにくい保護範囲が生じる。山小屋などの安全地帯が近くにない場合は、木の幹から4m以上、すべての枝先や葉先から2m以上離れ、木の頂点を45度以上の角度で見上げる範囲に避難して雷をやり過ごそう

積乱雲が発達してきたら、急いで安全地帯に避難しよう

沢の増水

水量が減るまで待機する

ふだんは涸れている沢であっても、まとまった雨が降るとみるみるうちに増水し、ときには鉄砲水のような現象が起きることがある。その場所で雨が降っていなくても、上流域でまとまった雨が降れば、中・下流域の水量は一気に増す。登山道が沢沿いにつけられていたり、沢を横切っていたりするコースでは、天候と沢の増水に充分に注意する必要がある。

登山中、増水している沢に行き当たったときには、強硬に突破しようとせず、安全な場所で水が引くまで待機するか、沢を経由しないほかのルートを迂回するのが賢明だ。どうにか渡れそうに見える流れであっても、沢の水流というのは見た目以上に強いもので、水深が膝下ぐらいでも、流れが強ければバランスを崩して足元をさらわれてしまう。

帰りの交通機関の時刻や仕事などが気になって、無理をしてでも渡りたくなることもあるかもしれないが、命を落としてしまっては元も子もない。実際にそうしたケースでの死亡事故も起きているので、たとえ帰りが1日遅くなっても水量が減るまで待機しよう。

なお、徒渉中の事故のなかには、誤ったロープの使い方が原因となっているものも散見される。沢の徒渉時のロープワークには専門的な知識と技術が要求され、扱い方をひとつ間違えると逆に命を失うことになってしまう。生半可な知識では絶対にロープを使用してはならない。

ロープを使った徒渉には専門的な技術が要求される

（写真協力／長野県警山岳遭難救助隊）

火山噴火

事前に情報を収集して危険度をチェック

登山者にとって火山噴火が恐ろしい脅威になることをまざまざと見せつけられたのが、2014年9月27日の御嶽《おんたけ》山の噴火だった。

2020年2月現在、日本国内には111の活火山（おおむね過去1万年以内に噴火した火山および現在活発な噴気活動のある火山）がある。そのうち、今後100年程度の中・長期的な噴火の可能性および社会的影響を踏まえ、「火山防災のために監視・観測体制の充実等の必要がある」として24時間体制で常時観測・監視されている火山が50。さらにそのなかの48の火山には、「噴火警戒レベル」（次ページ参照）が導入されている。噴火警戒レベル運用火山のなかには登山の対象となっている山も多く、それらの山に登るからには、登山者は常に火山噴火のリスクがついてまわるものと思ったほうがいいだろう。

御嶽山の噴火を受けて、気象庁はホームページに登山者向けの情報提供ページを開設し、個々の火山の活動状況や噴火警報発表中の火山情報などを随時更新している。噴火警戒レベルが適用されている山に登るのであれば、事前に気象庁のホームページにアクセスして、現在どのような状況になっているか、最新の火山情報を入手しよう。また、火山を抱える各自治体がインターネットなどで公開している防災マップやハザードマップも要チェックだ。

そのうえで、「登る」「登らない」は個々の判断によるしかない。たとえ噴火警戒レベルが低かったとしても、登山中に噴火する可能性は皆無ではないのだから、そのことを頭に入れて、できるリスクマネジメントはしっかり行なうべきだ。

登るのであれば、登山届は必ず提出し、家族にもコピーを残していくこと。火山灰や火山ガスの吸引を防ぐためのタオルやマスク、噴石から頭部を守るヘルメット、降灰時に備えるヘッドランプ、情報収集のための携帯ラジオ、通信ツールの携帯電話は必携である。

噴火に遭遇してしまったら

登山中も火山の活動状況に注意し、地震や異常な噴気・臭気、地割れなどを確認した場合は速やかに下山する。不幸にも噴火に遭遇してしまったら、運を天に任せてとにかく逃げることだ。写真を撮っている暇などはない。ヘルメットをかぶり、マスクや湿らせたタオルで口と鼻を覆って、噴火口から離れる方向へできるだけ早く避難しよう。ザックはプロテクターになるので背負ったままにする。噴石や火山灰から身を守るため、近くに山小屋やシェルターがあるならそこへ避難し、なければ大きな岩陰などに身を隠す。あとはひたすら活動の沈静化と救助を待つしかない。

（上）浅間山の火口付近に設置されたシェルター。緊急時にはここに避難するしかない
（下）草津白根山のロープウェイ山頂駅には緊急災害用ヘルメットが常備されている

噴火警戒レベルが運用されている火山

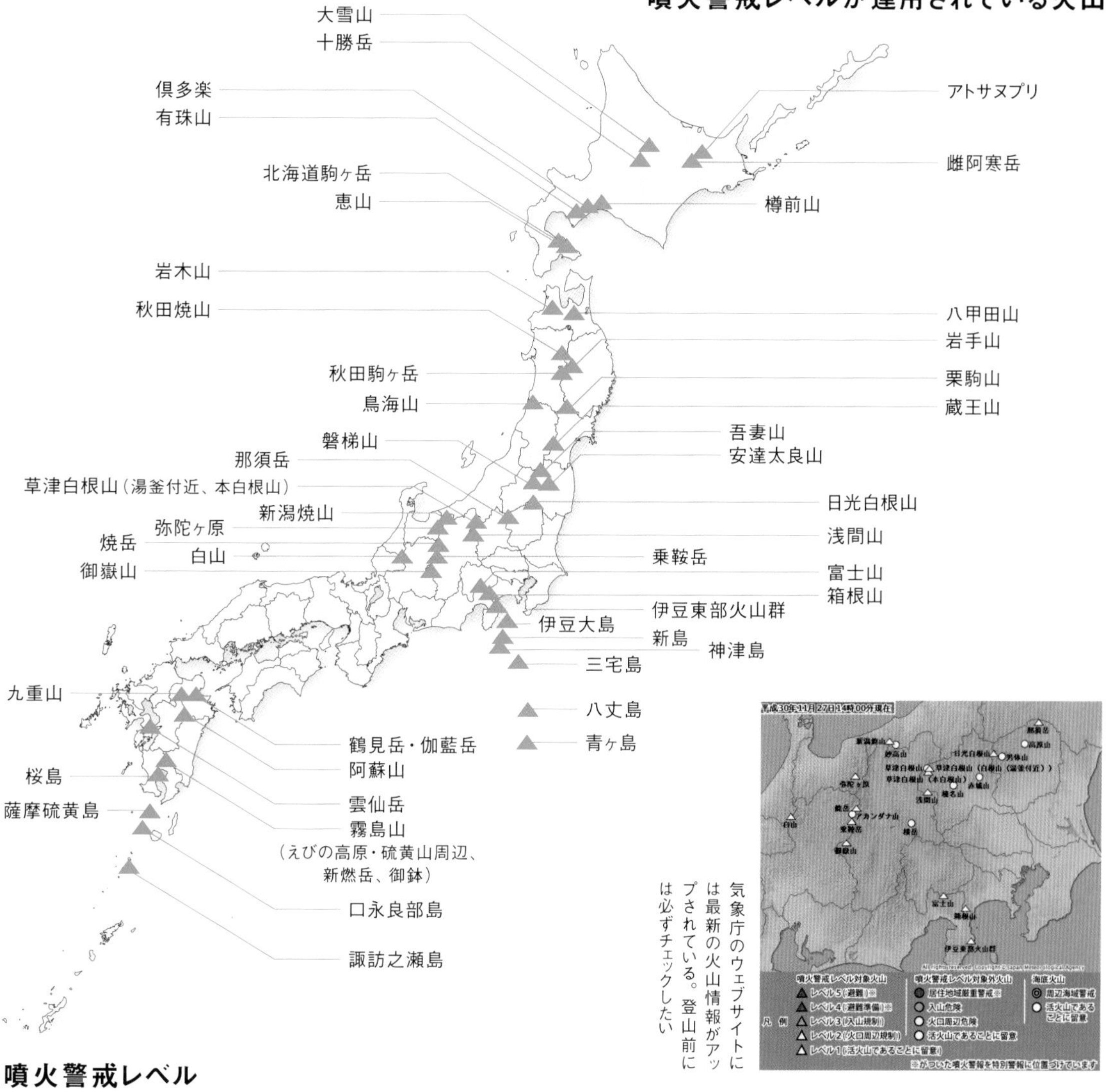

気象庁のウェブサイトには最新の火山情報がアップされている。登山前には必ずチェックしたい

噴火警戒レベル

種別	名称	対象範囲	レベル	キーワード	火山活動の度合い	登山者・入山者への対応
特別警報	**噴火警報**（居住地域）	居住地域およびそれより火口側	レベル 5	**避難**	居住地域に重大な被害をおよぼす噴火が発生、あるいは切迫している状態にある。	
			レベル 4	**避難準備**	居住地域に重大な被害をおよぼす噴火が発生すると予想される（その可能性が高まってきている）。	
警報	**噴火警報**（火口周辺）または**火口周辺警報**	火口から居住地域近くまで	レベル 3	**入山規制**	居住地域の近くまで重大な影響をおよぼす（この範囲に入った場合には生命に危険がおよぶ）噴火が発生、あるいは発生すると予想される。	登山禁止・入山規制等、危険な地域への立入規制等（状況に応じて規制範囲を判断）。
		火口周辺	レベル 2	**火口周辺規制**	火口周辺に影響をおよぼす（この範囲に入った場合には生命に危険がおよぶ）噴火が発生、あるいは発生すると予想される。	火口周辺への立入規制等（状況に応じて火口周辺の規制範囲を判断）。
予報	**噴火予報**	火口内等	レベル 1	**活火山であることに留意**	火山活動は静穏。火山活動の状態によって、火口内で火山灰等の噴出が見られる（この範囲に入った場合には生命に危険がおよぶ）。	特になし（状況に応じて火口内への立入規制等）。

※図版、表組の出典は気象庁ホームページ

熱中症

こまめに水分とミネラルを補給して予防

人間の体内では、体の営みや運動によって常に熱がつくりだされている（産熱）一方、その熱を体外に逃す（放熱）機能が働くことで、体温は36〜37度に保たれている。しかし、なんらかの原因で産熱と放熱のバランスが崩れると、体温が上昇して体にさまざまな変調をきたす。これが熱中症だ。

その発症には、環境（高温、多湿、日差しの強さなど）、体（高齢者、持病、体調不良など）、行動（激しい運動、長時間の屋外作業など）が関与する。そういう意味では、高温多湿な環境下で長時間にわたって行動することになる夏山登山は、潜在的に熱中症のリスクが高いといっても過言ではない。

熱中症の症状と重症度については下の表に示したとおり。重症化すると体温は40度以上にまで上昇し、場合によっては死に至ってしまうこともある。Ⅰ度の症状であれば現場で適切な応急手当てを行なうことで回復が見込めるが、Ⅱ度以上になると医療機関への搬送が必要だ。

ただ、熱中症の初期症状は単なる疲労ととらえられがちで、対応が後手にまわってしまうことも少なくない。現場では「意識がしっかりしているかどうか」をひとつの判断基準とし、もし意識がおかしいようならⅡ度以上と判断して、できるだけ早く医療機関へ搬送しよう。

熱中症を予防するには、放熱を促進して体温の上昇を抑えるため、帽子をかぶって通気性のいいウェアを着て行動するのが基本だ。休憩時は直射日光が当たらない、風通しのいい場所を選んで休むこと。また、発汗によって失われた水分と塩分は積極的に補給するようにしたい。脱水症状になると熱中症を発症しやすくなるので、喉が乾いていなくても水分はこまめに摂ろう。ハイドレーションを使えば、歩きながらでも水が飲めるので便利だ。塩分はスポーツドリンクや塩飴などで補給するといい。水分摂取量の目安はP9を参照していただきたい。

熱中症の症状と重症度分類

分類	症状	症状からみた診断	重症度	対処
Ⅰ度	**めまい・失神** 「立ちくらみ」という状態で、脳への血流が瞬間的に不充分になったことを示し、〝熱失神〟と呼ぶこともある。	熱失神		応急処置と見守り
	筋肉痛・筋肉の硬直 筋肉の「こむら返り」のことで、その部分の痛みを伴う。発汗に伴う塩分（ナトリウム等）の欠乏により生じる。	熱痙攣		
	手足のしびれ・気分の不快			
Ⅱ度	**頭痛・吐き気・嘔吐・倦怠感・虚脱感** 体がぐったりする、力が入らないなどがあり、「いつもと様子が違う」程度のごく軽い意識障害を認めることがある。	熱疲労		医療機関へ
Ⅲ度	**Ⅱ度の症状に加え、意識障害・痙攣・手足の運動障害** 呼びかけや刺激への反応がおかしい、体にガクガクとひきつけがある（全身の痙攣）、まっすぐ走れない・歩けないなど。	熱射病		入院加療
	高体温 体に触ると熱いという感触がある。			
	肝機能異常・腎機能障害・血液凝固障害 これらは医療機関での採血により判明する。			

＊『熱中症環境保健マニュアル2018』（環境省）および『熱中症診療ガイドライン2015』（日本救急医学会）より

低体温症

寒さを感じたらすぐに防寒具やアウターを着る

熱中症とは逆に、寒冷化などで体温調節機能の働きが間に合わなくなり、産熱と放熱のバランスが崩れて体温が35度以下になってしまうのが低体温症である。低体温症が進行して体温が下がると体にさまざまな機能障害が起こり、最終的には死に至ってしまう。

人の体から熱を奪う現象には、下に示したとおり「対流」「伝導」「蒸発」「放射」がある。登山においては、これらをもたらす「低温」「濡れ」「強風」の3つが低体温症の主要因とされている。この3つの条件がそろう――3000mの稜線上で雨に濡れた体を強風に叩かれたりする――と、夏であっても瞬く間に低体温症に陥ってしまう。

低体温症を予防するには、万全の防寒・暴風・濡れ対策が必要となる。ベースレイヤー（下着）、ミドルレイヤー（中間着）、アウターシェルを効果的に組み合わせるレイヤリング（重ね着）によって、行動中でも体温を適切に保てるようにしたい。手には手袋をして、頭にはニットの帽子をかぶるなど、手先や足先、頭部の保温も怠りなく。

寒い時期はつい厚着になりがちだが、行動しているうちに暑くなって汗をかくとウェアを濡らしてしまう。なるべく汗をかかないレイヤリングにするとともに、吸汗性・速乾性に優れたベースレイヤーを着ることで対処しよう。寒さを感じたら、その時点ですぐに防寒具やアウターシェルを着込む。それを面倒くさがって先延ばしにすると、いつの間にか低体温症が進行してしまう。また、体が熱をつくりだすためのエネルギー源の補給も重要になってくる。同時に水分もしっかり補給しよう。

低体温症のリスクが高くなる悪天候時は行動しないのが賢明だが、もし行動するのであれば、なるべく休憩をとらず、無理のないペースで歩き続けること。歩きながらでもエネルギー源を補給できるように、ザックやウェアのポケットに行動食を入れておくといい。

体から奪われる熱

人の体から熱を奪う現象には、
「対流」「伝導」「蒸発」「放射」の4つがある。

対流／体表面の体温は温かいため、皮膚に触れて暖まった空気は上方に移動し、冷たい空気に入れ替わる。特に風が吹くと対流が大きくなって体温が奪われてしまう。風速1mの風が吹くと、体感温度は実際の気温よりも1度ほど低い

伝導／冷たい地面や雪の上に座ると、体温との温度差によって体から熱が奪われる

蒸発／かいた汗が蒸発するときに気化熱として熱が奪われる

放射／人間の体からは常に熱が放射されている。放射を少なくするにはウェアを着る

体温の低下のそれぞれの症状

体温	症状
36℃	寒さを感じる。寒けがする。
35℃	手の細かい動きができない。皮膚感覚が麻痺したようになる。 しだいに震えが始まってくる。歩行が遅れがちになる。
35~34℃	歩行は遅く、よろめくようになる。筋力の低下を感じる。震えが激しくなる。 口ごもるような会話になり、ときに意味不明の言葉を発する。無関心な表情をする。眠そうにする。 軽度の錯乱状態になることがある。判断力が鈍る。
	*山ではここまで。これ以前に回復処置をとらなければ死に至ることがある。
34~32℃	手が使えない。転倒するようになる。まっすぐに歩けない。感情がなくなる。 しどろもどろな会話。意識が薄れる。歩けない。心房細動を起こす。
32~30℃	起立不能。思考ができない。錯乱状態になる。震えが止まる。筋肉が硬直する。不整脈が現われる。意識を失う。
30~28℃	半昏睡状態。瞳孔が大きくなる。脈が弱い。呼吸数が半減。筋肉の硬直が著しくなる。
28~26℃	昏睡状態。心臓が停止することが多い。

*『トムラウシ山遭難はなぜ起きたのか』（ヤマケイ文庫）より

高山病

呼吸と水分補給を意識して

高山病は、山の標高が上がって空気中の酸素が減少するにつれ、体内に取り入れられる酸素も不足することによって起こる。最もよく見られるのは急性高山病、いわゆる「山酔い」で、倦怠感や食欲不振、吐き気、頭痛などの症状が現われる。それが重症化すると、高地脳浮腫や高地肺水腫へと進行し、最悪の場合、命を落としてしまう。

高山病にならないようにするには、余裕をもった計画を立て、一気に高度を上げるような登り方はせず、下で紹介した「口すぼめ呼吸」を心がけながらマイペースで登るといい。また、水分を充分に補給して新陳代謝をよくすることも重要だ。

なお、どんなに山慣れた人であっても、体調が悪いときに標高の高いところへ行けばたいてい高山病になってしまう。睡眠不足や疲労が蓄積した状態では登山を控えたほうが無難である。山小屋到着後の昼寝は呼吸が浅くなるので控え、睡眠をとらずに登る弾丸登山も避けたい。

高山病の種類

病名	主な症状
急性高山病（山酔い）	標高2700m以上に登ったときに起きやすいが、1200〜1800mでも発症することがある。到達後6〜12時間後に発症し、頭痛、倦怠感、虚脱感、食欲不振、吐き気、嘔吐など、二日酔いに似た症状が現われる。
高地脳浮腫	山酔いが悪化したもので、脳の血管から水が染み出すことによって起こる。倦怠感がさらに強まり、うまく歩けなくなるなどの運動失調や意識障害が認められるようになる。ただちに高度を下げる必要がある。
高地肺水症	低酸素状態により肺に水が染み出すことによって起こる。単独で発症するほか、高地脳浮腫といっしょに起きることもある。息切れが激しくなるのが初期症状で、安静時にも息切れが治らない。ただちに高度を下げる必要がある。

（上）高山病を予防するには「口すぼめ呼吸」が効果的。ロウソクを吹き消すようなつもりで、口をすぼめて息を長く吐くと高山病にかかりにくい。吸うときはふつうに吸う
（下）脱水症状に陥らないように、充分に水分を補給することも高山病対策のひとつ

レイクルイーズAMS（急性高山病）スコア

急性高山病の診断や重症度の判定に用いられるレイクルイーズAMSスコア（2018年改訂版）。4症状のうち、合計点が3点以上を急性高山病と定義する。3〜5点＝軽症、6〜9点＝中等症、10〜12点＝重症。なお、このスコアは高地医学を専門とする研究者のためのもので、非専門家が診断や治療の目的で使用することを意図したものではない

頭痛	0 まったくない 1 軽度 2 中程度 3 激しい頭痛
胃腸症状	0 食欲良好 1 食欲がない、吐き気がある 2 かなり吐き気がある、嘔吐 3 耐えられないほどの吐き気と嘔吐
疲労・脱力	0 まったくない 1 少し感じる 2 かなり感じる 3 耐えられないほど感じる
めまい・ふらつき	0 まったくない 1 少し感じる 2 かなり感じる 3 耐えられないほど感じる

AMS臨床機能スコア
（AMSの症状が、どの程度行動に影響したか）

0 まったく影響しなかった
1 症状はあるが、その後の行動や行程には影響しなかった
2 症状のために、登高をやめたか、自力で下山した
3 低地へ下ろしてもらわねばならなかった

＊日本登山医学会ホームページより

突然死

予防は日常生活から

近年は病気を要因とする遭難事故が一定の割合（遭難者全体の7～8％）を占めるようになっている。特に心臓や脳の疾患は突然発症することがほとんどで、自分たちで対処できるものではなく、発症したら最後、救助を要請するしかない。それで命が助かればまだ運がいいほうだが、救助を待つ間もなく、突然死してしまうケースも多い。

そうならないようにするには、定期的に健康診断を受けて、自分の体の状態を把握しておくに越したことはない。とりわけ心臓や脳の疾患のリスクが高くなる中高年層にとって、健康診断は必須といえよう。心臓のチェックはもちろん、できれば脳ドックも受けておきたい。

また、ふだんから有酸素系と筋力のトレーニングを習慣的に行なっていれば、血液の状態がより健康的になり、動脈硬化の悪化も防げる。足腰を鍛えることによって持久力も向上し、体への負担も軽くなる。

心臓であれ脳であれ、血管性の障害を防ぐという意味では食生活も大事だ。といってもあまり神経質になると、かえってストレスになってしまう。炭水化物に偏らない、糖質制限をしすぎない、タンパク質もきちんと摂るなど、過食にならない程度でバランスのいい食事を心がけていれば申し分ないだろう。

山行中には意識して積極的に水分補給をしたい。登山という行為自体が脱水を引き起こしやすいうえ、人間の体は加齢に伴って脱水傾向になっていく。同じ条件下で登山をしていても、若い人に比べて高齢者が脱水になりやすく、しかも自分ではそれに気づきにくい。そうなるといつの間にか血液が濃くなって流れにくくなり、供給不足になったり血管が詰まったりしてしまう。水分だけではなく、塩分の補給も忘れずに。

なお、朝から食欲がなく、体の不調を感じたときは要注意。脳卒中の場合は、頭痛などの前触れを自覚することもある。健康面で不安があるときは、計画をとりやめること。

突然死を招く主な疾病

	病名	主な症状
脳系	脳梗塞	脳の血管が突然詰まって血液が流れなくなる病気。脳細胞が壊死することで、手足の麻痺や言語障害、意識障害、視野障害など、さまざまな重篤な病状が生じる。
脳系	脳出血	脳の細い血管が破れて出血する病気で、重大な後遺症を残しやすい。頭痛、吐き気、嘔吐、手足の運動麻痺、感覚障害など、出血部位によってさまざまな症状が起こる。
脳系	クモ膜下出血	脳の表面を走る動脈のコブ（動脈瘤）が破裂し、脳を覆うクモ膜の下に出血が広がることによって起こる。主な症状は激しい頭痛、嘔吐、意識障害など。死亡率は約40%と非常に高い。
心臓系	狭心症	心臓の筋肉に血液を送る冠動脈にコレステロールが溜まり、動脈硬化が進んで血管が狭くなることにより、心臓への血液の供給が減少して起こる。胸の痛みや圧迫感などが主な症状。
心臓系	心筋梗塞	動脈硬化により冠動脈に血栓ができて完全に詰まってしまう病気。血液が流れなくなった心臓の筋肉細胞は壊死し、呼吸困難や血圧低下、意識障害を引き起こし、場合によっては死に至る。
心臓系	急性心不全	さまざまな要因により心臓の働きが低下することで急速に引き起こされる体の状態の総称。主な症状は呼吸困難、胸部の痛み・圧迫感、動悸、血圧の低下など。早急な救急救命措置が必要。

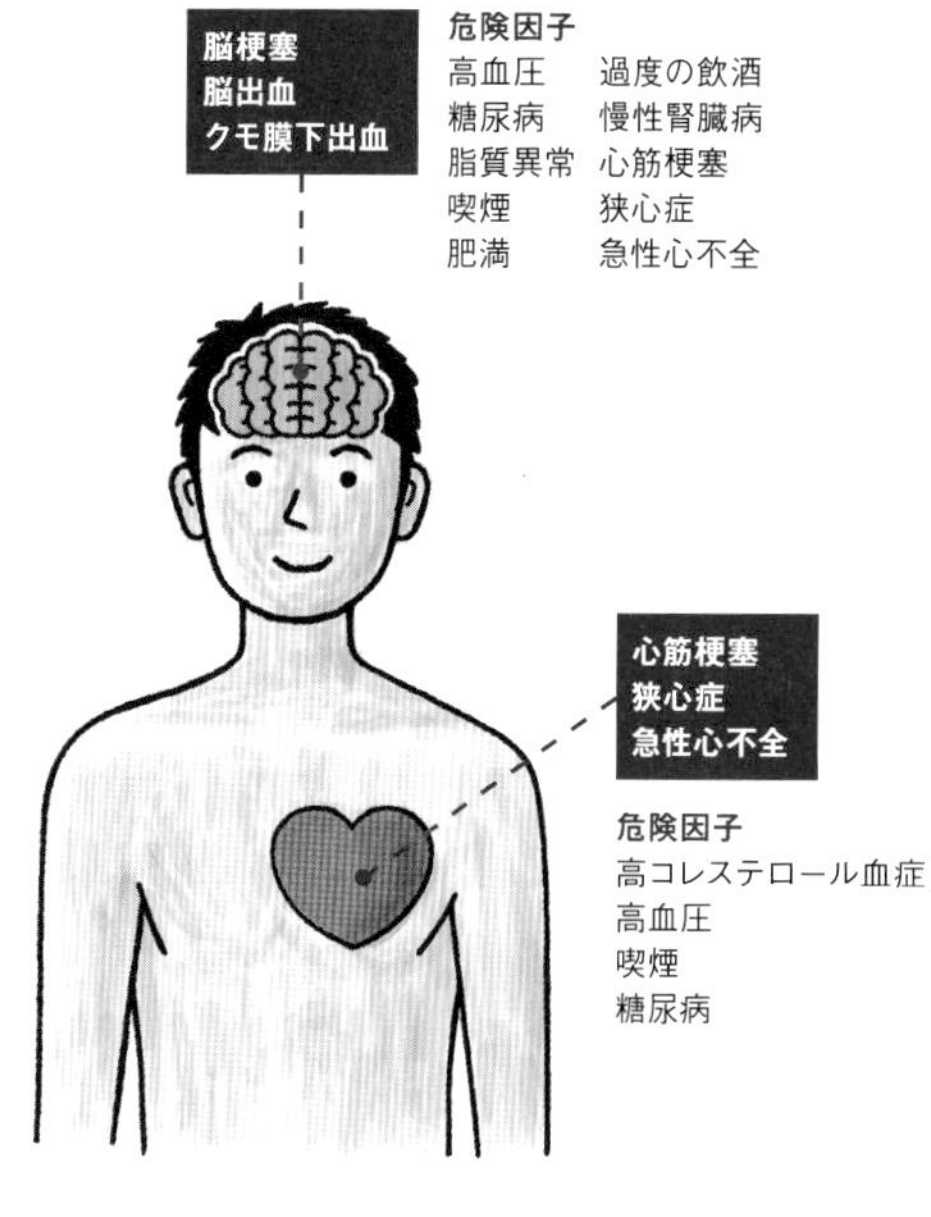

登山中に死に至る可能性の高い疾病と危険因子。救助に時間がかかる山の中での発症は、致命的になってしまうことも多い。50歳を過ぎたら、定期的に健康診断を受けて、自分がどんなリスクを抱えているのかを、しっかり把握しておきたい

疲労

バテにくいペースで歩く

登山に限らずどんなスポーツでも同じだが、体力があればあるほどパフォーマンスは向上する。逆にいうと、体力レベルが低いとすぐに疲れてしまい、思うような成果は挙げられなくなる。特に登山においては、疲労が注意力の散漫や判断力の低下の引き金となり、道迷いや転・滑落などによる遭難事故を招いてしまうケースが非常に多い。

実際、長野県総合センターと山岳遭難防止対策協会の調査によると、20歳代以上では加齢とともに遭難しやすくなるという結果がはっきり数字に表われている。そこで重要になってくるのが、いま現在の自分の体力レベルを客観的に把握し、それに見合った山・コースを選んで計画を立てるということである。

また、オーバーペースにならないように心がけて歩けば、疲労を最小限に抑えられる。バテにくいペースは、心拍数がひとつの基準となる。上の計算式で求められる心拍数を目安にしてみるといいだろう。

肉体的な疲労とはまた別に、エネルギー源が不足することによっても疲労は引き起こされる。いわゆる「シャリバテ」である。登山中のエネルギー消費量はP9で紹介した公式で求められるので、食料計画の参考にするといい。行動中は消化能力が低下しているため、行動食は消化のいいもの（おにぎり、バナナ、ゼリー飲料、エナジーバーなど）を小刻みに摂取するのがおすすめだ。

バテにくいペースは？

最大心拍数（220−年齢）×0.75

＊山に登るときには最大心拍数の75%程度（体力に自信のない人は65～70%程度）のペースで歩くと疲れにくい。最大心拍数の目安は、「220−年齢」で求められる。たとえば45歳の人なら、「(220−45)×0.75=131.25」となり、131拍/分のペースで歩くようにするといい。なお、これは簡易的な計算式であり、登山時の心拍数を求める計算式はほかにもある

ひざの痛み

サポートグッズで予防

登山はひざに大きな負荷がかかる運動であり、ひざの痛みに悩まされている登山者は非常に多い。その原因は、筋肉疲労や癖のある歩き方、変形性膝関節症など千差万別で、痛む箇所も人それぞれだが、突き詰めていけば、大腿四頭筋をはじめとする下肢の筋肉が疲労することで発症することがほとんどである。

解決策としては、まず正しい姿勢、正しい歩き方で歩くこと。姿勢の悪い人や癖のある歩き方をしている人は、ひざに余計な負担がかかっているはずなので、ふだんから意識して姿勢を正すとともに、正しい登り方・下り方を身につけよう。

また、日頃からの筋力トレーニングも重要で、大腿四頭筋、下腿三頭筋、ハムストリングを中心としたトレーニングメニューを習慣的にこなしたい。併せてストレッチングや体幹トレーニングを行なえば、なおさら効果的だ。

実際の山行時には、テーピングやサポーター、トレッキングポールを用いることで膝痛を予防・緩和できる。サポーターはきつすぎると血流が悪くなるので、自分に合ったものを選ぼう。テーピングを使うなら、事前に講習を受けて巻き方を教わっておくこと。体の部位に合わせてカットされたテーピングも市販されているので、それを使うのも手だ。

ひざの痛みに悩む登山者にとって、ポールは必需品ともいえる。特に下りでは積極的に活用するといい。

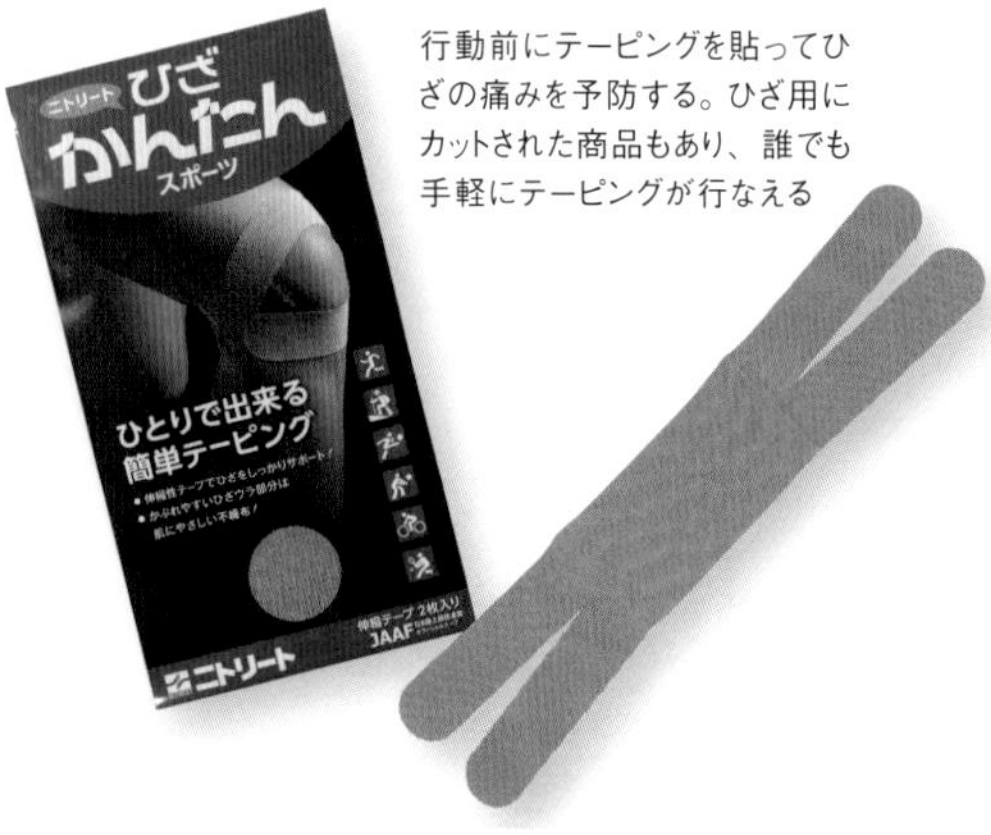

行動前にテーピングを貼ってひざの痛みを予防する。ひざ用にカットされた商品もあり、誰でも手軽にテーピングが行なえる

Column 1
紙地図は必要ない?

昔から地図は登山の必携装備とされていたが、それに取って代わろうとしているのがGPSだ。今日ではGPS機能が搭載されたスマートフォンに地図アプリをダウンロードするだけで、誰でも簡単にピンポイントで現在位置を知ることができるようになっている。地図を持たずにスマートフォンだけを携行する登山者が増えているというのも、もっともな話だ。

しかし、スマートフォンにも弱点はある。バッテリーが切れたり故障したら使いものにならないし、寒さにも弱い。なにより、小さな液晶画面の範囲でしか地図を見ることができないのがネックだ。これに対し地形図や登山地図などの紙地図は、一枚の地図に広い範囲が収められているので、俯瞰的に地形を見ることができる。もちろんバッテリー切れや故障の心配もない。

つまりは一長一短であり、どちらか一方を持つと決めつけないほうがいいということ。それぞれの優れた機能を生かすようにうまく使い分けるのが、賢いナビゲーション術だといえよう。

スマホの地図アプリと紙地図を併用すれば道迷いも未然に防げる

Column 2
パーティ登山よりもリスキーな単独行

パーティを組まずにひとりで山を歩く単独行は、誰にも気兼ねすることなく、自分のペースで自由気ままに登山を楽しめるので、老若男女を問わず根強い人気がある。だが、アクシデントに遭遇したときには、助けてくれる仲間はおらず、自分ひとりだけで対処しなければならない。もし行動不能に陥ってしまった場合は、その場でじっと救助を待つしかなく、助けられるまでに長い時間がかかる。その分、重傷度や致命率が高くなってしまうのが、単独行の最もリスキーなところだろう。

警察庁が毎年公表している山岳遭難事故の統計によると、単独行の遭難者のうち死者・行方不明者の割合は約20%で、2人以上のパーティを組んだ場合の死者・行方不明者の約2.5～3倍の数字となっている。遭難した際に最悪の結果を招く確率は、パーティ登山よりも単独行のほうが断然高いのは明らかだ。

ひとりで山に登るのであれば、そのことを肝に銘じ、しっかりとリスクマネジメントを行なったうえで臨んでいただきたい。

単独行はよりシビアなリスクマネジメントが要求される

危険箇所を通過する

必要な装備は

ロープを正しく使うことで急な岩場などを通過する際のリスクを軽減できる

一般登山道の岩場や岩稜、急斜面は転・滑落や落石の危険が高く、実際に事故も多発している。このような箇所にはたいていクサリやハシゴ、ロープなどが設けられ、必要最小限の安全が確保できるようになっている。しかし、すべての山でそのような整備がされているわけではなく、また、台風や大雨などで地形が変わったり登山道が崩落していたりすることも珍しくない。

そうした危険箇所を通過するには、転・滑落しないように一挙手一投足に細心の注意を払って行動しなければならないが、1本のロープがあれば、比較的安全に危険箇所を通過することができるようになる。〝転ばぬ先の杖〟として、危険箇所の通過には積極的にロープを使用することをおすすめしたい。

一般登山においてのロープの使用法には、「急斜面や岩場などの危険箇所にロープを張り、それを手がかりに登り下りする」「横方向に張ったロープにセルフビレイをとりながらトラバースする」「転・滑落に備えて登り下りする人をロープで確保する」の主に3つがある。危険箇所に差しかかったとき、ロープを使用すべきか、使うならどの方法を用いるかを、リーダーは的確に判断する必要がある。特に岩場が苦手な人や初心者がいる場合は、躊躇せずにロープを使用したほうがいいだろう。

ただし、このような用途でロープを使うには、基本的なクライミングやロープ操作の技術をメンバー全員が理解・習得していることが大前提となる。ロープの結び方や使い方を誤ると大きな事故につながってしまうので、絶対に生半可な知識で行なってはならない。

用いるロープは、登山用具店などで「補助ロープ」として市販されている、太さ8㎜程度、長さは20～30m程度のものが一般的だ。これを1パーティに1本と、各メンバーがカラビナとスリングを数セットずつ携行する。また、本書で解説する結びもしっかり覚えておくこと。

危険箇所の通過に必要な装備

個人装備として個々のメンバーが持ちたいのは、簡易ハーネスをつくったりセルフビレイをとったりするときに必要となるカラビナとスリング類。リーダーはこのほか太さ8mm以上、長さ20～30mの補助ロープ、ロープ操作をするときに必要となるグローブを携行する。スリングとカラビナ類も若干多めに持ったほうがいいだろう

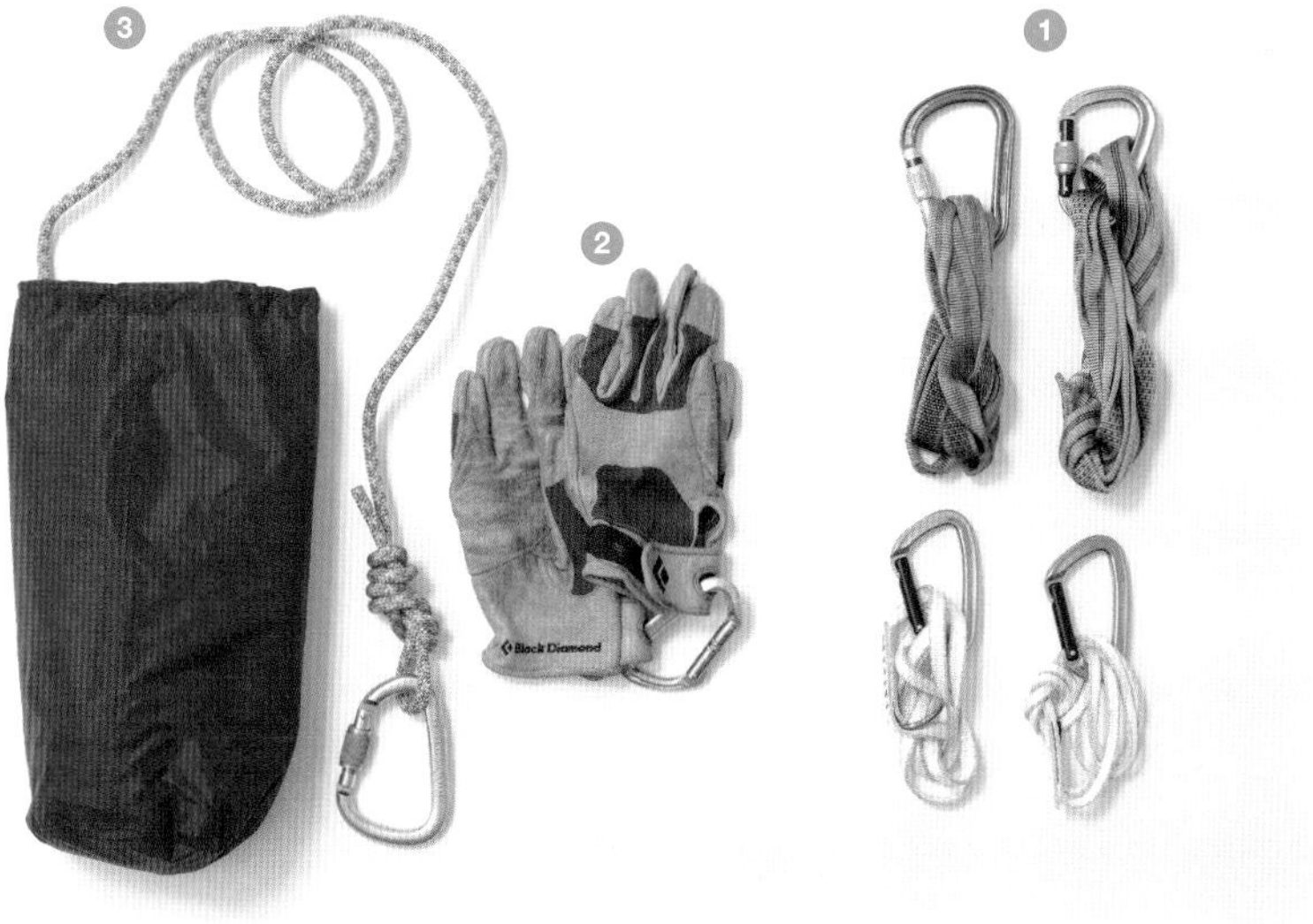

リーダーが持つべき装備。①カラビナ、スリング類（写真右参照）　②ロープ操作の際に指や手の皮膚を守るために用いるグローブ　③補助ロープ（8mm×20～30m程度のもの）。スタッフバッグに入れて携行する

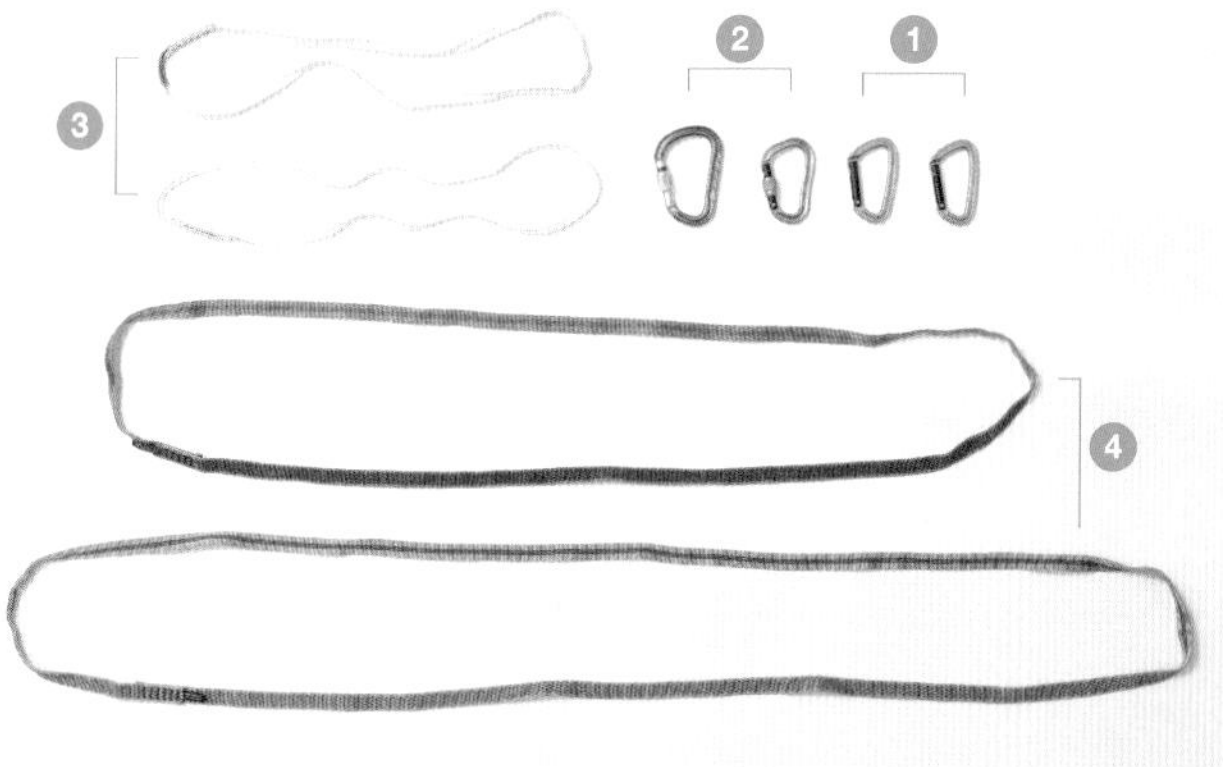

個々のメンバーが持つ装備。①オフセットD型カラビナ2枚。同じものを持つこと　②安全環付きHMS型カラビナ2枚　③長さ60cmのソウンスリング2本　④長さ120cm（体格の大きい人は150cm）のソウンスリング2本

スリングの携行法

スリングは必要なときにさっと取り出せるように、一本一本まとめておこう。カラビナとセットで使用することが多いので、この方法で携行するといいだろう。こうすればザックのギアループなどにかけて持ち運べるが、木の枝や岩角への引っかけに注意

1

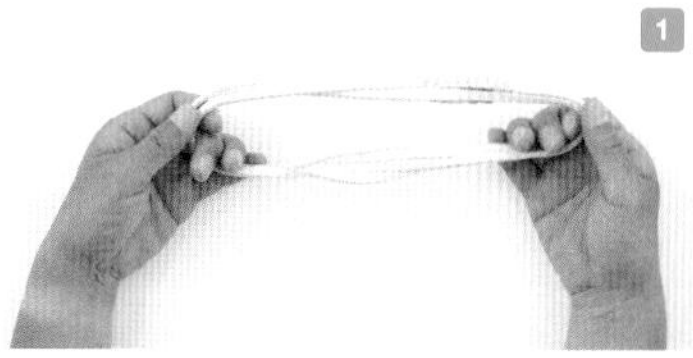

スリングを折って適当な長さの輪状にする

2

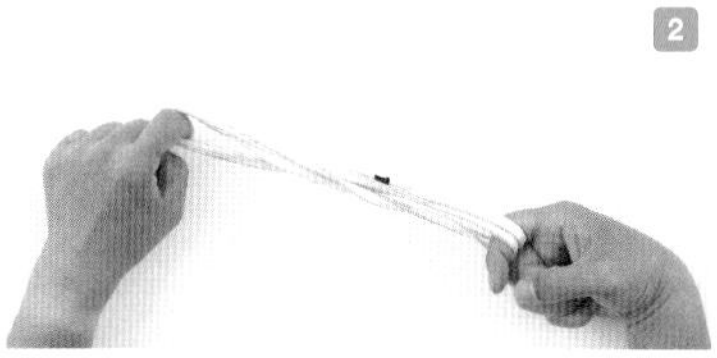

両端を持ち、一端をよじっていく

3

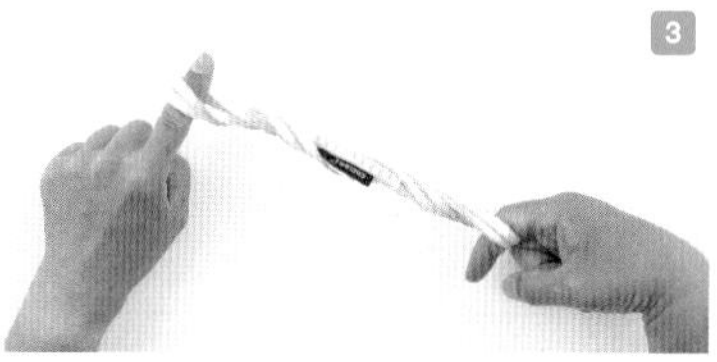

数回よじる

4

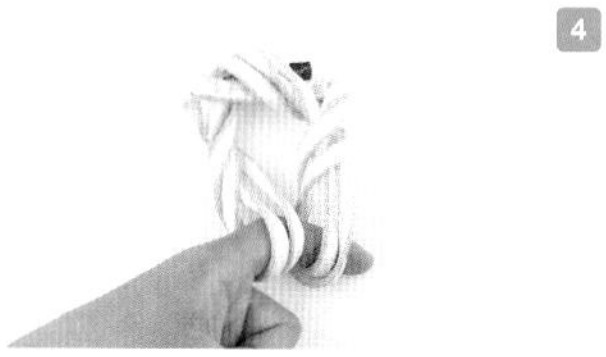

二つ折りにして両端の輪を合わせる

5

そこにカラビナを通して完成

スリングのかけ方

ツーバイト

スリングを立ち木にまわしてカラビナをかけるだけのシンプルな方法。張力がかかっていないと、スリングはずり落ちてしまう

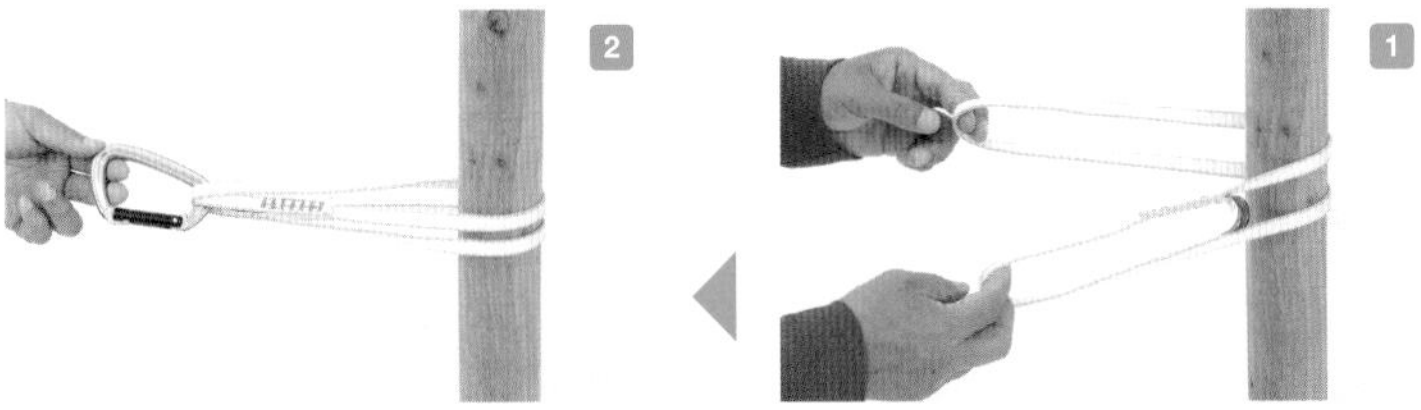

ガース・ヒッチ

スリングを立ち木にかけ、一方の輪をもう一方の輪に通して締める方法。スリングがずれにくいうえ、スリングを長く使用できるのが特徴

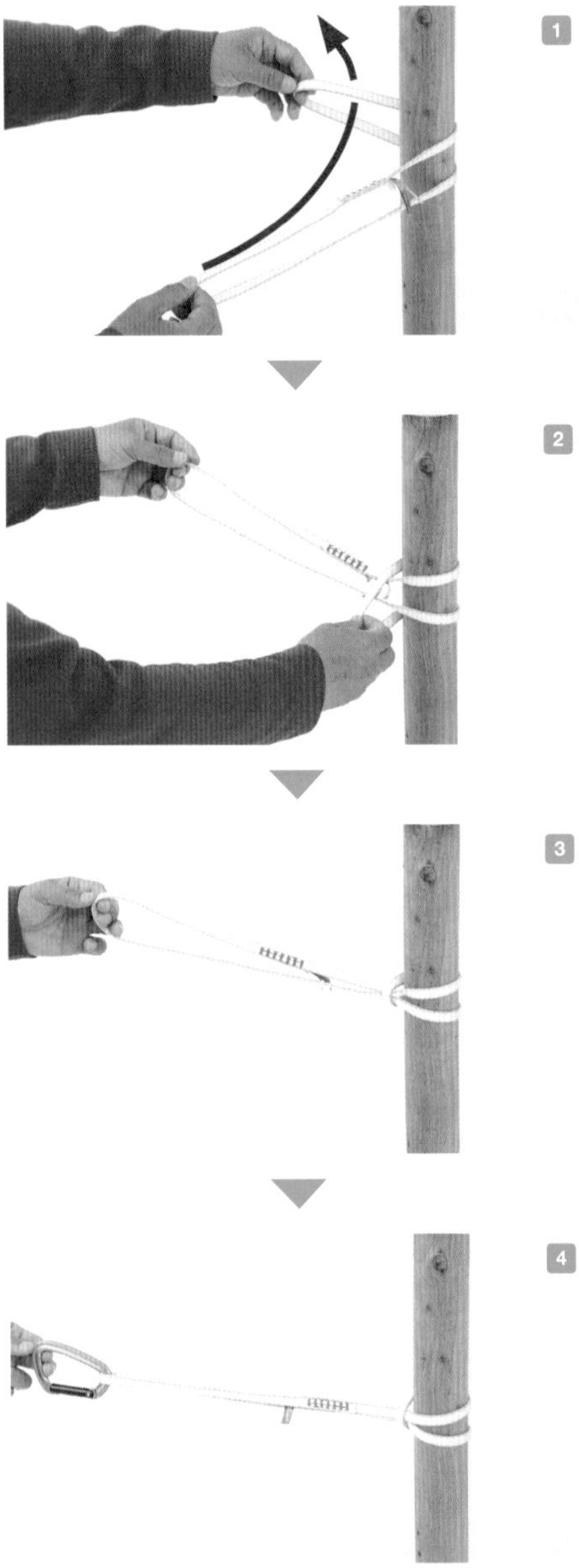

ラウンドターン

スリングを立ち木に2回巻きつけてカラビナをかける。摩擦力が強いので、スリングがずり落ちることもない

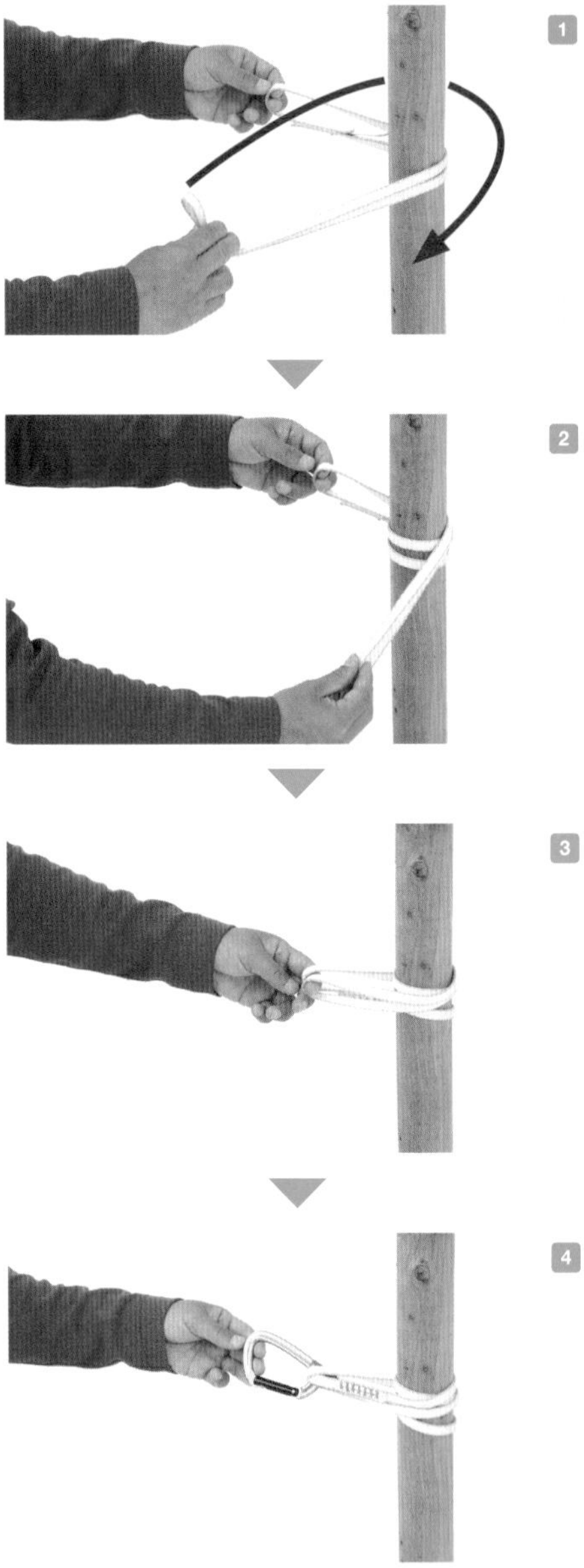

フィギュアエイト・ノット

オーバーハンド・ノット同様、コブをつくるための結びだが、より大きいコブができる。この結びを基本としたフィギュアエイト・オン・ア・バイトやフィギュアエイト・フォロースルーが山では多用される

1
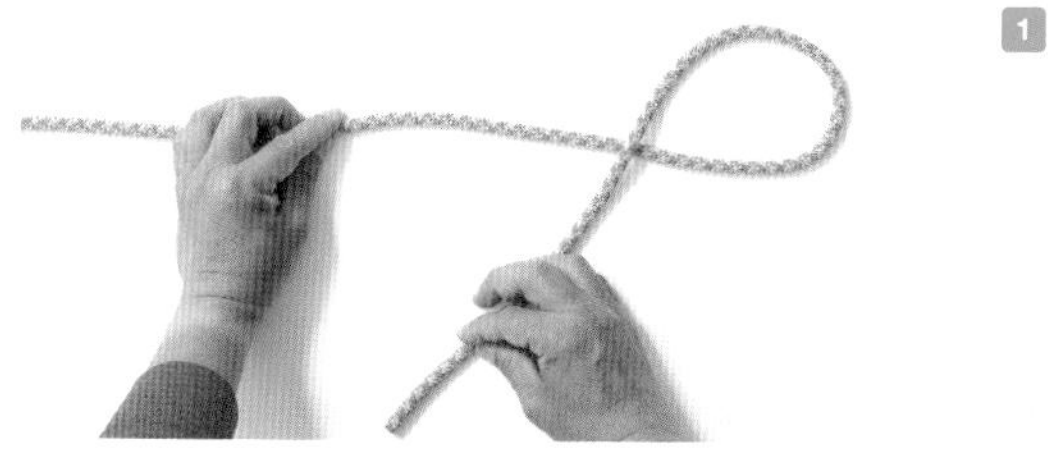
ロープの末端を写真のように交差させる

2
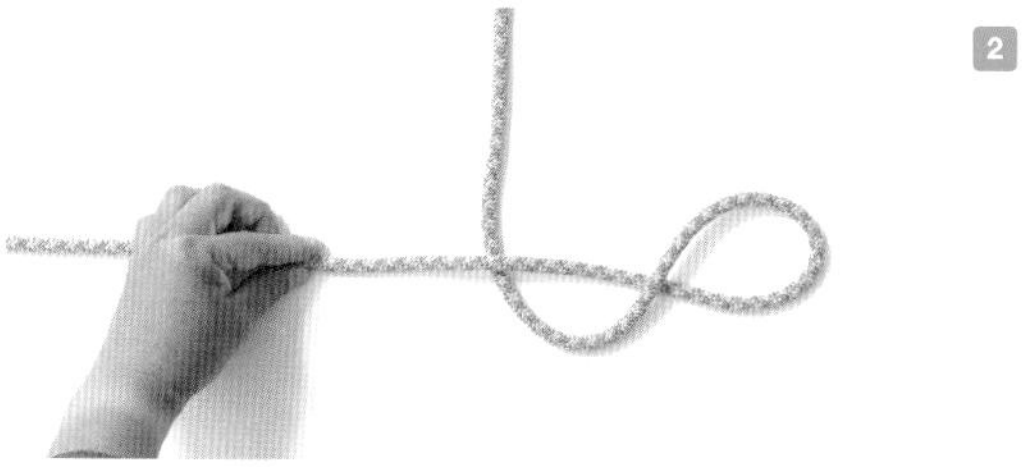
さらにもう1回交差させる

3
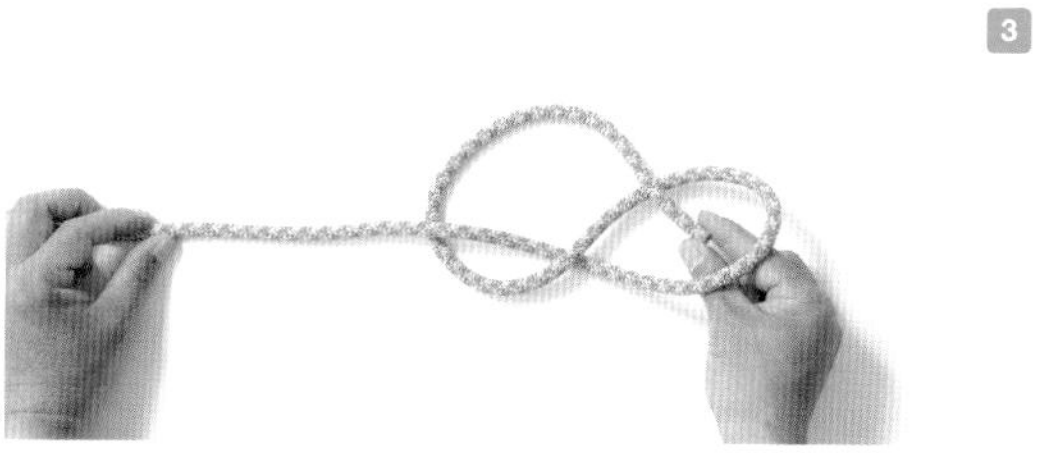
末端を輪の中に通す

4

末端を引っ張って結び目を締める

5

オーバーハンド・ノット

ロープにコブをつくるための最もシンプルな結び。この結びを単体で使うことはなく、ほかの結び目の末端処理や、2本のロープの結束時にまとめて結んで使う。強い荷重がかかると解けなくなりやすい

1

ロープの端近くに輪をつくる

2

その輪の中に末端を通す

3

4

末端を引っ張って結び目を締める

5

フィギュアエイト・オン・ア・バイト

ロープを二つ折りにしてフィギュアエイト・ノットを結ぶと輪ができる。ロープの端だけではなく、中間部にも輪をつくれる。ロープを斜面に張るときは、立ち木にセットした支点に輪をかければいい

1 ロープを二つ折りにして写真のように持つ

2 2本の指に巻きつける

3 折り返して指の上でクロスさせる

4 さらにもう1回巻きつける

5 指を抜く

6 指を抜いた部分に折り返し部を通す

7 ねじれをとりながら上に引き抜く

8 ゆるみがないように締め上げて完成

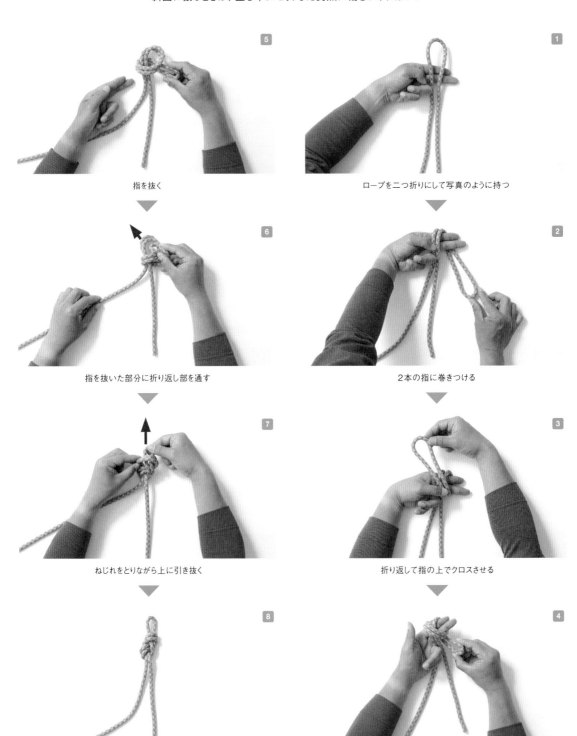

フィギュアエイト・フォロースルー

ロープを物体に結びつけるための結び。ロープの途中にフィギュアエイト・ノットを結び、物体にかけた末端を結び目に通していく。ロープをハーネスに結びつけるときには主にこの結びが使われている

1

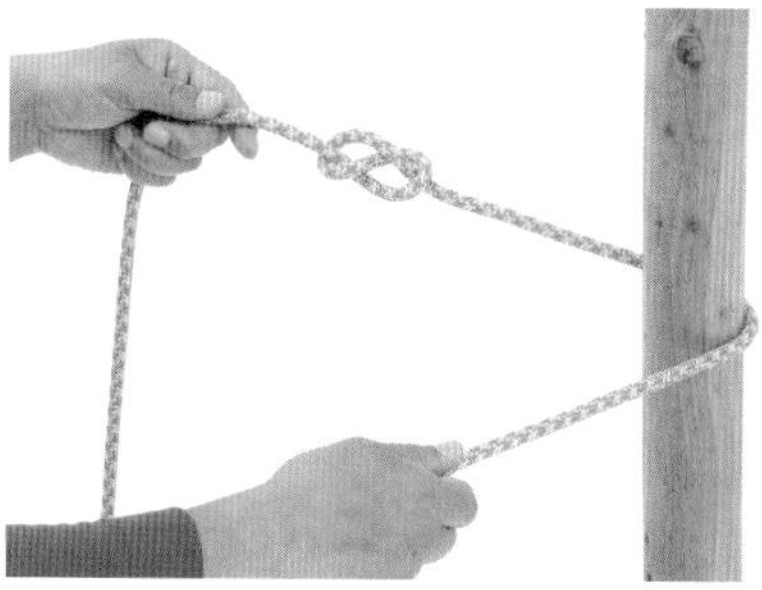

ロープの途中にフィギュアエイト・ノットを結び、末端を結びつける物体にかける

2

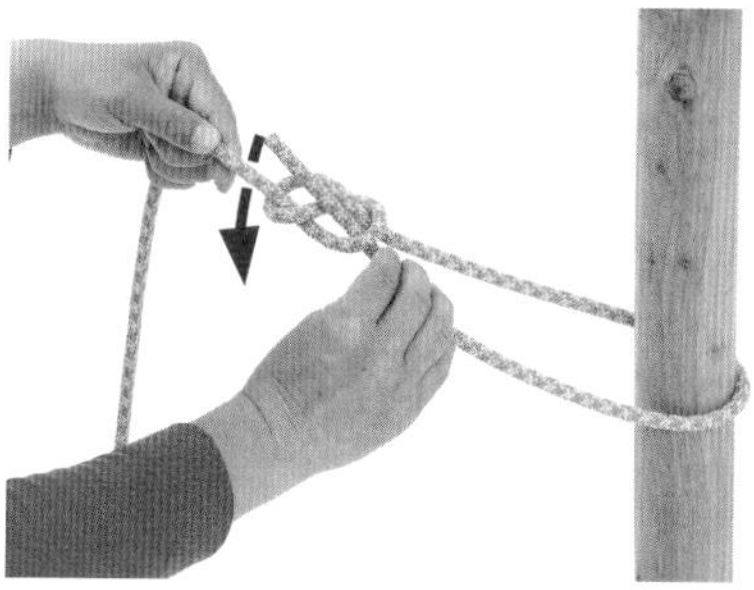

ロープの末端を結び目の反対側から通す

3

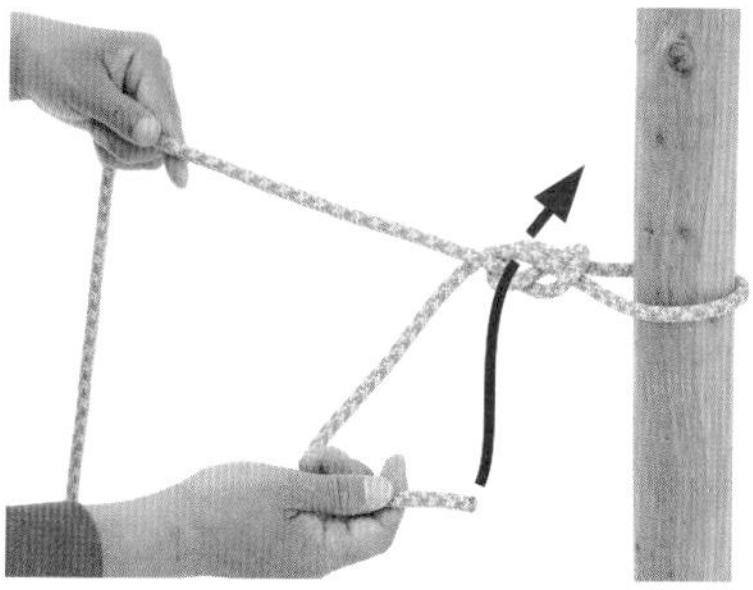

この時点で仕上がりの輪の大きさを調整する

4

結び目の上側に通していく

5

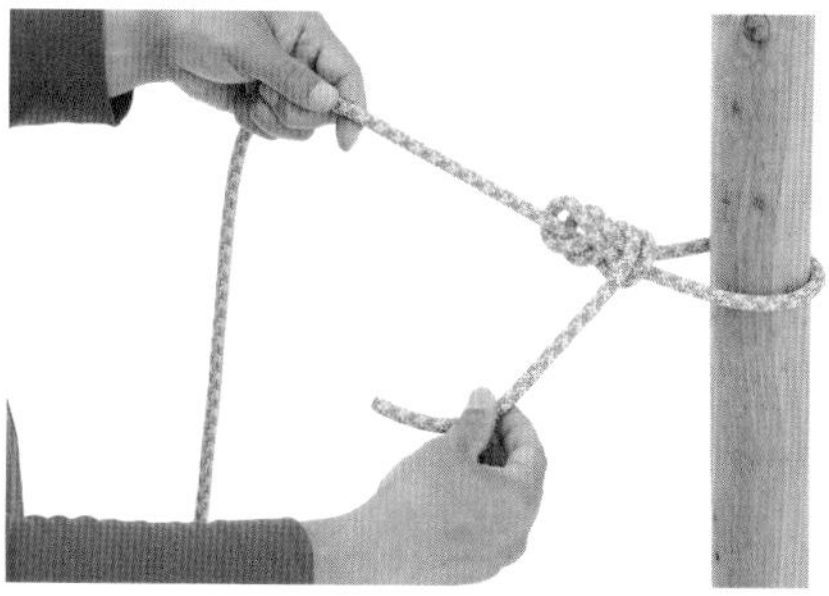

結び目をなぞるように忠実に通していこう

6

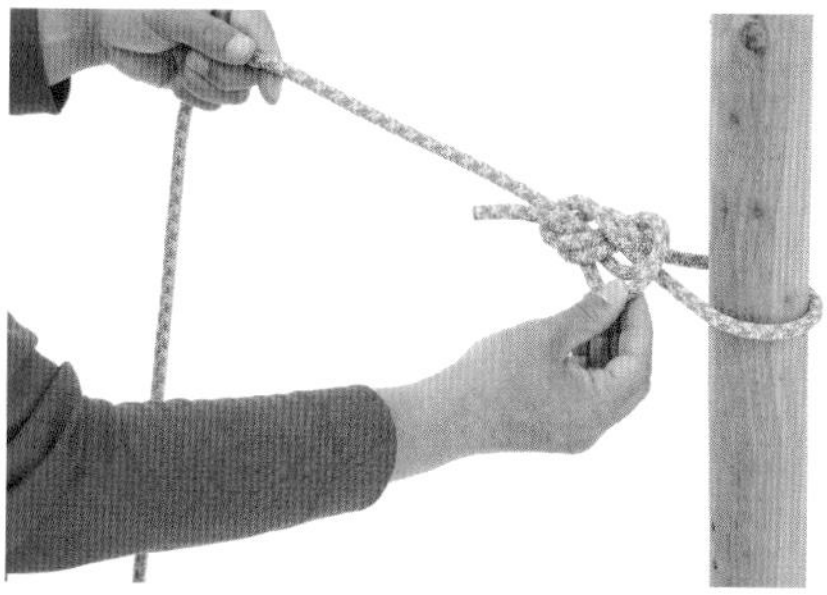

通し終えたらねじれがないことを確認する

7

末端を引っ張り強く締め上げる

8

使用中に解けないように、最後に末端処理（ダブル・フィッシャーマンズ・ベンドの1～4）を結んでおく

ボーライン1

〝キング・オブ・ノット（結びの王様）〟と呼ばれるボーラインは、ロープを物体に結びつけたり、輪をつくったりするための結び。立ち木などに補助ロープを張るときにもボーラインがよく使われる

1

結びつける物体にロープをかけ、写真のような輪をつくる

2

輪の中に末端を通す

3

末端を引き出して、仕上がりの輪の大きさを調整しつつロープの下にまわす

4

矢印のように末端を輪の中に通す

5

結び目を締める

6

ボーラインの完成

7

使用中にゆるまないように、最後に末端処理
（ダブル・フィッシャーマンズ・ベンドの1～4）を結んでおく

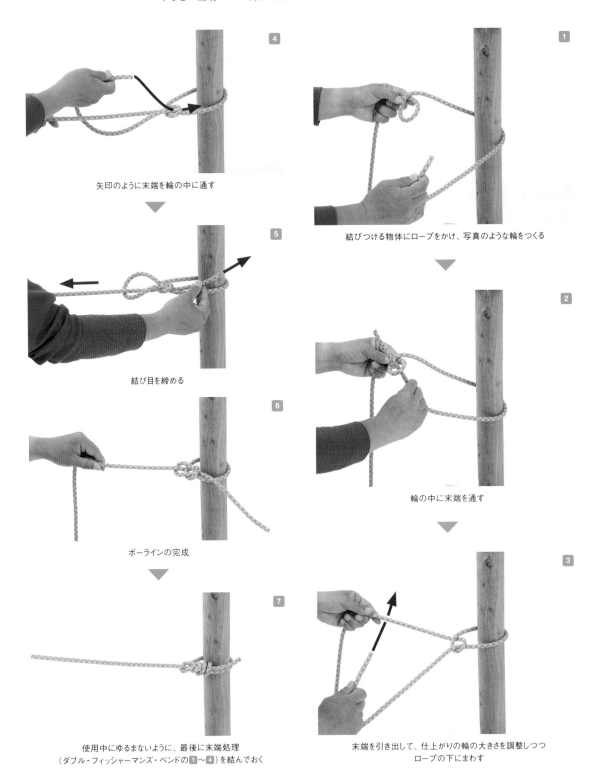

ボーライン2

ボーラインを使ってロープを自分の体に直接結びつける方法。ほぼ右手だけを使って結んでいく。緊急時など、覚えておくと役に立つ。見なくても素早く結べるようになるまで練習しておこう

1

腰の背後にロープをまわし右手で末端を持つ

2

体の前で右手を上にしてロープを交差させる

3

右手を奥から手前にまわし
左手のロープに巻きつける

4

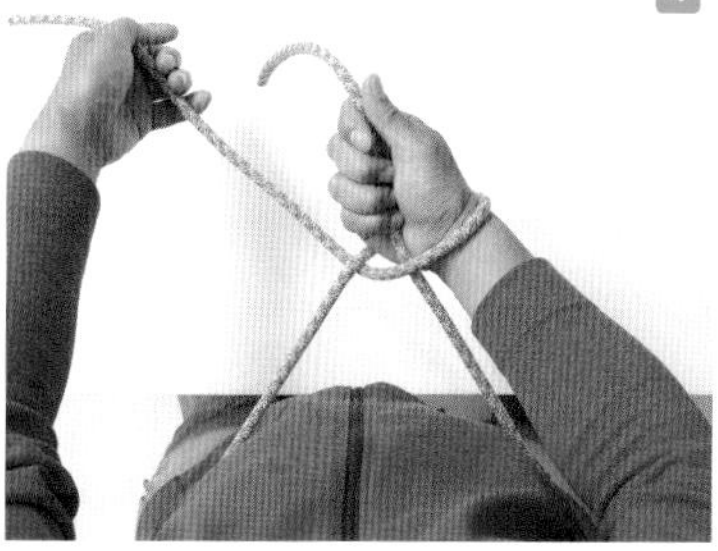

左手のロープにできた輪の中に
右手が通った状態

5

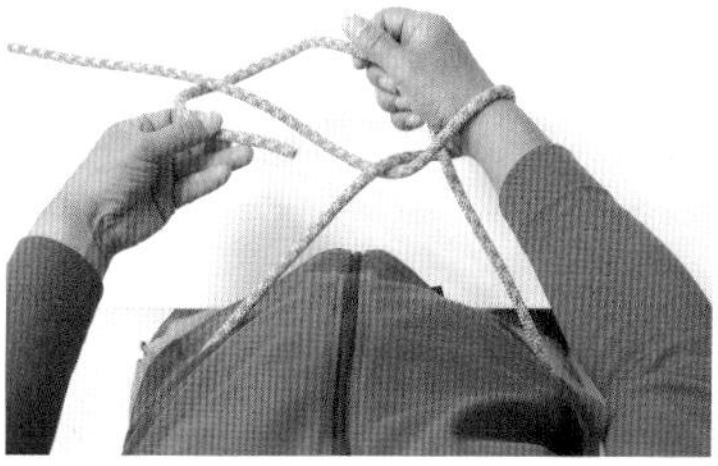

ロープの末端を
左手のロープの下にまわす

6

右手に持ち替える

7

右手と同時に末端を手前に引き抜く

8

ロープを左右から引っ張ってたるみを取る

9

結び目を締めて完成

10

使用中にゆるまないように、
最後に末端処理
（ダブル・フィッシャーマンズ・ベンドの
1～4）を結んでおく

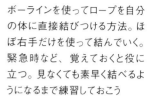

クローブ・ヒッチ1

ロープを物体に結びつけるための結びで、山や海のアウトドアスポーツで多用されている。結ぶのも解くのも簡単で強度も高い。これは最もオーソドックスな結び方で、ロープを巻きつけていって結ぶ方法

ロープを結びつける物体に巻き付ける

さらに矢印のようにもう1回巻きつける

2回目の巻きつけの上から末端を引き抜く

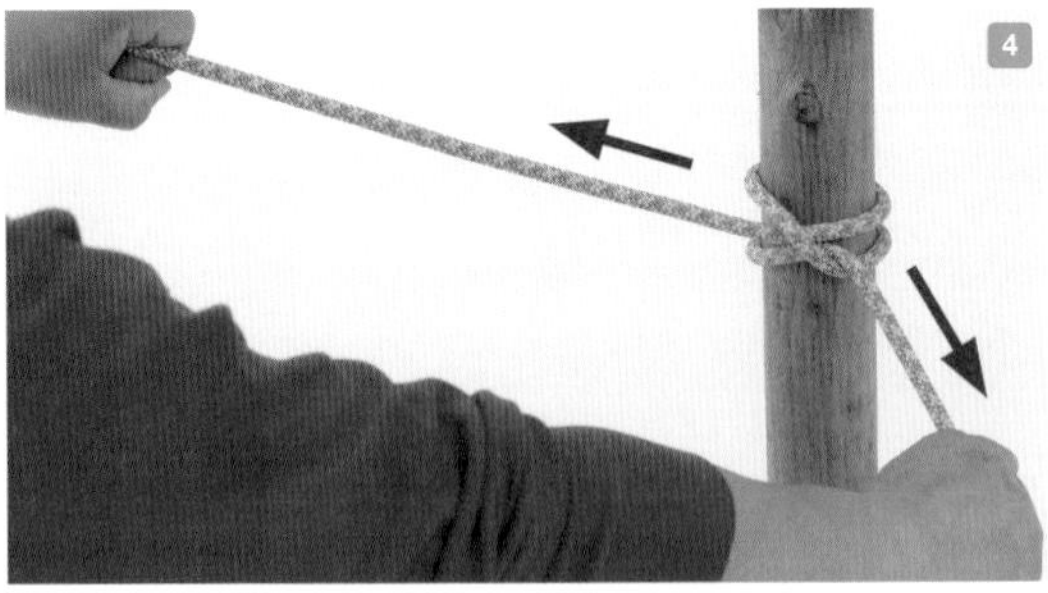

左右に強く締め上げて完成

クローブ・ヒッチ2

ロープに2つの輪をつくり、その輪を重ねて物体に通せば、クローブ・ヒッチでロープが結びつけられる。ロープの中間でも結びつけることができ、セルフビレイや中間支点をとったりするときに便利

写真のようにロープに2つの輪をつくる

左の輪を右の輪の上に重ねる

重ねた2つの輪を、結びつける物体に通す

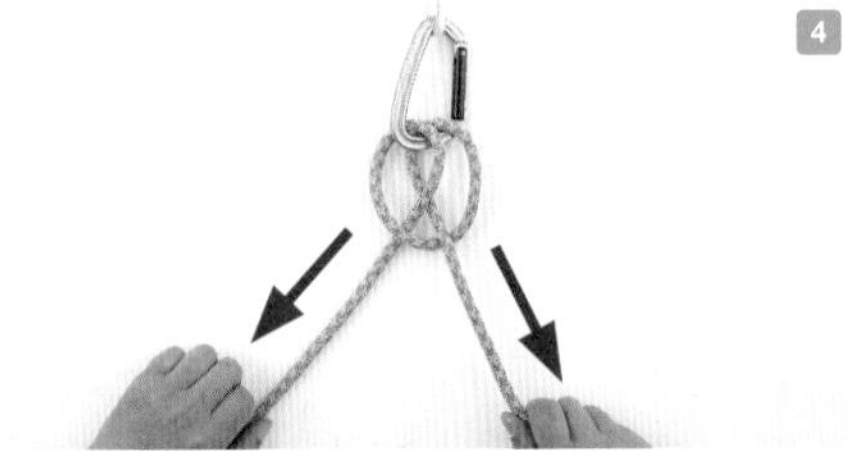

結び目を締める

クローブ・ヒッチ3

クライミングでセルフビレイをとるときに多用される結び方。支点にセットされたカラビナにロープをかけ、片手でもう1回ロープをかけて結ぶ。かけ方を間違えると結べないのでよく練習しておこう

支点のカラビナにロープをかける

写真のように逆手でロープをつかむ

手首を返して順手にする

手首の動きに合わせて輪をつくる

その輪をカラビナにかける

このような形にする

結び目を締める

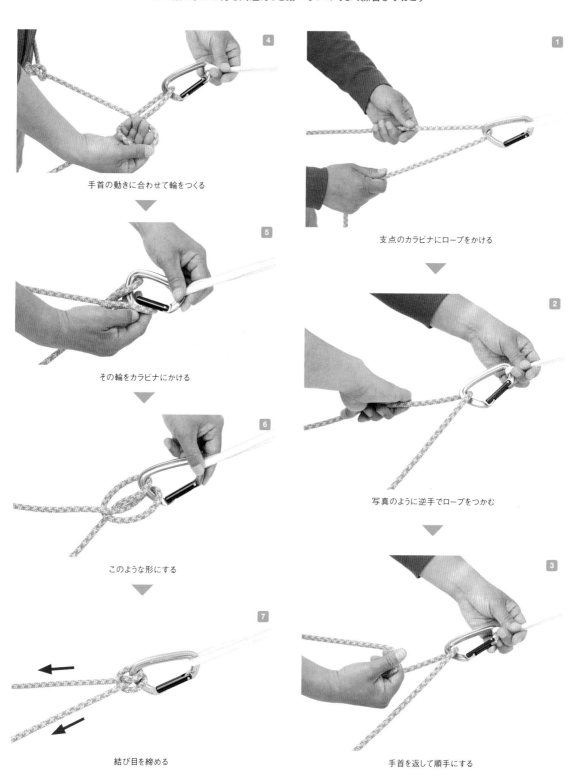

シート・ベンド

2本のロープをつなぎ合わせるための結び。手順が簡単なので素早く結べるうえ、太さや材質の異なるロープにも使える。強度も高い。スリングとスリングを連結させるときにもこの結びが用いられる

1

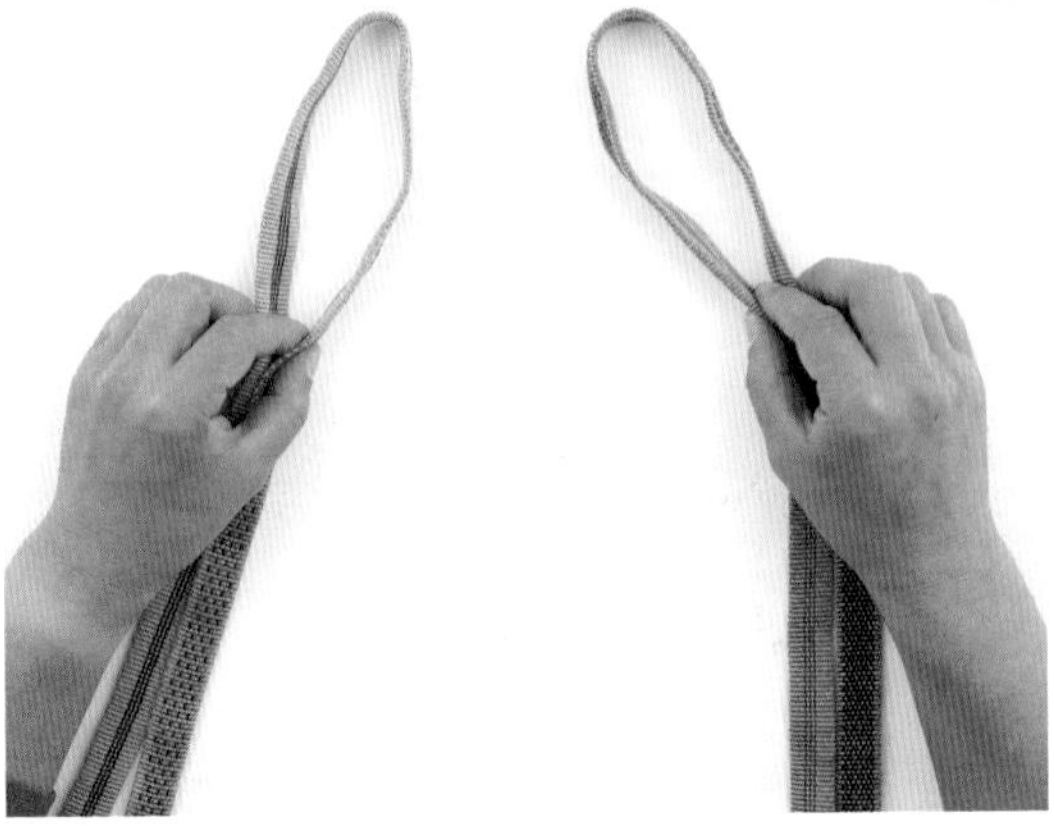

左右の手にスリングを輪にして持つ

2

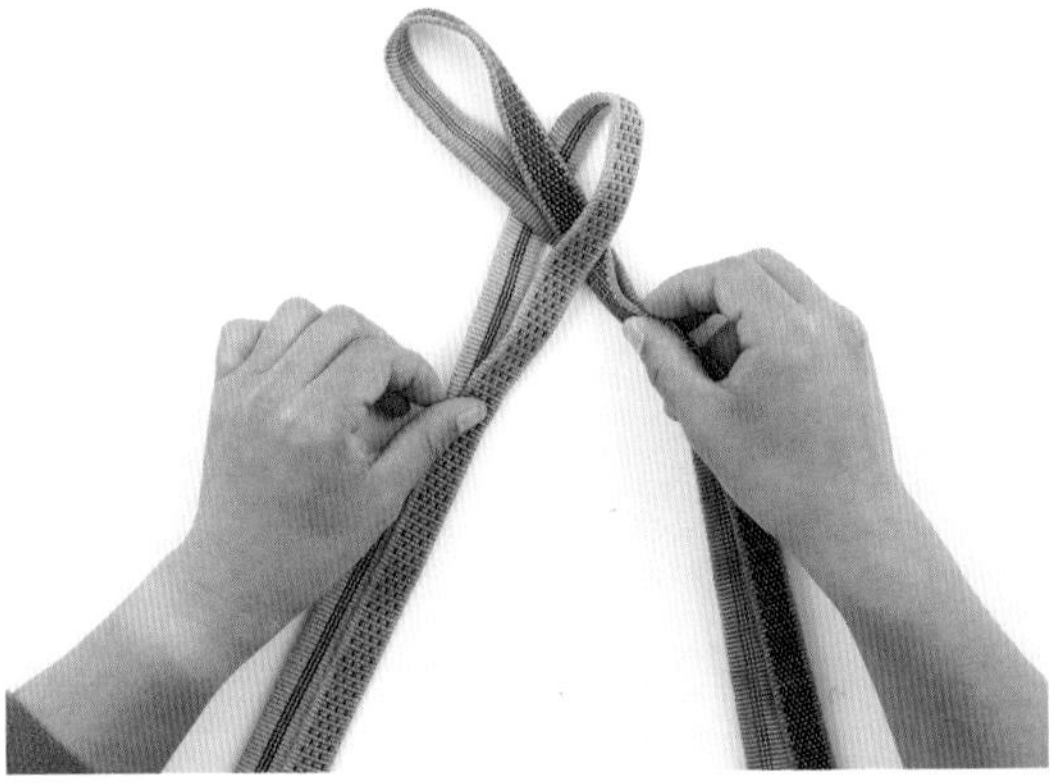

写真のように一方のスリングをもう一方のスリングに通す

3

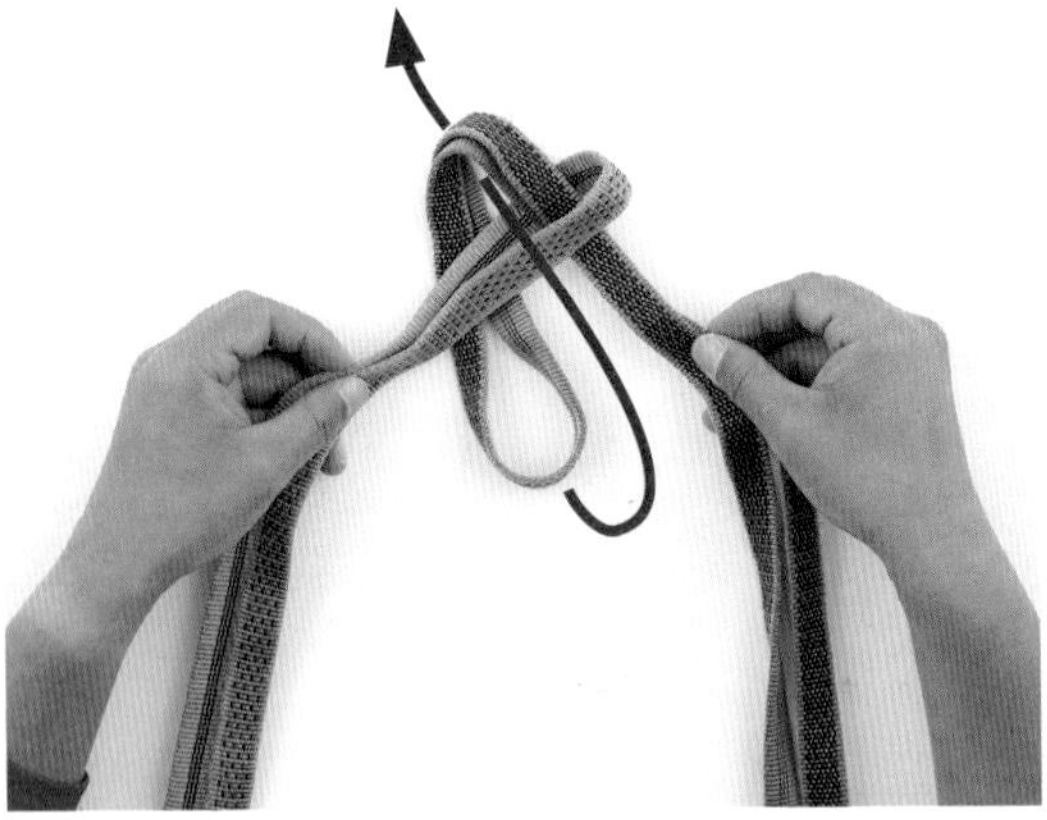

矢印のように巻きつける

4

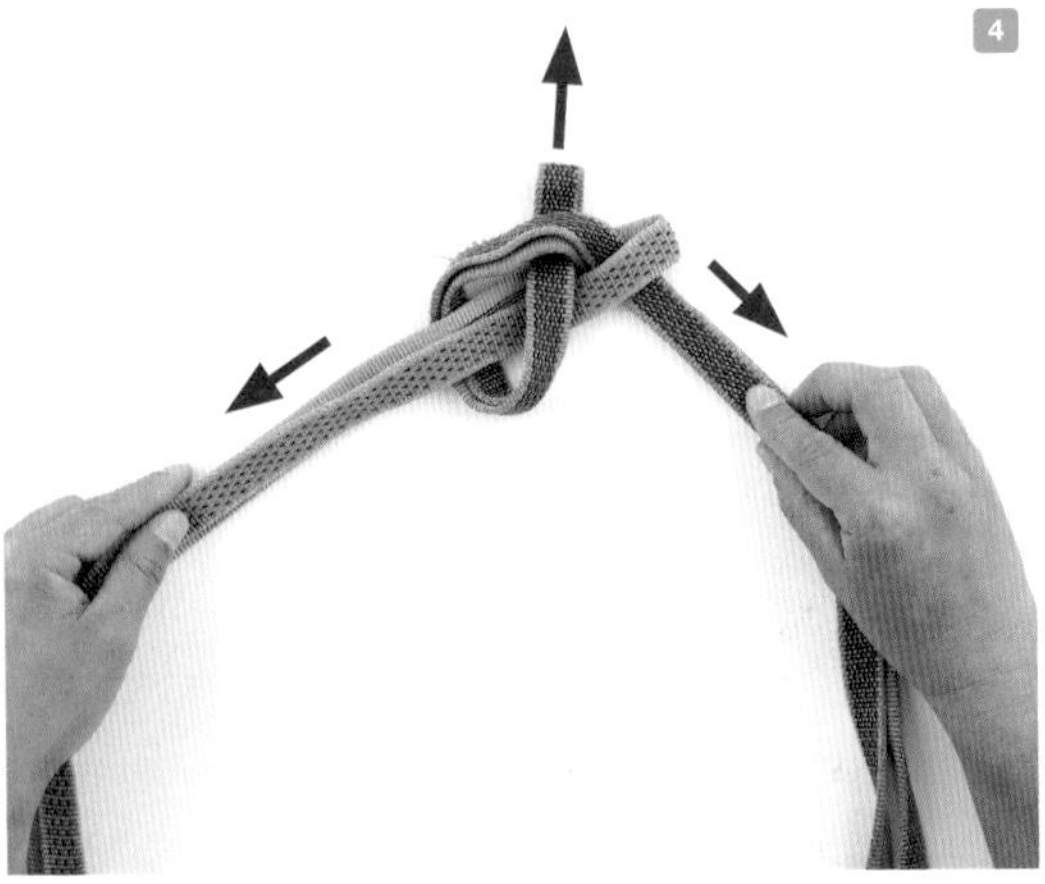

結び目をしっかり締める

5

末端は充分に余らせること

ダブル・フィッシャーマンズ・ベンド

2本のロープをつなぎ合わせるための結び。強度は非常に高い。ただし強い荷重をかけると結び目が固く締まり、解きにくくなる欠点がある。ほかのさまざまな結び目の末端処理にも使われる

1
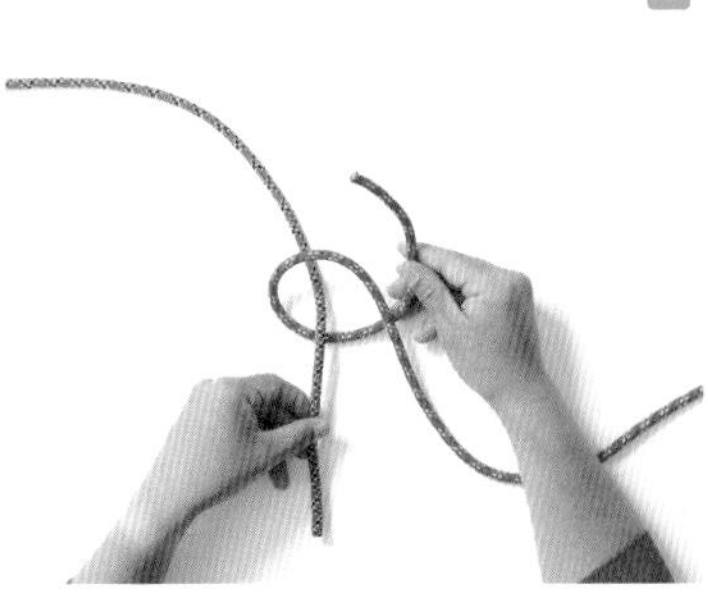
一方のロープの末端を、
もう一方のロープの末端に巻きつける

2
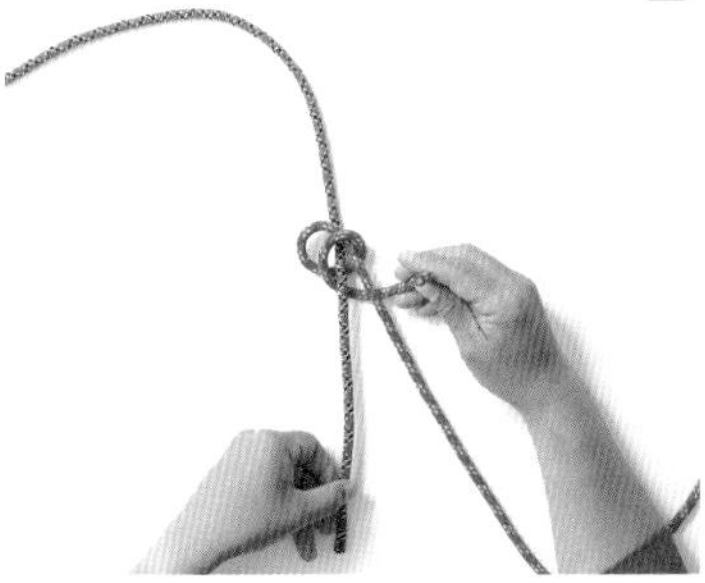
さらにもう1回巻きつける

3
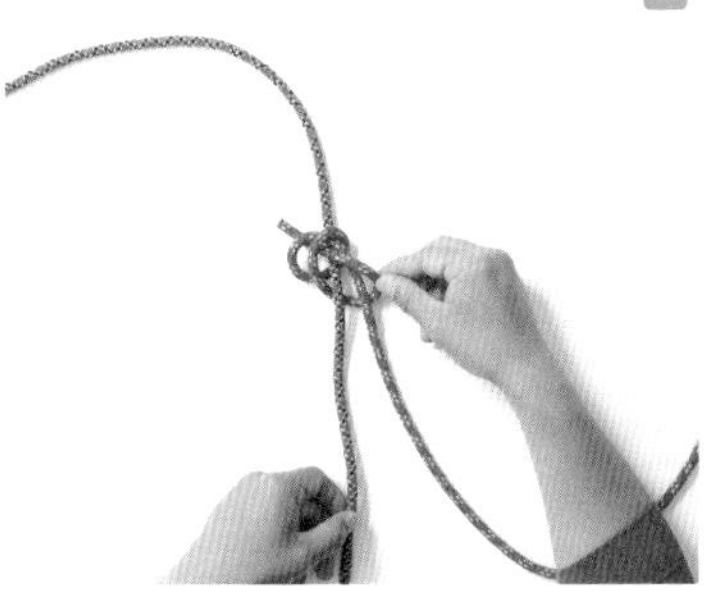
写真のように末端を通して

4
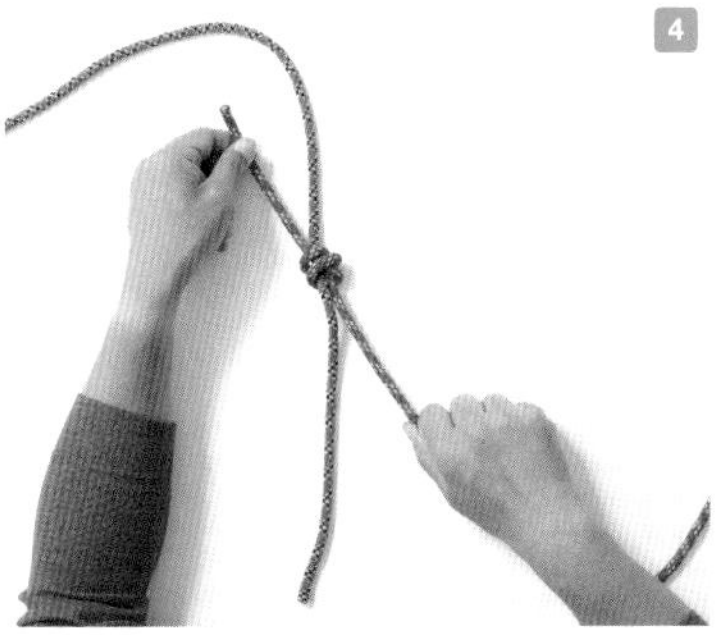
結び目を締める

5
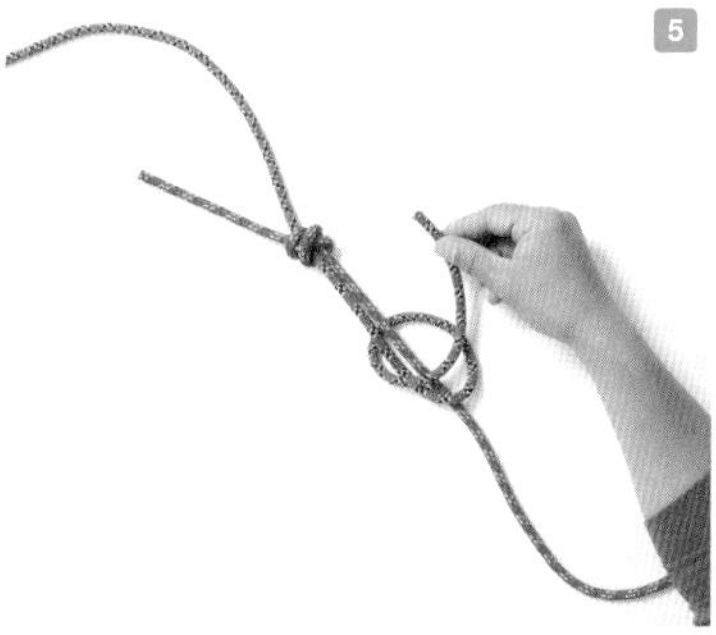
もう一方の末端も同様にして結んでいく

6
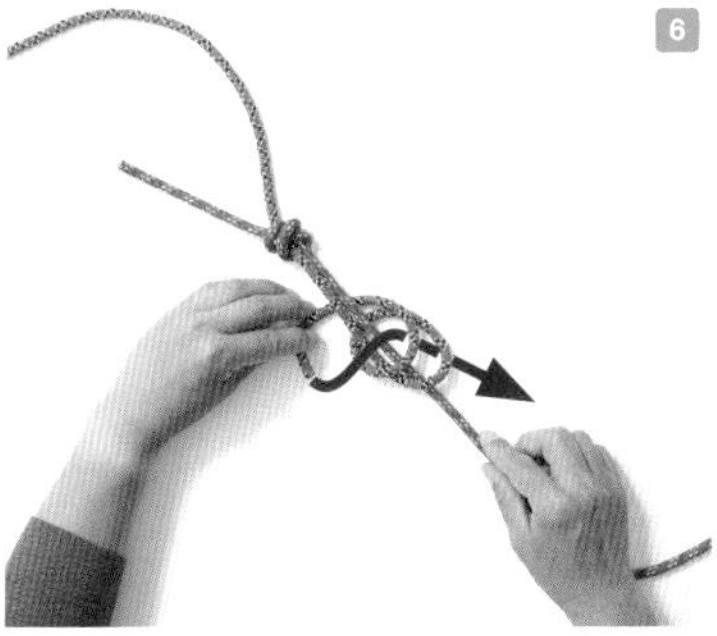

7
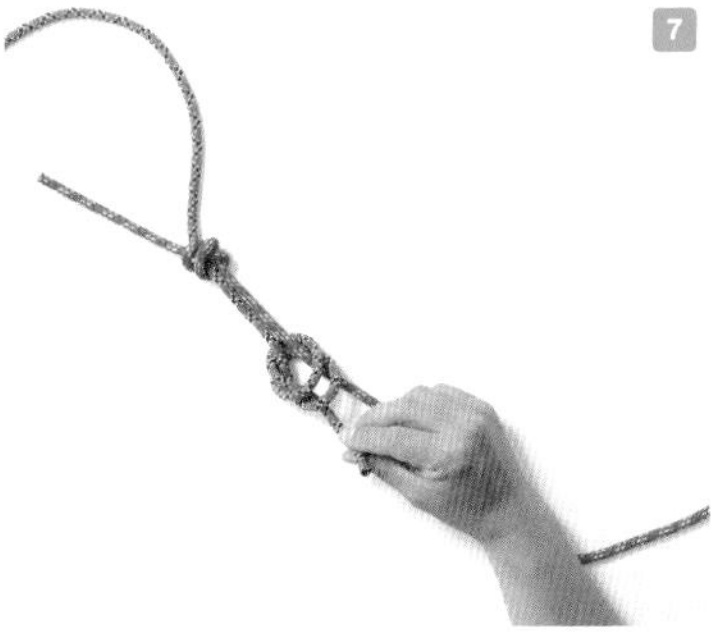

8

9
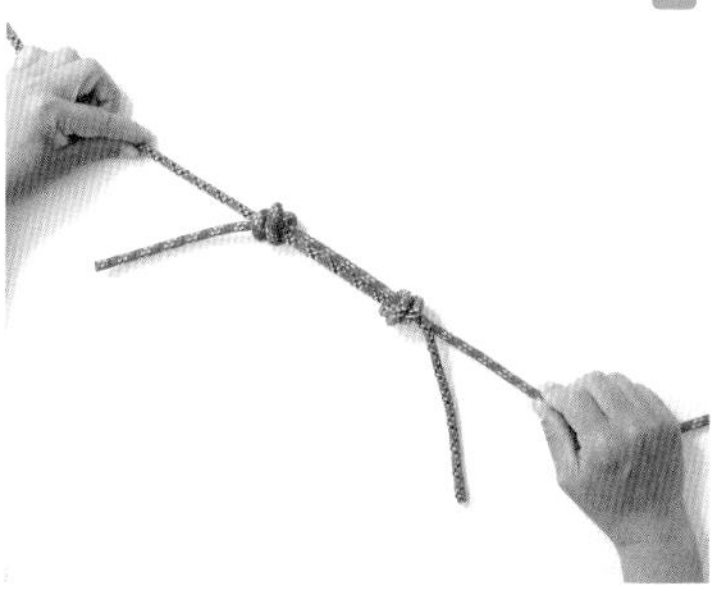
2つの結び目ができたら、
ロープをそれぞれ反対方向に引っ張る

10
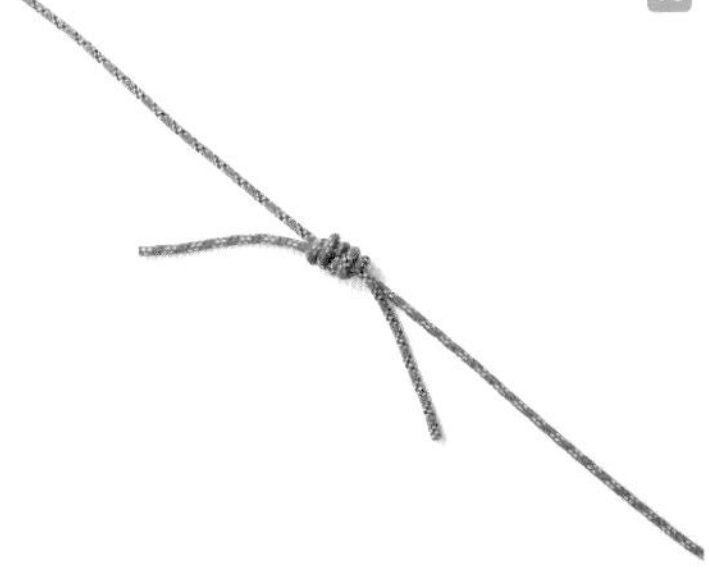
結び目がくっついてひとつになったら完成。
末端は充分に余らせること

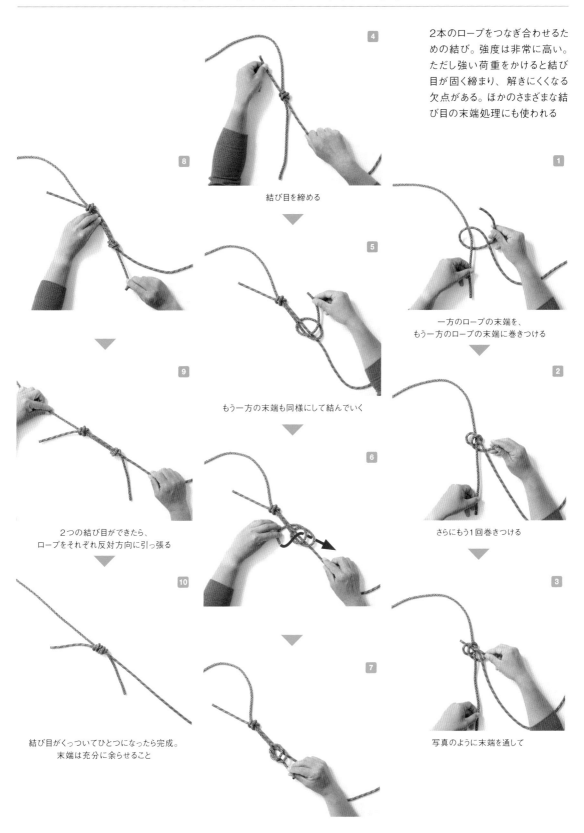

バタフライ・ノット

ロープの途中に輪をつくるための結び。結ぶのも解くのも簡単だが、
強度はそれほど高くない。1本のロープにこの結びでいくつも輪をつくり、それを手がかりとして危険箇所を登り下りするときに用いられる

1

手のひらにロープをかける

2

同じ方向に3回巻きつける

3

いちばん左の巻きつけを右に移動させる

4

もう1回、同様に移動させる

5

4で移動させた部分を左手の指でつかんだまま、手を輪から引き抜く

6

指でつかんだ部分を引き出す

7

結び目の形を整える

8

結び目を締め上げて完成

クレムヘイスト・ノット

荷重がかかっていないときは結び目がスライドし、荷重がかかるとロックされるフリクション・ノットの一種。固定したロープを登るときに安全確保をしたり、ロープでツエルトを張る場合に使う

1

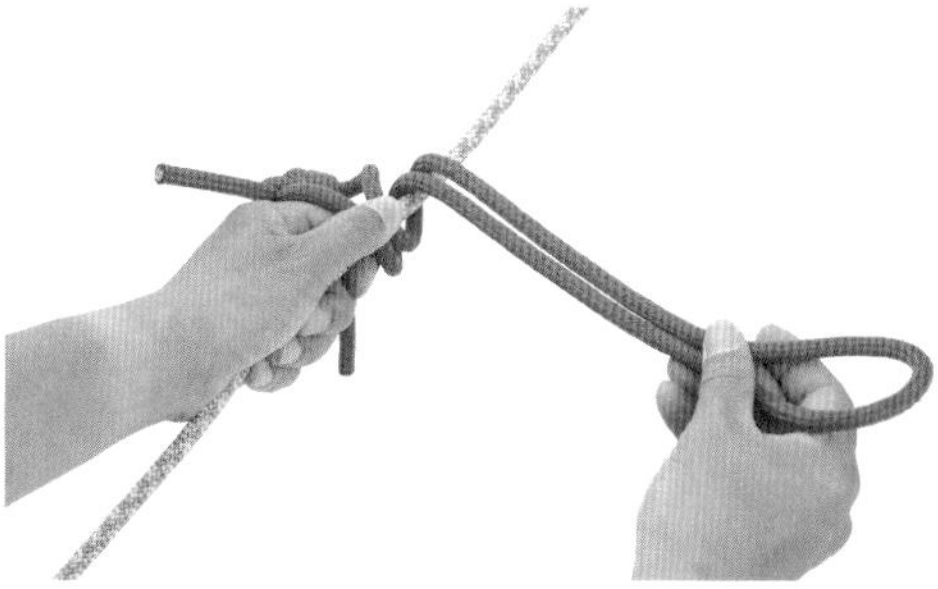

固定したロープにスリングを巻きつける

2

3

下から上へ、5〜6回巻きつける

4

上の輪に結び目のある下の輪を通す

5

巻きつけたロープをなじませる

6

下から通した輪を強く引く

7

結び目は上にはスライドするが、下に強く引くとロックされる

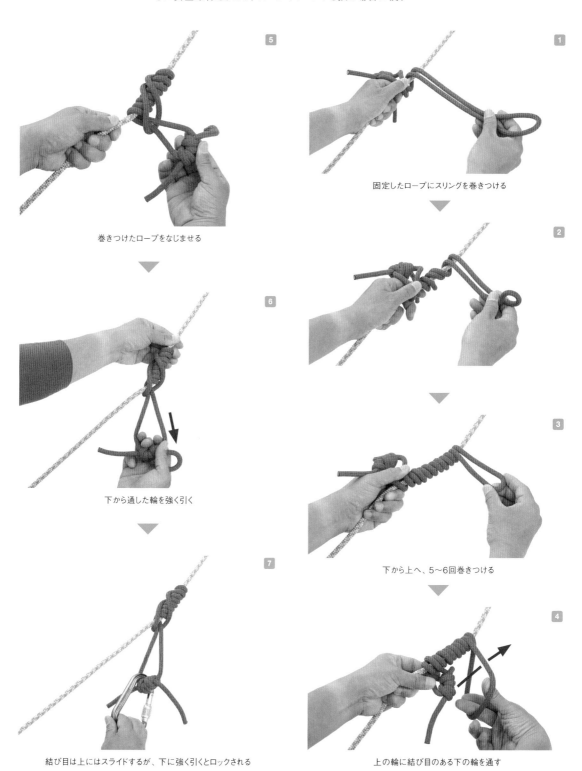

ムンター・ヒッチ

確保して危険箇所を登り下りするときには、安全環付きカラビナを使ってロープに制動をかけるこの結びが用いられる。「イタリアン・ヒッチ」「半マスト結び」とも呼ばれる。使いこなすには習熟が必要だ

支点の安全環付きカラビナにロープをかけ、写真のようにロープをつかむ

手首を返して輪をつくる

親指側のロープが奥にならないように注意する

その輪をカラビナにかける

写真のようになっていればOK

安全環を締める

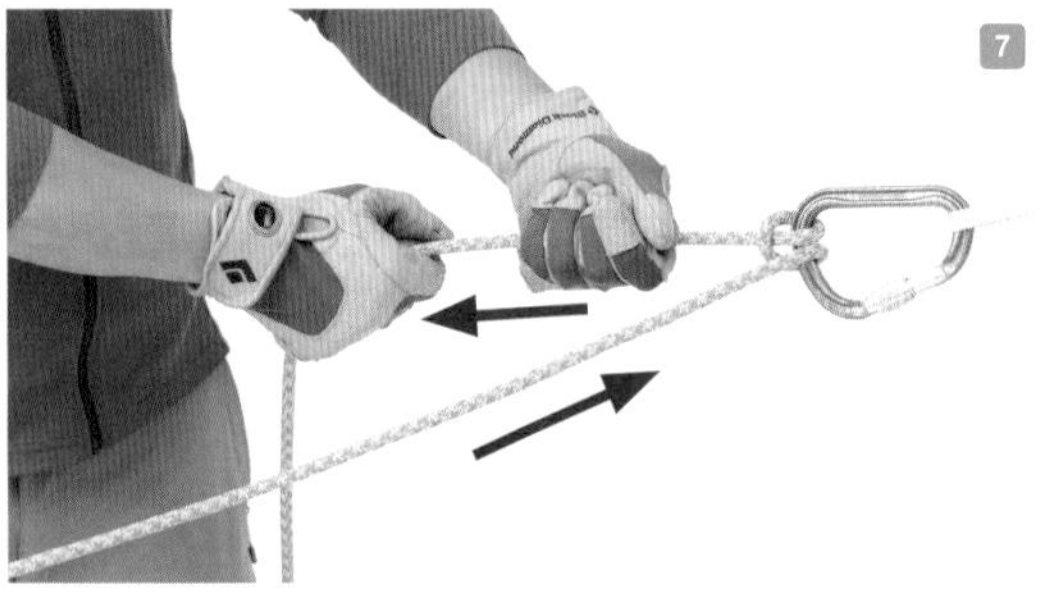

登りでは写真のように確保する

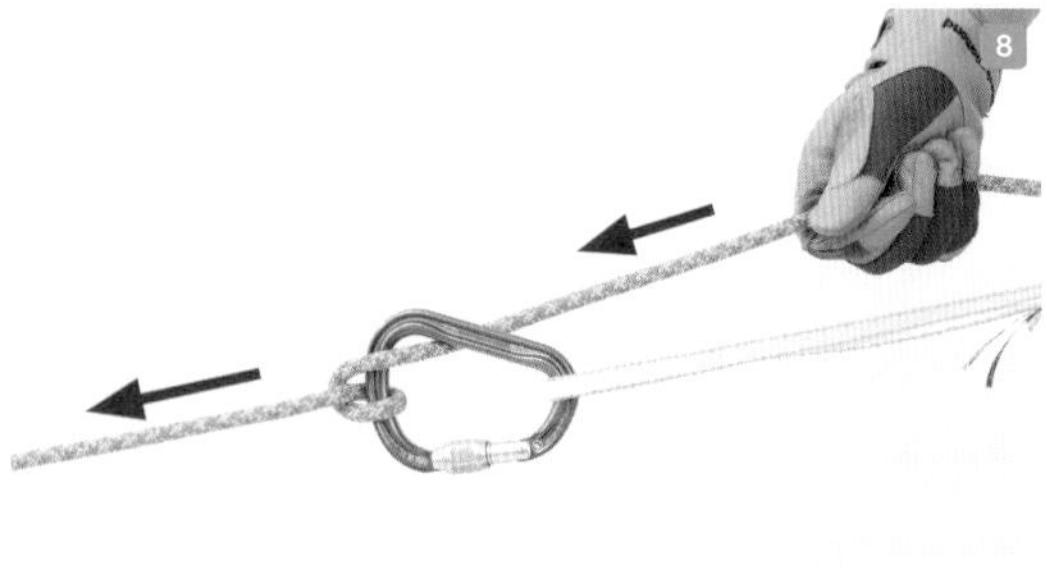

下りではこのようにロープを繰り出していく

ガルダー・ヒッチ

ムンター・ヒッチ同様、確保時にカラビナを使ってロープに制動をかけるための結びだが、カラビナは2枚使用する。キャンプなどでロープに強いテンションをかけて張るときにも用いられる

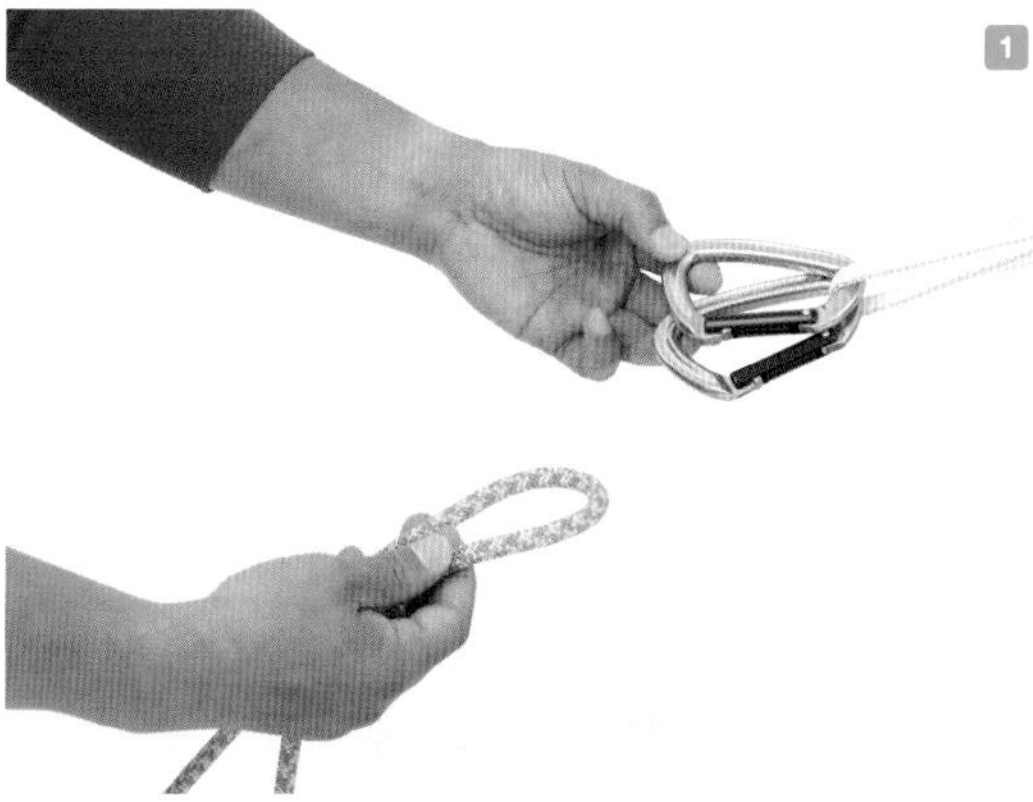

支点のスリングに2枚のカラビナを同じ方向にかける

2枚のカラビナにロープをかける

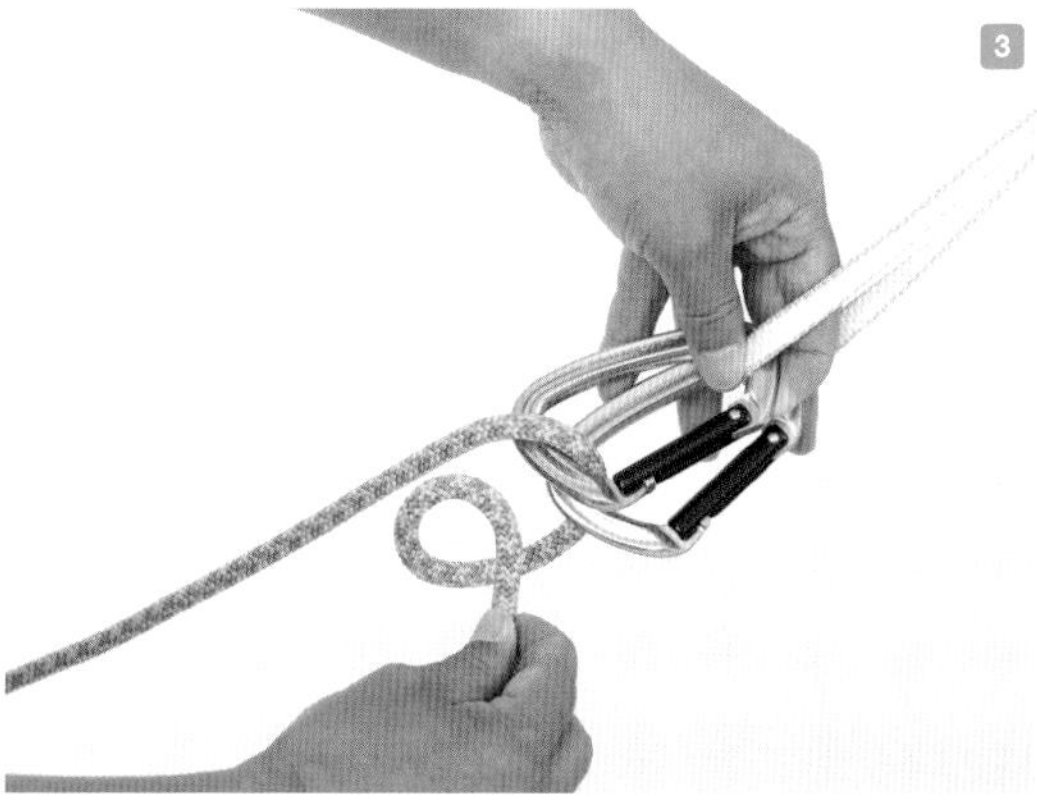

ロープに写真のような輪をつくる

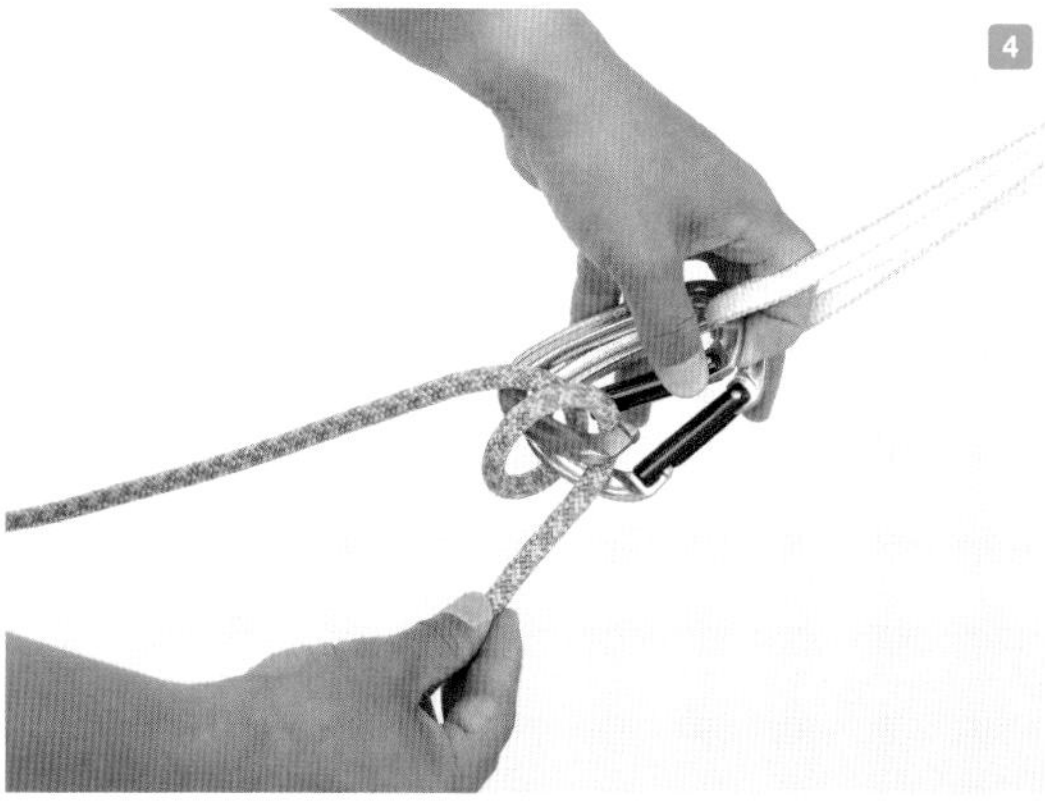

その輪を手前のカラビナにかける

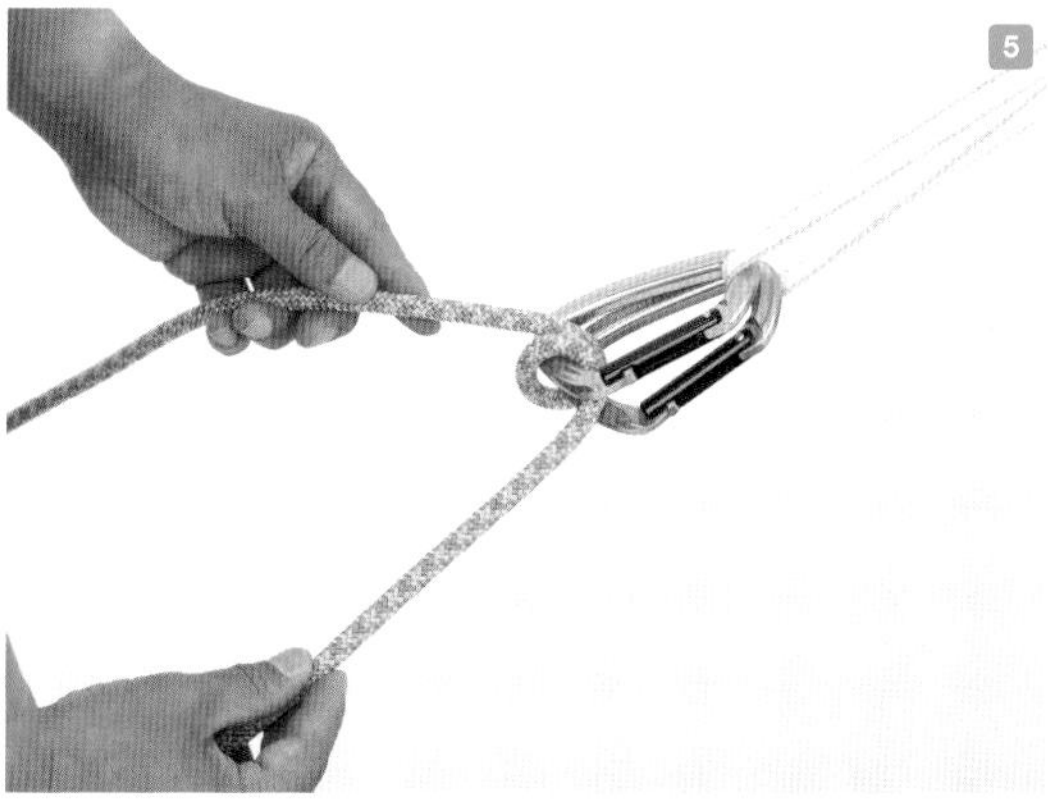

結び目を締める

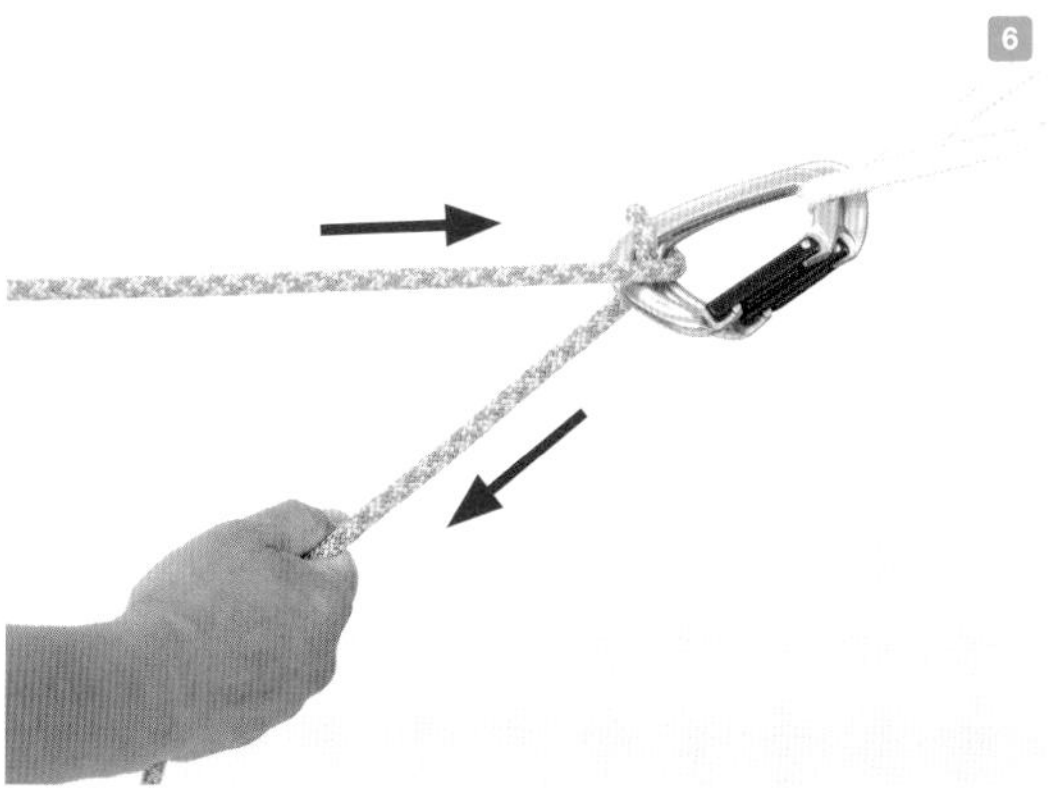

矢印方向に引っ張って確保する。
荷重がかかるとロープがロックされて動かなくなる

簡易ハーネスをつくる

スリングでできる確保用の安全ベルト

チェストハーネスをつくる

ロープで確保して登り下りするときに、墜落の際のショックを分散・緩和させるための安全ベルトがハーネスだ。その上半身用のものがチェストハーネス。一般登山では、長さ120㎝（体格の大きな人は150㎝）のソウンスリングがあれば、簡易的なハーネスを自作することができる

スリングを背後にまわして写真のように持つ

胸の前で交差させる

左手でつかんでいるほうを引っ張って締め、
矢印のように通す

さらに、できた輪の中に矢印のように通す

結び目を締める

完成。親指をかけているところにカラビナを
セットして使用する

シットハーネスをつくる

下半身用のハーネスがシットハーネス。やはり長さ120㎝（体格の大きな人は150㎝）のソウンスリングを用いてつくる。チェストハーネスとシットハーネスをカラビナで連結させ、全身用のフルボディハーネスとして使ってもいい

写真のようにスリングを腰にまわす

スリングの一部を股間から引き出し、矢印のように通す

両端を引っ張って締める

それぞれの端を2〜3回巻きつける

安全環付きカラビナをセットして完成

セットした安全環付きカラビナにロープを連結させて使う

ロープを手がかりに登り下りする

ロープを張って不安を解消

急斜面や岩場に設けられているクサリやロープは、転・滑落防止のために手がかりとするものであるが、それらが設置されていない危険箇所では、通過の際に自分たちで一時的にロープを張ってしまえばいい。

ロープを張る前に、まずはロープをつかむときの手がかりとするため、バタフライ・ノットで輪を等間隔で結んでおく（フィギュアエイト・ノットなどで握り手のコブをつくると、荷重がかかって固く締まったときに解きにくくなってしまう）。ただし、輪の中に手足を入れると抜くときに引っかかってバランスを崩しやすいので、結び目をつかむだけにする。

ロープを張るには、下りの場合は下降開始地点付近にある立ち木にロープを結びつけてロープを垂らす。リーダーは最後にロープを回収して下りてくる。登るときは、リーダーが登っていって支点となる木を探し、そこにロープを結びつける。どちらにしてもリーダーだけはロープを頼りにすることができないので、慎重に登り下りしよう。

ロープを立ち木に結びつけるには、ロープの末端にフィギュアエイト・オン・ア・バイトで輪をつくり、それをスリングとカラビナでつくった支点にかけるか、フィギュアエイト・フォロースルーで直接結びつける。

このほか、結び目をつくらずにロープを張り、スリングをクレムヘイスト・ノットで結んで登り下りするという方法もある。スリングのもう一端は体に装着した簡易ハーネスに接続するので、滑落しそうになっても結び目がロックされて落ちない。

ロープを急斜面などに張り、手がかりとなる輪をつかんで登り下りする

トップが登る

まずロープにバタフライ・ノット（P58参照）で手がかりとなる輪を等間隔で結んでおく。トップはそのロープをザックなどに結びつけて危険箇所を登っていく

支点をつくる

登り着いたところに支点をつくる。支点は、抜けたり折れたりする心配のない立ち木を利用するのが最も簡単で手っ取り早い。立ち木にスリングを巻きつけ（P48参照）、そこにカラビナをセットして、フィギュアエイト・オン・ア・バイト（P50参照）でロープを結びつける。あるいはフィギュアエイト・フォロースルー（P51参照）で直接木にロープを結びつけてもいい

後続者が登る

後続者は、トップがセットしたロープを伝って斜面を登る。このとき手や足を輪の中に入れると、抜くときにバランスを崩す恐れがあるので、輪の中に入れずに結び目をつかむだけにする

スリングを手がかりにする

ワンポイント的な危険箇所では、わざわざロープを張らずに、立ち木にガース・ヒッチ（P48参照）で結びつけたスリングを手がかりにするといい。危険箇所がやや長い場合は、安全環付きカラビナを使ってスリングを連結する

トラバースする

中間支点の通過がポイント

急斜面をトラバースするときは、フィックスしたロープを活用してメンバーの転・滑落を防ごう

危険箇所を横方向に移動するトラバースの場合は、転・滑落防止のためのロープを横方向に張る。トラバース開始地点付近にある支点にロープを結びつけたら、リーダーがトラバースしていってロープを渡し、終了地点の支点にロープのもう一端を結びつければいい。

ある程度距離が長い場合は、途中にも中間支点をとる。そうしないと、滑落したときに張ったロープが大きくたわんで長い距離を落ちてしまう。

ロープを張るための支点は、立ち木が最も一般的だが、岩、クサリ場の支柱、残置のボルトなどを利用することもある。これらにスリングとカラビナをセットして、ロープをクローブ・ヒッチで結びつける。

ロープが張られたら、後続者はソウンスリングとカラビナを2枚用意して簡易ハーネスと連結し、ロープにかけた2枚のカラビナをスライドさせながらトラバースしていく。中間支点でカラビナをかけ替える際には、まず一方のカラビナを支点の向こう側にかけてから、もうひとつのカラビナもかけ替えること。どちらか一方が必ずロープにかかっている状態にしておかないと、万一バランスを崩したときに転落してしまうことになる。

最後の人は、解いたロープを簡易ハーネスに結びつけて確保してもらい（P68参照）、支点のカラビナとスリングを回収しながらトラバースしていく。

万一滑落しても、下まで落ちることはない

中間支点をとる

トップは始点の立ち木に結びつけたロープを持ってトラバースし、終点にある立ち木にもう一端を結びつけてロープを張る（P65参照）。距離が長い場合や進路が屈曲するときは、途中にある立ち木などに中間支点をとる。その際にはクローブ・ヒッチ（P55参照）で支点のカラビナにロープを結びつける

セルフビレイをとる

①長さ120㎝のソウンスリングを二つ折りの輪にする　②チェストハーネスにガース・ヒッチ（P48参照）で結びつけ、写真のように2つの輪をつくる　③それぞれの輪にカラビナをセットする④フィックスしたロープに2つともカラビナをかけてトラバースしていく。このとき、カラビナのゲートはどちらも上を向くようにする

中間支点を通過する

①中間支点に差しかかったら、支点に近いほうのカラビナを外す　②支点の向こう側にかけ替える　③もうひとつのカラビナを外して同様にする　④かけ替え完了。トラバースを続ける。2枚のカラビナのうち、必ずどちらか一方がロープにかかっているようにするのがポイントだ

確保して登り下りする

転・滑落の危険がありそうな斜面の場合

確保のシステムは、険しい岩壁を登り下りする人にロープを結びつけ、そのロープのもう一端を確保者が手繰ったり繰り出したりして、万一の転・滑落を食い止められるようになっている。クライミングではそのための特殊なギアを用いるが、一般登山でも必要最小限のギアがあれば同じ方法で安全を確保することが可能になる。

登るときは、まずリーダーが上まで登っていって支点となる立ち木を探し、そこに自分が誤って落ちないための自己確保（セルフビレイ）と、後続者を確保するためのシステムをスリングとカラビナで構築する。そのシステムに、後続者に連結されているロープをセットし、登ってくる動きに合わせながらロープを手繰っていく。下る場合は、下降開始地点付近にある立ち木に自己確保と確保のシステムを設け、下りる人に結びつけたロープを支点にセットし、下る動きに合わせながらロープを繰り出していく。

いずれの場合も、行動者が落ちそうになったときは、ロープが流れていかないように確保者が制動をかけて転・滑落を防止する。そのためには信頼できる支点にシステムを構築するのがポイントとなる。支点は通常、大きな力がかかっても折れる心配のない立ち木や、岩に埋め込まれたボルトなどからとる。

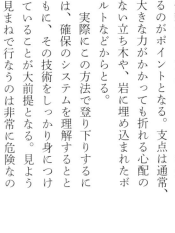

実際にこの方法で登り下りするには、確保のシステムを理解するとともに、その技術をしっかり身につけていることが大前提となる。見よう見まねで行なうのは非常に危険なので、絶対にやってはならない。

転・滑落しそうな斜面では確保して登り下りするのが最善策だ

トップが登る

トップがロープの一端をザックなどに結びつけて登っていく。後続者の簡易ハーネスには、ロープのもう一方の末端をフィギュアエイト・オン・ア・バイト（P50参照）で結びつけておく

支点をつくる

1 トップが上まで登ったら、立ち木に支点をつくり、自分自身が落ちないようにスリングとカラビナでセルフビレイをとる（P48参照） 2 スリングとカラビナで上にもうひとつ支点をつくる 3 次に後続者とつながっているロープを引いてたるみを完全にとる。その後、上につくった支点に、ムンター・ヒッチ（P60参照）でロープをセットする

確保する

1 後続者が登ってくるスピードに合わせ、確保しているロープを手繰っていく。万一、後続者が滑落してテンションがかかったら、反対側のロープを屈曲させて止める 2 距離が短い場合はガルダー・ヒッチ（P61参照）を使ってもOK。テンションがかかると、カラビナでロープがロックされて流れ出ていかない

Column 3

懸垂下降とショートロープ

懸垂下降は、ロープを利用して急斜面を素早く確実に下るための技術だ。ロープは通常二つ折りにするか、2本を連結する。下降後は、その一方を引き抜いてロープを回収する。

初めて懸垂下降をするときは、高度感に対する恐怖心で身がすくむが、動作そのものはさほど難しくはない。軽快に下る姿は見栄えがするので、身につけたいと考える登山者は多いだろう。

しかし、懸垂下降は非常に危険を伴う技術でもある。というのも、全体重を支点とロープに預けて下るので、支点が貧弱だと重さを支えきれないし、下り方に不慣れだと、ロープを岩角にこすって切断することもあるからだ。ロープの末端を通り過ぎてしまうといった、操作ミスもありうる。実際、懸垂下降に失敗してそのまま墜落し、死亡する例がとても多い。絶対に手順を間違えてはいけない、シビアな技術なのだ。

独学では致命的なミスに気づかずに、大事故に結びつくことも考えられる。必ず経験豊富な指導者から学ぶようにしよう。

一方、山岳ガイドが顧客の安全を確保しつつ登下降するための技術がショートロープである。ガイドと顧客は常にロープで結び合って行動し、ガイドは顧客の動きをサポートしたり確保したりを繰り返す。

この技術は、登山技術のなかでもかなり特殊なものだ。ガイド自身の確保は考えないばかりか、ガイドが絶対に転・滑落しないことを前提としているからだ。

ショートロープを行なうには、高度な技術と判断力が求められる。さらに繰り返しの訓練も必須だ。見よう見まねで試みることは、絶対に避けてほしい。

文／木元康晴（登山ガイド）

［懸垂下降］

専用のビレイデバイスを使わない方法としては、ムンター・ヒッチ（P60参照）を用いる方法が知られている（写真１２）。そのほか体にロープを絡めて制動をかける「腕絡み」（写真３）や「肩絡み」といった方法がある。いずれにしても懸垂下降の失敗は大事故に直結するので、生半可な知識では絶対に行なってはならない

［ショートロープ］

山岳ガイドが個人ガイドをする際によく使われるテクニックのひとつ。顧客に結びつけたロープを短い間隔で持ち、ロープを引いたりゆるめたりしながら顧客の動きをコントロールして安全を確保する。習熟していないとコントロールが利かず、顧客の動きに巻き込まれていっしょに転・滑落してしまう

Part 3

ビバークする

■監修／木元康晴（登山ガイド）

ビバークを決断するタイミング

日没の30分前には決断を

ケガや道迷いなど山の中で思わぬアクシデントに遭遇し、下山できなくなった場合、緊急避難的に野宿する必要がある。それがビバークだ。

ビバークは、テントやシュラフを使わずに夜を明かすため危険なものと思われがちだ。しかし正しい知識と技術を身につけておくと、体力を温存できるので、安全に下山できる可能性も高まる。むしろビバークをせずに、夜間に歩きまわることは、体力を消耗し、転・滑落を引き起こすことがあるので、かえって危険だ。

では、ビバークは、どんなタイミングで決断するのがよいのだろうか？　基本は、その日のうちの下山や山小屋へたどり着くことができない場合だ。たとえば、病気やケガで歩くのが困難になった場合、ファーストエイドを行なったうえで（P98参照）、状況次第では救助要請をし、ビバークを検討しよう。疲労や道迷いで日没時刻を過ぎてしまったときも同様。悪天候で行動するのが危険な場合は、まず風雨を確実に避けられる場所を見つけることが先決だ。その後、ビバークすべきかを考えてみよう。

そして実際にビバークをするときは、遅くとも日没の30分前には決断すること。暗くなってからでは、条件のよいビバークポイントを探すのが難しかったり、ツエルトを張るのにも苦労する。早めに決断をすることは、ビバークの安全性を高めることにつながるのだ。

また、ビバークを決めたら携帯の電波がつながるかを確認し、通話可能なら家族や友人などに「今日は、ビバークするので帰れない」ことを伝えよう。下山予定時刻を過ぎても連絡をしないと、心配した家族などが救助要請をしてしまうこともある。

登山者のなかには、ビバークをするときは朝まで起きていたほうがいいのではと考える人もいるかもしれないが、そんなことはない。積極的に睡眠をとることは、体力や気力の回復につながるので、できるだけ体を横たえて眠るようにしよう。

山でツエルトを張るには、正しい設営方法を身につけておく必要がある。事前に張り方の練習をしておくこと

ツエルトはかぶって使うよりも、吊ったり張ったりすると内部のスペースが広がるので、居住性も高まる

病気やケガで歩くのが難しくなってしまった場合

道迷いや疲労でその日のうちに下山ができない場合

救助要請をしたが、日没で救助隊が来られない場合

豪雨などの悪天候で行動すると危険な場合

ビバークに適した場所

平坦で安全な場所を探そう

　ビバークを決断したら、まず大切なのは、風雨をしのげて、落石などの危険がなく、体を横たえることができる平坦地を見つけることだ。そして実際にビバーク地を探す前に、ヘッドランプを装着しておこう。準備をしているうちに日が暮れてしまうこともあるからだ。

　ビバーク適地を見つけやすいのは、風雨が避けられる樹林帯の中だ。もし、どうしても森林限界を超えた稜線上でビバークを強いられるときは、尾根を外れた岩陰など風を受けない場所を選ぼう。また、急斜面の直下は落石の可能性が、崖の上は滑落の危険があるので、避けること。

　安全に思える樹林帯の中でも、気をつけたい場所がいくつかある。まずは、周囲よりも高い大木が立っているところだ。もし木に雷が落ちると、近くにいる人に雷が飛び移ることがある。少なくとも大木からは4m以上離れる必要がある。ほかにも、沢の近くは不意の増水に襲われることがあるので注意が必要だ。ビバーク地では雨が降っていなくても、源流部で局地的大雨などがあると、沢の水は一気に増水する。もしどうしても沢沿いでビバークするときは、周囲よりも一段高い場所を選ぶようにしよう。

　樹林帯の中にある木々の間に細長く続く踏み固められた道は、獣道の可能性がある。そこでビバークをすると、夜になると動物が通るのでゆっくりと眠ることができない。獣道は、落ち葉に隠れていることもあるので注意しよう。

　窪地や谷筋など、周囲より一段低くなっている場所は、風を遮ることができるので、一見、適地に思えそうだ。しかし、雨が降ると水がたまってしまうほか、夜間になると冷たい空気が流れ込んでくるので、ビバークには向いていない。

　ビバーク適地は、日没までの限られた時間のなかで探さなくてはいけない。理想的な場所が見つけられないときは、安全性の度合いを考えながら、ある程度の妥協も必要である。

ビバークに適した場所

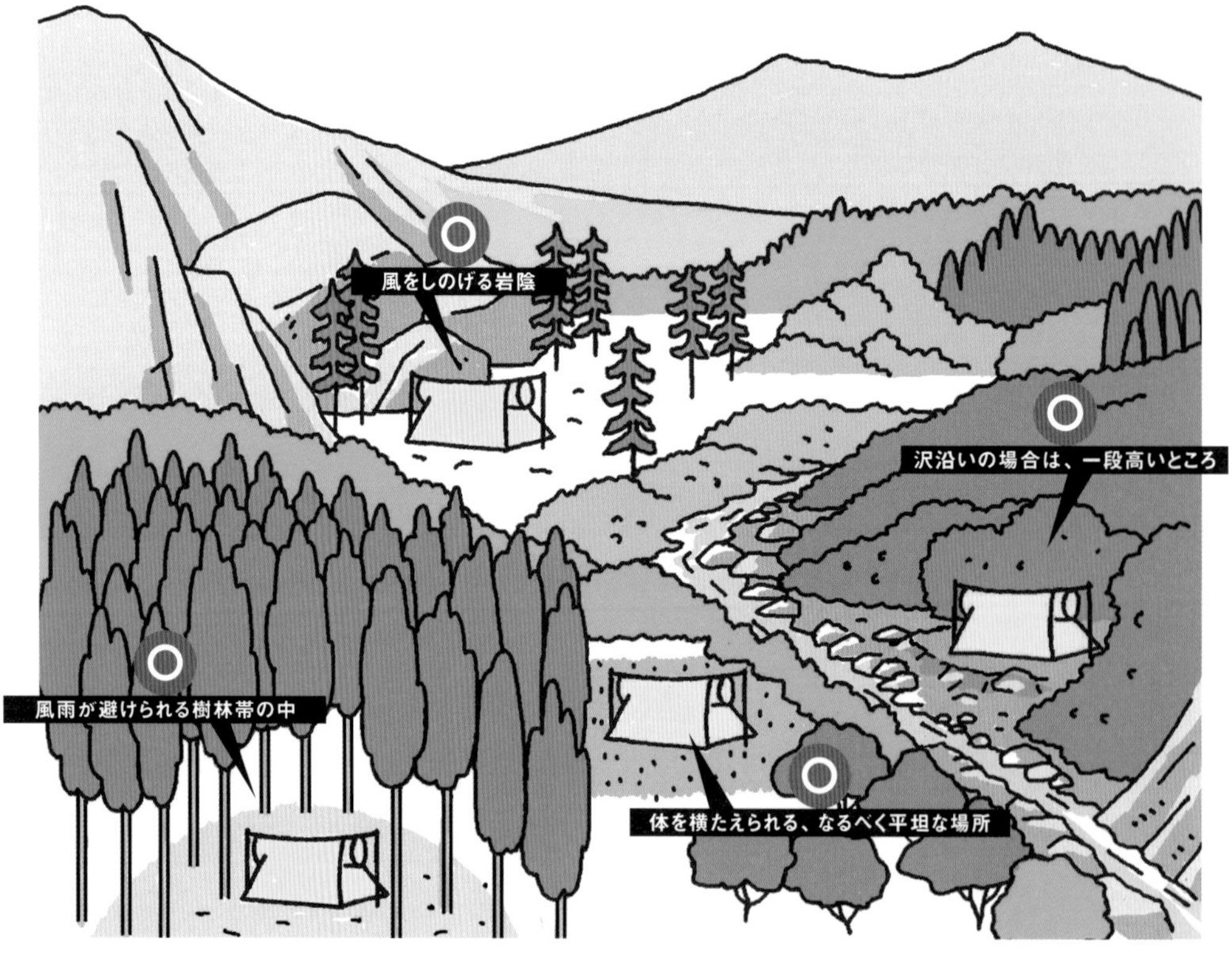

ビバークに適さない場所

ツエルトを使わないビバーク

体温の低下を防ぐことが大切

実際にビバークをする場合、安全性や快適性は、ツエルトを使うか使わないかによって大きく変わる。ツエルトを使わない場合は、手持ちの装備をフル活用し、自然の地形や植生をうまく利用しつつ寒さと濡れを防ぐことが大切だ。

岩陰や樹林帯など風雨をしのげるビバーク適地を見つけたら、まずは整地をしよう。お尻や背中などに当たる部分の石や木の枝を取り除く。

次に、ビバーク時に必要なレスキューシートやホイッスルなどの小物を出して、それ以外のザックの中身を大きな防水スタッフバッグかゴミ袋に移し替えよう。暗くなってから装備を探すと紛失してしまうことがあるからだ。このとき同時に、持っている防寒着やレインウェア、替えのアンダーウェアにいたるまで、すべて着込むようにしたい。ビバークの夜は、時間がたつにつれて寒さが厳しくなる。体を冷やさないようにするためには、持っているものをすべて活用することが肝心だ。

そして、地面からの冷気を防ぐためにザックを敷いて、レスキューシートを体に巻きつける。このシート自体に発熱効果はないので、風が入らないようにシートの端をしっかりと閉じ、隙間なく体に密着させるようにしよう。

ビバークの態勢が整ったら、温かい飲み物や、カロリーの高いものを摂取して、体を内側から温めることも重要だ。ビバークは、非常時の緊急避難行動のため、精神的にナーバスになってしまうことがある。そんなときに温かい飲み物やおなかを満たしてくれる食べ物は、気持ちを落ち着かせてくれる効果もある。また、温かい飲み物がない場合でも、水分補給は必要だ。充分な水分がないと体調を崩してしまう可能性が高い。

映画やテレビなどでは、ビバーク中に寝ようとすると「寝るな！　寝ると死んでしまうぞ！」というシーンがあるが、それは誤解だ。短時間でも眠ることで、体力や気力が回復するので積極的に眠るようにしよう。

レスキューシートをかぶる

レスキューシートは、素材が薄いので、隙間から風が入ってくると、ヒラヒラとはためいてしまう。体に巻きつけるときは、隙間ができないように体に密着させること

落ち葉でクッションをつくる

落ち葉の多い季節なら、大きめのゴミ袋に詰めて、クッションをつくることができる。クッションは寝心地がいいだけでなく、地面からの冷気を防いでくれるので快適だ

持っているウェアをすべて着用する

ビバーク時は、手持ちのウェアをすべて着込むのが鉄則。頭や首、手など、体の末端部分もすべて保温するようにしたい。グローブや帽子は夏でも携行するようにしよう

新聞紙を体に巻きつける

新聞紙を持っていたら、防寒着の下に入れて体に巻きつけると保温効果がある。ほかにも、焚き火の火種や濡れた登山靴の湿気取りなど、新聞紙があるといろいろ活用できる

ツエルトを使ったビバーク

ツエルトの使い方をマスターしておこう

　ツエルトとは、ビバーク時に使用する簡易テントのこと。たった300g程度の化繊の布だが、体が風雨に直接さらされることがないので、体力の消耗を確実に防いでくれる。万が一のことを考えると、日帰り登山でも必ず携行したい。

　ツエルトの使い方には、トレッキングポールなどを使って「張る」、立ち木にスリングやカラビナで「吊るす」、そのまま「かぶる」という3つの方法がある。このうち、最も簡単な使い方が、そのまま「かぶる」だ。稜線上などで支点がとれないときや、スリングや細引きなどの装備を持っていない場合は、この方法を選択するしかない。「かぶる」ときは、頭まですっぽりと覆い、足元にザックを地面に敷いて、その下にツエルトを巻き込むようにし、内部の熱を逃がさないようにしよう。

　2点の支点がとれたり、トレッキングポールがある場合は、張り綱を使ってテントのように「張る」方法がとれる。この場合、内部の空間が広いので快適性は高い。しかし、張り方にはコツがあるため、事前にノウハウを身につけておこう。また、強風に弱いという難点もあるので、樹林帯内の平坦地など風の影響を受けにくい場所を選ぶ必要がある。

　立ち木など頑丈な支点がひとつとれる場合は、スリングとカラビナで「吊るす」のがおすすめだ。「張る」よりも簡単に設営ができて、風にも強い。また、「かぶる」よりも内部空間が広くなるので、快適性もそれなりに確保できる。

　ビバーク時に低体温症の症状（P104参照）が現われた場合は、焚き火をして暖をとる方法もある。国立公園の特別保護地区など、焚き火が禁止されているエリアもあるが、緊急時はやむを得ない（あとで届け出が必要）。もし、焚き火をするときは、山火事にならないように落ち葉のたまり場などは避けるようにしよう。また、ツエルトのそばで焚き火をすると、火の粉で穴があいてしまうことがあるので注意が必要だ。

ツエルトの取り出し方

ツエルトの両端のリングに、3㎜のロープスリングで約10㎝のループをつくっておく。設営時、そこに手を入れて広げると、風に飛ばされにくく、カラビナでの吊り下げも簡単だ

ツエルトをそのままかぶる

そのままツエルトをかぶる場合は、酸欠防止のためにベンチレーターから顔を出せるようにしておく。そうすることで、外の状況を確認することもできる

傘をさしてツエルトをかぶる

ツエルト内部で傘をさすことによって、スペースが広くなり快適性が向上する。それに加え、結露や浸水があっても、濡れた生地がウェアに接触するのを防ぐこともできる

帽子をかぶってツエルトをかぶる

帽子をかぶってからツエルトをかぶると、つばで視界と呼吸スペースが確保されるので快適だ。また、水蒸気を含んだ呼気を外に排出できるので、内部の結露防止にもなる

焚き火のおこし方

大きさの違う薪を集める

薪は、3種類くらいの太さのものを集めるとよい。生木は、煙が出るだけで燃えにくいので避けること

大きな薪の上に小枝を積む

いちばん下に太い薪を並べ、その上に小枝をのせていく。空気が通りやすいように方向をそろえて並べる

テーピングを着火剤に

テーピングテープを20㎝程度に切って2つに折る。それを着火剤として小枝の下に差し込んで火をつける

手で軽く小枝を押さえる

着火剤から小枝に火が移りやすいように、軽く手で押さえよう。煙が出てきたり熱さを感じたら手を離す

火がついたら細めの薪をくべる

小枝に火が移ったら、細い薪からくべていく。この時点で空気を送ると熱が逃げるため、息を吹きかけないこと

太い薪をくべて焚き火の完成

火力が安定し、最初に並べた太い薪にも火がついたら、安心だ。大きな薪をくべながら火力を調節する

ちょうどよい間隔の立ち木がある場合

ちょうどよい間隔の立ち木を見つけたら、3㎜のロープをクローブ・ヒッチ（P54参照）で結びつける

ツエルトにあらかじめつけておいたループと立ち木に結んだロープをオーバーハンド・ノット（P49参照）でつなぐ

反対側のループも立ち木に結んだら、両端の張り綱にかかるテンションをバランスがよくなるように調整する

間隔が広い立ち木しかない場合

片方の立ち木にスリングをガース・ヒッチ（P48参照）で固定。高さは、ツエルトよりも20 ～ 30㎝ほど高くしておく

スリングと8㎜のロープにフィギュアエイト・オン・ア・バイト（P50参照）でつくったループをカラビナでつなぐ

ツエルトの吊り下げポイントにあるリングにつけておいたループの片方も、同じカラビナに通す

カラビナで連結したロープの反対側を、クローブ・ヒッチで軽くテンションがかかるよう、もう一方の立ち木に結ぶ

60㎝程度のスリングをクレムヘイスト・ノット（P59参照）で補助ロープにセットし、カラビナをつける

スリングにつけたカラビナにツエルトのループをかけ、テンションがかかるようにスリングをスライドさせる

立ち木を1本だけ使う場合

スリングにカラビナをつけ、支柱とする立ち木にガース・ヒッチで結ぶ。ツエルトより30～40㎝高くするとよい

ツエルトの吊り下げポイントにあらかじめつけておいたループをカラビナに引っかけ、本体を広げる

あまり高いところから吊り下げると、内部の空間が狭くなってしまうので、適度な高さに調整をする

このように「吊るす」方法は、設営時間が短く手軽なのが特徴。さらに風にも強いというメリットもある

トレッキングポールを支柱にする場合

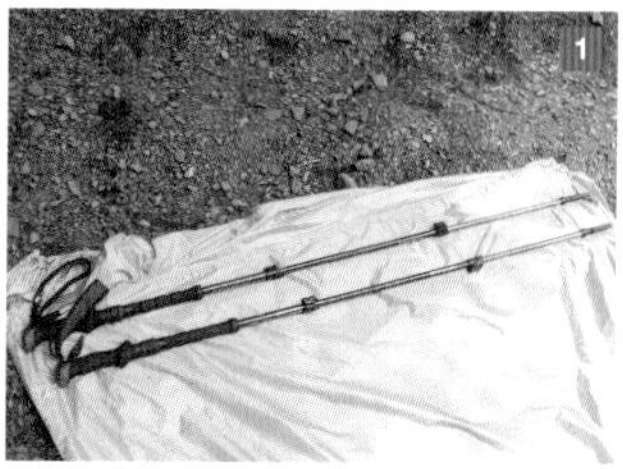

トレッキングポールの長さをツエルトの高さと同じくらいかプラス10㎝以内に調節する

ツエルトにあらかじめつけておいたループの片方を、クローブ・ヒッチでトレッキングポールのグリップに固定する

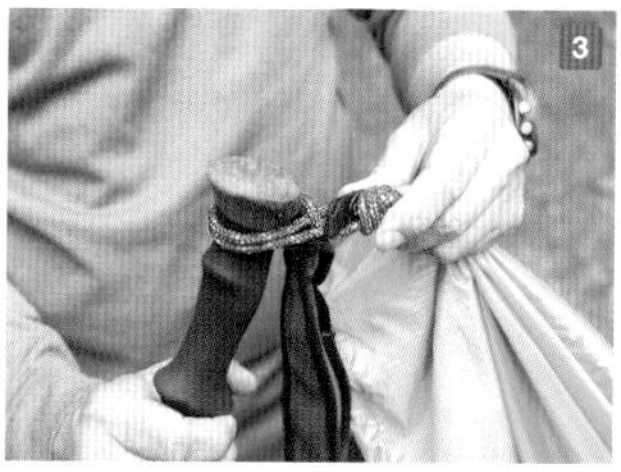

トレッキングポールを地面に立ててみて、もし高さのバランスが悪いようだったらこの時点で調整する

3㎜のロープをトレッキングポールのグリップにクローブ・ヒッチで結びつけガイラインとする

先ほど結んだグリップにガイラインを左右45度の角度で伸ばして、地面にペグで固定する

同じように反対側もトレッキングポールとガイラインで地面に固定して、テンションのバランスを調整する

Column 4

ツエルトを持っていたからこそ決断できたビバーク

私が本格的に登山に取り組むようになったのは、22歳のときに知り合った、山好きの友人の影響を受けたからだ。彼は山の本をたくさん持っていたが、私もそのすべてを借りて読んだ。それらを読み進めるうちに、気になった言葉がある。〝ビバーク〟だ。

山の中で、一夜を耐え抜くビバーク。意図的に行なう場合もあれば、追い込まれた状況のもとで予期せず強いられることもあるという。その、予期しないビバークについての記述にはどれも、過酷さと命をやりとりするような切迫感がにじみ出ていた。山を続けていくと、自分もいつか追い込まれた状況で、ビバークを行なうことがあるのだろうか？

その後ほどなく、私と友人は同じ山岳会に入会。自己流で登っていたときにも増して、山行を重ね、そのレベルアップの度合いも早かった。

そして、ついにわれわれは、想定外のビバークをすることになった。季節は10月、場所は谷川岳で、あるバリエーションルートをめざしたときのことだった。

その日の天気は、雨が降ったりやんだり。濡れた草付に手こずって、核心部を抜けたのは午後の遅い時刻だった。それでも頑張れば稜線に抜けられる、稜線に抜けたら登山道を歩けば肩ノ小屋まで行けると思ってササの斜面を登っていったが、秋の日没は早く、途中で完全に真っ暗になってしまった。そして悪いことに、雨脚も強まってきた。そうなるとますます肩ノ小屋が諦めきれず、ササの斜面を登り続けた。しかしお互いに疲れきっていて、足取りは重かった。

そんなとき、岩陰に2人が腰を下ろすことができる小さな平坦地が目に入った。すぐ後ろを登っていた友人も、それに気づいたようだ。

「ここでビバークしよう」

と口にしたら、友人もすぐに了承。持っていたツエルトは張ることはできず、かぶるだけで、寒く、苦痛ではあったが、命の危険は感じない。

「本で読んでたビバーク、とうとうすることになったね……」といった会話を交わしつつ、非常食を口にして、寝たり起きたりを繰り返すうちに朝を迎えた。

ところで、もしこのときツエルトを持っていなかったとしたら、どうだっただろう？　その場合は雨のなかでのビバークは考えられず、なおも歩き続けたはずだ。ビバークした場所から稜線までは、まだまだ遠かった。暗闇のなか、疲労した状態で歩き続けていたら、ルートミスによる道迷いや、バランスを崩して滑落することも充分に考えられた。このときはツエルトを持っていたことにより、ギリギリのタイミングでビバークの決断ができたのだ。万が一の場合を想定した備えの大切さを、心から実感させられた一夜だった。

文／木元康晴（登山ガイド）

別の場面で山に張ったツエルト。このくらいしっかり張れると快適だ

暗くなってからツエルトを張る登山者。本来は明るいうちにビバーク準備を済ませるようにしたい

Part 4

危険生物に備える

山にすむ生き物との関係

なるべく遭遇しないようにする工夫を

野生生物たちにとっては人間が〝危険生物〟

私たちが登山を楽しむ〝山〟というフィールドには、たくさんの先住者たちがいる。そもそも山が誰のものかといったら、そこをすみかとする野生生物たちのものだろう。そう考えると、登山というのはある意味、彼らのテリトリーへ、人間が無断でずかずかと入り込んでいく行為といっていい。

それを野生生物たちが快く思わないのは、当然のことである。もちろん登山者に野生生物たちを脅かす意図はなくとも、彼らはそうは受け取ってくれない。私たちだって、自分の家に突然見知らぬ人が入り込んできたら、当然警戒するし、場合によっては自分たちの身を守る行動をとるはずだ。それは野生生物たちにしても同じであり、彼らにとって人間は、自分たちのテリトリーに不法侵入してきて生活や命を脅かすかもしれない、非常に危険な存在と映る。その人間たちに立ち向かい、彼らのもっている武器――毒や牙やトゲなど――で排除しようとするのは正当防衛にほかならない。

しかし人間はそうは受け取らない。野生生物はいきなり攻撃を仕掛けてくるものと思ってしまい、彼らを〝危険生物〟と呼んだりする。

だが、それはあくまで人間側の立場からの一方的な定義である。便宜上、本章のタイトルに〝危険生物〟という言葉を使っているが、彼らはなにも人間に危害を加えるために存在しているわけではない。彼らには彼らの存在意義があり、彼らが生きるべき場所で、その存在意義に従って生を営んでいるだけにすぎない。野生生物たちにしてみれば、人間こそが〝危険生物〟と映っているはずである。

謙虚な気持ちで山に入り無用な衝突を回避する

私たちが野外へ出ていくときは、常にそのことを認識すべきだろう。フィールドは本来彼らのものであり、私たちは、しばしそこに立ち入らせてもらっているのだということを。大事なのは、謙虚な気持ちで自然や野生生物に接するということだ。

また、無用な衝突を避けるためには、その生態や本能を知ったうえで、なるべく彼らと出会わないようにする工夫も必要となろう。かつて取材した山の猟師はこう言っていた。

「人間は野生動物のテリトリーへおかまいなく入り込んでいって、立てるべきものを立てない。だから彼らとの間で諍いが起きる。山に入る以上は、人間のほうが野生動物の生態や本能をもっと勉強しないと。彼らに人間のことを教えるわけにはいかないんだから」

私たちが彼らを恐れている以上に、彼らは人間を恐れていて、いち早く人間の存在に気がつけば、たいていの場合、彼らのほうから遠ざかっていく。いちばん危険なのは、お互いが相手の存在に気づかずに至近距離でばったり遭遇してしまうことだが、そうなる前に人間のほうが気を使って行動することで、ある程度は回避することも可能だ。人間が野生生物の命や生活を極力脅かすことなく、自然のなかでの活動を楽しめるのなら、それに勝るものはない。

ただし、そうはいっても不幸な遭遇を100％回避することはできない。いざとなったら、彼らは自分たちを守るために、鋭い牙や爪、毒などを武器に、死に物狂いで人間に立ち向かってくるだろう。

もし彼らの怒りを買ってしまったときには、速やかに退散するにかぎる。逃げることで攻撃をかわせるのであれば、とにかくその場から逃げることだ。だが、場合によっては逃げられないこともあるだろう。そうなったときには、自分で自分の身を守るしかない。命が懸かっているのだから、必死で応戦するのもやむなしである。そのような危険とは無縁ではいられないのが山というものだ。

だから私たちは、「正しく恐れる」ということを忘れてはならない。

山の主な要注意生物

ヤマカガシ

全長1m前後。全体的に黒褐色をしていて、体側面には黒斑が並ぶ。若い個体は体の前半部に赤斑が混じり、首筋は黄色い。ただし体色は個体によってかなり差がある。本州、四国、九州、大隅諸島の水田や河川の周辺、沢筋、高層湿原などの湿った場所に生息

オオスズメバチ

体長27～40㎜。日本に生息する8種のスズメバチのなかでは最大となる。橙色の体に黒い横斑があり、頭部は大きく、咬む力が強大。攻撃性、毒性も強い。北海道～大隅諸島の平地から低山にかけて生息する

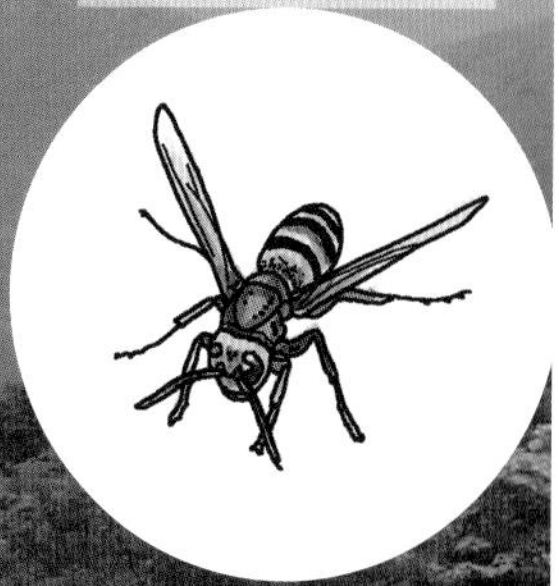

マムシ

体長40～60㎝の、太くて短い小型のヘビ。体には褐色の銭形斑紋が左右非対称に並んでいる。体色は茶系、赤系、黒系など変異が大きい。琉球列島以外の日本全土に生息。草地や草むら、田畑、山地などでよく見られる

アブ

日本には100種類前後のアブが生息し、そのうち吸血性のアブは十数種類とされている。ほぼ北海道～九州にかけて分布する。小川、水田、沼などの湿地が発生源で、山地に生息する種も多い。大きさは8～20㎜ほど。雌だけが吸血

ブユ（ブヨ）

ハエに似た吸血昆虫で、日本全国に約60種の仲間が分布する。平地から山地にかけての、汚染されていない渓流や小川などの周辺に多く見られることから、水質汚染の指標ともされる。体長3～5㎜程度。吸血するのは雌だけ

ヒグマ

雄は体長2.5～3m、体重200～400kg 。雌は2.5～3m、90～150kg。ツキノワグマよりひとまわりほど大きく、体毛は灰褐色または黒色。北海道の主に森林地帯に生息しているが、海岸付近や高山帯にも出没。道内の山は離島を除く全域が生息可能域と考えられている

マダニ

北海道から沖縄までの広い範囲に47種が分布。平地～低山にかけて見られ、特にシカやイノシシなどの野生生物が出没する環境に多い。体長1～5㎜程度。マダニに咬まれることによって起こる感染症は国内で12種が確認されている

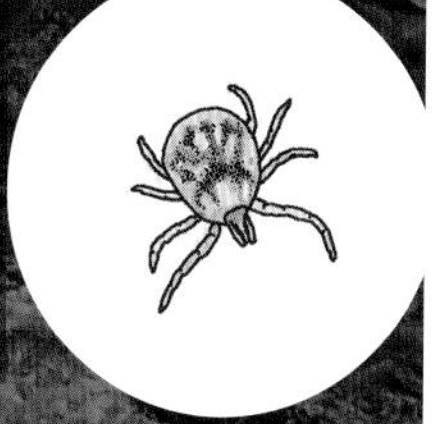

ツキノワグマ

体長約1.9m。黒い体毛をしていて、胸の部分に三日月状の白斑があるのが特徴だが、ない個体もまれにいる。本州、四国の山地の森林に生息。九州ではほぼ絶滅、四国でもわずかに数頭が生息するのみとなっている

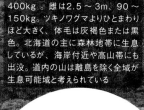

ヒグマ・ツキノワグマ

子連れグマ、出会い頭の遭遇に注意

北海道の食物連鎖の頂点に立つヒグマ

ツキノワグマは木登りも得意だ

ヒグマにしろツキノワグマにしろ、基本的には人間を恐れていて、自ら好んで人間を襲ったりはしない。もし人間が近くにいることがわかれば、たいていはクマのほうから逃げていく。下に示したように、物音を立てながら行動する、クマの痕跡を見かけたらなるべく早急にその場を離れるなどして、極力クマとの遭遇を避けるようにしよう。

大変危険なのは、出会い頭の遭遇や子連れの親グマとの遭遇で、わが身、わが子を守るために攻撃を仕掛けてくる可能性が高い。もしクマが突進してきて5m以内に迫ったら、クマ撃退スプレーを噴射して立ち向かう。スプレーを持っていないなら、防御姿勢をとって攻撃をやり過ごすしかない。

なお、極めてレアなケースではあるが、近年は人間を恐れないクマや、人間を捕食の対象とするクマの存在が報告されている。そうしたクマが確認されているエリアには、決して近づいてはならない。

遭遇しないために

クマの痕跡は危険サイン

立ち木に残った爪痕、木の皮を剥いだ跡、ぬかるみや残雪上の足跡、新しい糞、クマ棚、シカなどの動物の死骸などを見つけたら、その周辺にクマがいる可能性が高い。あたりの様子に注意しながら、なるべく早くその場を離れよう

出没情報をチェック

クマがいつどこに出没したかは、地元の自治体が把握して公表している。事前にウェブサイトでチェックしたり、問い合わせたりして確認しておくといい

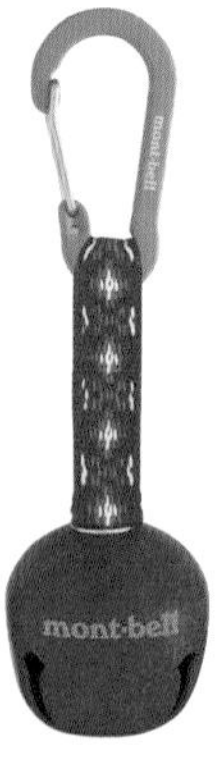

物音を立てる

人間の存在を知らせるために、ザックにクマよけの鈴を付ける、携帯ラジオを鳴らすなど、物音を立てながら行動する。モンベル／トレッキングベル

クマの気配に要注意

ヤブの中、山道の曲がり角、ガスの発生時や強い降雨のときなど、見通しの悪い状況下ではクマの気配に注意しながら行動する。周囲の様子をうかがいながら、穏やかな声を出したり手をたたいたりして速やかに通り過ぎる

遭遇してしまったら

手を大きく広げてゆっくり振り、
体を大きく見せる
大声を出さない
クマから目を離さない
（睨みつけないこと）
モノを投げない
慌てずに落ち着く
走って逃げない
じりじり後ずさりをして、
ゆっくりその場を離れる

クマスプレーを使う

スプレーの射程距離は約4〜5m、噴射時間は5秒ほどなので、充分に（3〜4mほどまで）クマを引きつけてから噴射させる。素早く正確に使うためには、事前に使い方をしっかりマスターしておく必要がある。行動時にはすぐ取り出せるように、ホルスターに装着して携行しよう

防御姿勢をとる

クマが攻撃してきたときの防御姿勢。地面に伏せ、腹這いになって腹部を守る。首は胸のほうに曲げ、頸動脈を守るために両手を首の後ろで組む。引っくり返されないように足は開く。ザックを背負っていれば、背中を守るプロテクターとなる

クマが突進してきた

ある年の6月、民間救助隊員のIさんは、行方不明者を捜索するため、奥秩父の三条ノ湯へ向かう後山林道を仲間と2人でたどっていた。その途中で、前方から「クワッ、クワッ」という変な声が聞こえてきた。その声を耳にした瞬間、Iさんは「ヤバい」と思った。それは以前にも聞いたことがある、子グマが親グマを呼ぶ声だったからだ。

しかし、どうしようか考える間もなく、前方50mほど離れた林道に親グマが姿を現わしたかと思うと、ものすごい勢いでこちらに突進してきた。次の瞬間には2人とも全速力で逃げ出していた。走りながら後ろをちらりと見ると、クマは地響きを立てて追いかけてくる。生きた心地がせず、とにかく必死で走り続けた。気がつくと、いつの間にかクマはいなくなっていた。

そのときのことを振り返ってIさんは言う。

「ゆっくり後ずさりをするなんて、とても無理！」

オオスズメバチ

危険度ナンバーワンの野外生物

黒色と黄色の警戒色が特徴のオオスズメバチ

スズメバチの仲間のなかでも特に気性が荒く攻撃的なのがオオスズメバチで、昆虫界で最強ともいわれている。働きバチが巣を拡大する初夏から秋にかけて最も被害が多く、刺されると激痛を感じ、痛みは時間の経過とともに増していく。刺された箇所は熱をもち、数分の間にみるみると大きく腫れ上がってきて、人によっては発熱することもある。

注意したいのは嘔吐、下痢、発熱、全身浮腫、チアノーゼなどのアレルギー反応が現われた場合で、刺されてから15～40分ぐらいの間に意識不明に陥ってその場に倒れてしまう。これはハチ毒に対してアレルギーをもっている人に見られる症状で、「アナフィラキシーショック」と呼ばれている。国内では毎年20人前後がハチに刺されて亡くなっているが、そのほとんどはアナフィラキシーショックによるものである。このようなハチ毒に対するアナフィラキシー（特異過敏症）の人は、10人に1人の割合でいるとされ、一度ハチに刺されるとその毒に反応する抗体ができてしまい、1度目はなんともなくても2度目以降にアレルギー反応を引き起こす。ときにはショック死に至ることもあるので、一度刺されている人、心配な人は医療機関で検査を受けよう。

　スズメバチは巣に近づくと集団で攻撃を仕掛けてくるので、野外ではうっかり近づかないように充分に注意して行動したい。

遭遇しないために

蜂に注意
飯能市・飯能市観光協会

ハチの巣に近づかない

ハチは巣を刺激されると攻撃を仕掛けてくるので、なるべく近づかないようにする。ハチが巣をつくる樹木の枝や岩陰、木の洞などは、むやみにつかんだりのぞき込んだりしないこと。オオスズメバチはよく土の中にも巣をつくるので、登山道を外れないように行動する。特に沢登りやバリエーション登山のときは要注意

ハチを近づけない工夫

ハチは黒い色（彩度の低い色）に反応するとされており、攻撃するときも髪の毛や瞳を集中的に狙ってくる。そのため野外では黒色系のウェアの着用は避けたほうが無難。また、長袖シャツとロングパンツを着用する、帽子をかぶる、首にはタオルを巻くなど、なるべく肌の露出を少なくする工夫も必要だ。さらにハチは甘い匂いにも反応するため、整髪料や化粧品、香水はつけないほうがいい

帽子をかぶる
肌の露出を
なるべく抑える
整髪料、化粧品、
香水はつけない
首にタオルを巻く
黒い服（彩度の低い色）はNG
明るい色の服を着る

遭遇してしまったら

姿勢を低くして逃げる

スズメバチは攻撃の前に、羽音を立てながらホバリングし、大顎をカチカチ鳴らして毒液をピュッピュッと噴射する威嚇行動をとる。このときに手で追い払おうとしたり身をよじったりすると、攻撃されたと思って襲いかかってくる。ハチが近づいてきても慌てずに、しゃがんで体勢を低くし、ごくゆっくりとしたスピードでその場から退避しよう。速いスピードで動くと、ハチが反応して刺されてしまう

全力で逃げる

ハチがいっせいに襲いかかってきたら、ハチの攻撃を少しでも逸らすためにウェアなどを頭上で振りかざしながら、全力で走って逃げるしかない。スズメバチが追いかけてくる距離は通常10～50m程度、長くても80mほどといわれている。なお、ハチは体に止まってから刺してくるので、止まった瞬間、手のひらでパシーンとたたきつぶすのが効果的。手で追い払おうとするのは、かえってハチの怒りを増幅させることになる

流水でハチ毒を洗い流す

ハチの毒は水に溶けやすいので、刺されたらすぐに傷口を流水で洗い流す。指先でつねるようにして、傷口から毒液を絞り出すようにすると効果的だ

ポイズンリムーバーを使用する

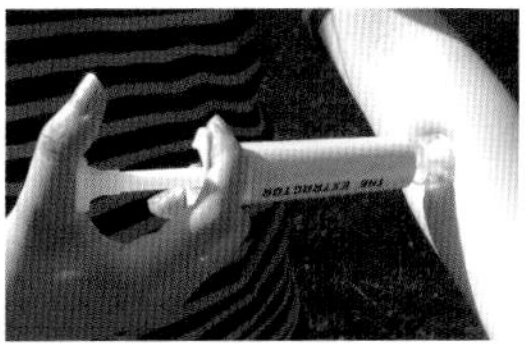

毒液の吸い出しには携帯用のポイズンリムーバーを使うと効率がいい

ステロイド軟膏を塗る

毒液を吸い出したあとには、傷口に抗ヒスタミン剤を含んだステロイド軟膏をたっぷり塗っておく。濡れタオルや冷湿布などで患部を冷やすと痛みが軽減する

ショック症状が出たら

アナフィラキシーショックの兆候が見えたら、症状の進行を一時的に緩和しショックを防ぐために、「エピペン」という携帯用注射キットでアドレナリン（エピネフリン）の薬液を自分で注射するのがベストの処置法である。ハチ毒に対するアレルギーの有無は、医療機関の抗体検査で調べてもらうことができ、エピペンの処方も受けられる。

使い方は簡単。筒状のエピペン本体にはアドレナリンの薬液と注射針が内蔵されており、先端を太ももの前外側に強く押しつけるだけで、一定量の薬液が注射される。緊急時はウエアの上から注射してもかまわない。

なお、エピペンはアナフィラキシーショックを根本的に治療するものではないので、接種した場合も、必ず医療機関で診察を受けること。エピペンを携行していなければ、一刻も早く医療機関に搬送する必要がある。

マダニ

さまざまな感染症を媒介する厄介な吸血鬼

マダニ類は山林の下草やクマザサなどの葉の上についていて、通りかかるシカやイノシシ、ノウサギなどの動物の呼気に反応して吸着、口器を皮膚内に深く差し込んで吸血する。その成長は幼ダニ、若ダニ、成ダニの3ステージに分けられ、各ステージで1回以上、生涯で少なくとも3回は吸血する。

吸着時には痛みやかゆみをほとんど感じないので気づかないことが多く、満腹になると自然に落ちる。通常、吸着時間は数日～10日間ほどだが、まれに1カ月以上も吸着していることもある。吸血前の体長は1～5㎜程度、それが吸血後には10㎜にもなる。脱落後は痛みや違和感が生じ、患部が赤く腫れ上がる。ときに頭痛や発熱や筋肉痛などを伴うこともあるが、ほとんどの場合は軽症で治まってしまう。

ただし、病原体を保有するダニに咬まれることで発症する感染症には充分な注意が必要だ（すべてのマダニが病原体を保有するわけではなく、保菌するマダニに咬まれても発症・重篤化するかどうかは個人差がある）。マダニが媒介する主な感染症は以下のとおり。なかでも2011年に発見された重症熱性血小板減少症候群（SFTS）は、西日本を中心に感染者は増え続けており、感染地域も広がりつつある。ダニに咬まれたのち、下痢や腹痛、発熱、全身の倦怠感などの症状が現われたらすぐに病院で診察を受けることだ。

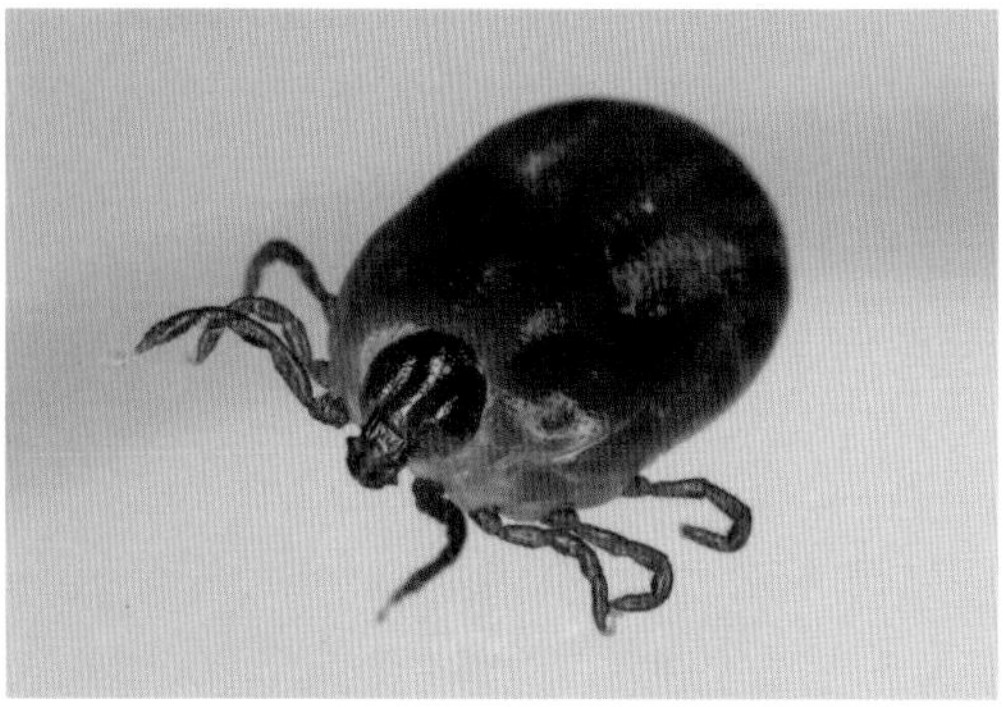
フタトゲチマダニ（写真協力／国立感染症研究所）

ダニが媒介する主な感染症

重症熱性血小板減少症候群（SFTS）	2011年に中国で初めて特定された新しいウイルスによるダニ媒介性感染症。6～14日ほどの潜伏期間ののち、発熱、食欲低下、嘔吐、下痢、腹痛、頭痛、筋肉痛、意識障害、失語、皮下出血、下血などの症状が現われる。死亡例も多数ある。国内でも感染者が続出。有効な薬剤やワクチンはなく、対症療法を行なうしかない。
日本紅斑熱	2～8日の潜伏期間後、頭痛、発熱、倦怠感をともなって発症。ほとんどの症例に発熱、発疹、かさぶた状の刺し口が見られるのが特徴で、ツツガムシ病と酷似する。治療が遅れると多臓器不全に陥り、死亡することもある。症例数は増加傾向にあり、発生地域も拡大。病状が進行すると手遅れになる可能性もある。
ライム病	12～15日の潜伏期間後、微熱程度の発熱、倦怠感、慢性遊走性紅斑、まれに心筋炎・髄膜炎などの症状が現われる。感染から数カ月ないし数年を経て重症化すると、皮膚症状や関節炎、脊髄脳炎などが悪化し、死亡することもある。早期発見・治療が重要で、抗菌薬による治療を行なう。
ツツガムシ病	ダニの一種、ツツガムシが媒介。10日前後で発症し、刺された箇所が潰瘍やかさぶたになり、発疹、38度以上の発熱、倦怠感、食欲不振、頭痛、悪寒、リンパ節の腫れ、関節痛などの症状が現われる。北海道や沖縄を除く全国で発生が報告されている。抗菌薬による治療を行なうが、治療が遅れると重症化することもある。
ダニ媒介脳炎	ヨーロッパ亜型、極東亜型、シベリア亜型などの種類がある。7～14日の潜伏期間後、発熱、筋肉痛、麻痺、意識障害、痙攣、髄膜炎、脳炎等などの症状が現われる。治療は対症療法となる。日本では1993年に初めて北海道渡島地方で患者が報告され、その後、北海道において数例の発生が確認されている。

遭遇しないために

帽子をかぶる
首にタオルを巻く
靴などに虫よけスプレーを塗布しておく
明るい色の服を着る

ダニの侵入を防ぐ

野外ではなるべく肌が露出しないウェアを着て行動し、肌の露出部、ウェアの袖や裾、靴などには虫よけスプレーを塗布しておく。明るい色のウェアを着ていると、ウェアに付いたダニが判別しやすくなる。獣道や踏み跡、ヤブの中などはなるべく避け、どうしても通過しなければならないのなら、ダニの吸着をこまめにチェックしよう

近年はマダニにも効果がある医薬品タイプの虫よけスプレーが開発・市販されている。写真はアース製薬の「サラテクト リッチリッチ 30 」。忌避効果の持続時間は約5～8時間

遭遇してしまったら

入浴時に体をチェック

一日の行動を終えたら、入浴時にはウェアを脱いでダニがついていないかをチェックし、体をなでまわしてみる。特にウエスト部や脇の下、陰部など柔らかい部分に吸着していることが多いので、念入りにチェックしよう

処置は医療機関で

吸着して間もないダニは、ピンセットや指でつまめば簡単に取り除くことができるが、吸着して時間がたっている場合は無理に取ろうとはせずに、皮膚科の医院に行って切開除去すること。吸着しているダニを無理に引っ張ると、口器だけがちぎれて残り、二次感染を引き起こして傷口が化膿してしまう。もし感染症が疑われる症状が現われたら、再度、医療機関で診察を受けること

除去器具を使用する

吸着したダニを自分で除去するには、専用の器具を使うといい。写真右の「ダニ除去ラングラー」は、皮膚に押しつけたままスライドさせてダニを取り除くもの。頭部を含むダニの体全体を、安全かつ効率的に除去することができる。写真左のダニ除去ペン「ティックアウト」は、吸着したダニを簡単に剥がせるピンセットペン。いずれも日本山岳救助機構合同会社（jRO）のウェブサイトから購入できる。また、このほかにもさまざまな除去器具が市販されている。なお、自分でダニを除去したあとは、傷口を消毒して抗ヒスタミン系のかゆみ止めを塗っておく

（上）銭形紋様が特徴的なマムシ（下）ヤマカガシの若い個体は赤斑が混じり、首筋は黄色い

マムシ・ヤマカガシ

性格はおとなしいが毒は強力

マムシは保護色をしているため、野山では気づきにくい。性格はおとなしく、積極的に攻撃してくることはまずないが、攻撃するときは音もなく飛びかかってくる。毒牙は上顎のいちばん前、左右1本ずつある。毒の主成分は出血毒で、咬まれるとひどくしみるような痛みと、皮下出血を伴うかなりの腫れを生ずる。腫れは徐々に広がり、吐き気、発熱、頭痛、めまい、視力障害などの全身症状を起こすこともある。マムシの毒はハブよりも強いといわれているが、注入量はずっと少なく、死亡事例は非常に少ない。

ヤマカガシはマムシ以上におとなしく臆病なヘビで、人間に遭遇するとすぐに逃げていく。ただし、毒の強さはマムシの3〜4倍ともいわれ、血液の凝固を妨げ、全身的な皮下出血や脳内出血、腎不全などを引き起こし、死亡例もあるほどだ。毒牙は上顎のいちばん奥にあり、浅く咬まれた程度では毒は注入されないが、指などを飲み込まれて咬まれると大変危険。また、首筋の後ろには毒液を飛ばす毒腺があり、これが目に入ると強度の炎症と激痛をもたらす。

遭遇しないために

ヘビの出そうな草むらやヤブの中、沢沿いなどを歩くときには、足元や手の置き場などに注意して行動する。大きな岩の間や倒木の陰に潜んでいることも多いので、これらの中にむやみに手を突っ込んだりしてはならない。見つけたときには50㎝以内には近づかず、しばらくじっとしていれば、そのうちヘビのほうから逃げていく。捕まえようとしたり、木の枝などで追いまわしたりするのは非常に危険なので、やってはならない

遭遇してしまったら

咬まれたときは、安静にさせた状態でなるべく早く医療機関に搬送し、診察・治療を受ける。口で毒液を吸い出すのは、今日では奨励されていない。ナイフで傷口を開いて毒を出そうとするのもNG。毒がまわらないようにするため、ハンカチや三角巾などの幅広の布で傷口と心臓の間を軽く縛るのはOKだが、10分に1回1分ほど、ゆるめて血流を再開させること

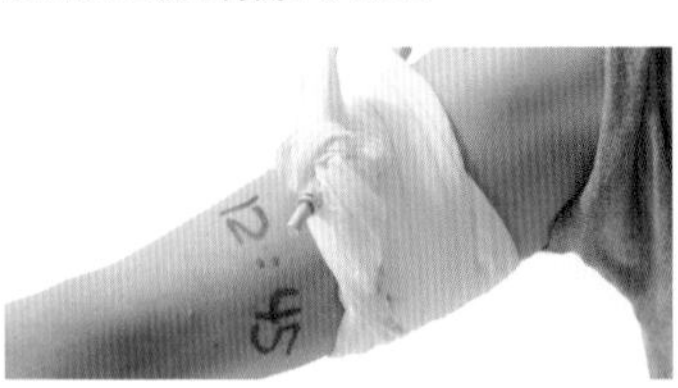

アブ・ブユ

激しいかゆみが長期間続く

アブもブユ（地域によっては「ブヨ」「ブト」などとも呼ばれている）も小型の吸血昆虫で、いずれもメスだけが哺乳類を吸血する。どちらも一見するとハエに似ているが、アブの体長が2〜3cmなのに対し、ブユは3〜5mmほどと、ひとまわり小さい。いずれも山地に多く見られ、薄明薄暮の2回、人や家畜などを激しく吸血する。ただしアブの活動期は7〜9月と短く、ブユは春〜秋と長い。

　アブは皮膚を切り裂いて吸血するため、刺された瞬間に激しい痛みがあり、出血も見られる。やがて患部は赤く腫れ、翌日あたりからかゆみが激しくなる。かゆみは2〜3週間続く。ブユも同様に皮膚を切り裂いて吸血するが、アブほどの痛みはない。だが、しばらくすると激しいかゆみが起こり、丘疹《きゅうしん》が生じる。この丘疹の中央に小出血点が見られるのが、ブユに刺されたときの特徴だ。かゆみは周期的に生じ、それが1カ月ほど続くこともある。

　どちらも刺されると強烈なかゆみが生じるが、ブユは集団で襲ってくることも多く、また咬むときに毒素を注入するため、アブよりも重症化しやすい。あまりのかゆさにかきすぎて患部が化膿してしまうケースも多く、人によってはアレルギー症状を起こすこともある。ちなみにブユは渓流や小川などの汚染されていない清流に幼虫がすむことから、水質汚染の指標ともされている。

吸血性のアブの仲間、ウシアブ。哺乳類や鳥類を吸血する

遭遇してしまったら

アブやブユに咬まれたら、ポイズンリムーバーを使って毒液を吸い出す。携行していなければ、傷口をギューッとつねるか前歯で咬むようにして毒液を絞り出す。その後、抗ヒスタミン剤を含んだステロイド軟膏を患部に塗っておく。細菌による二次感染を防ぐため、汚れた指でかかないようにすること。かゆみが激しいときは抗ヒスタミン剤を内服する。症状がひどいときは、早めに医療機関で検査・治療を受けよう

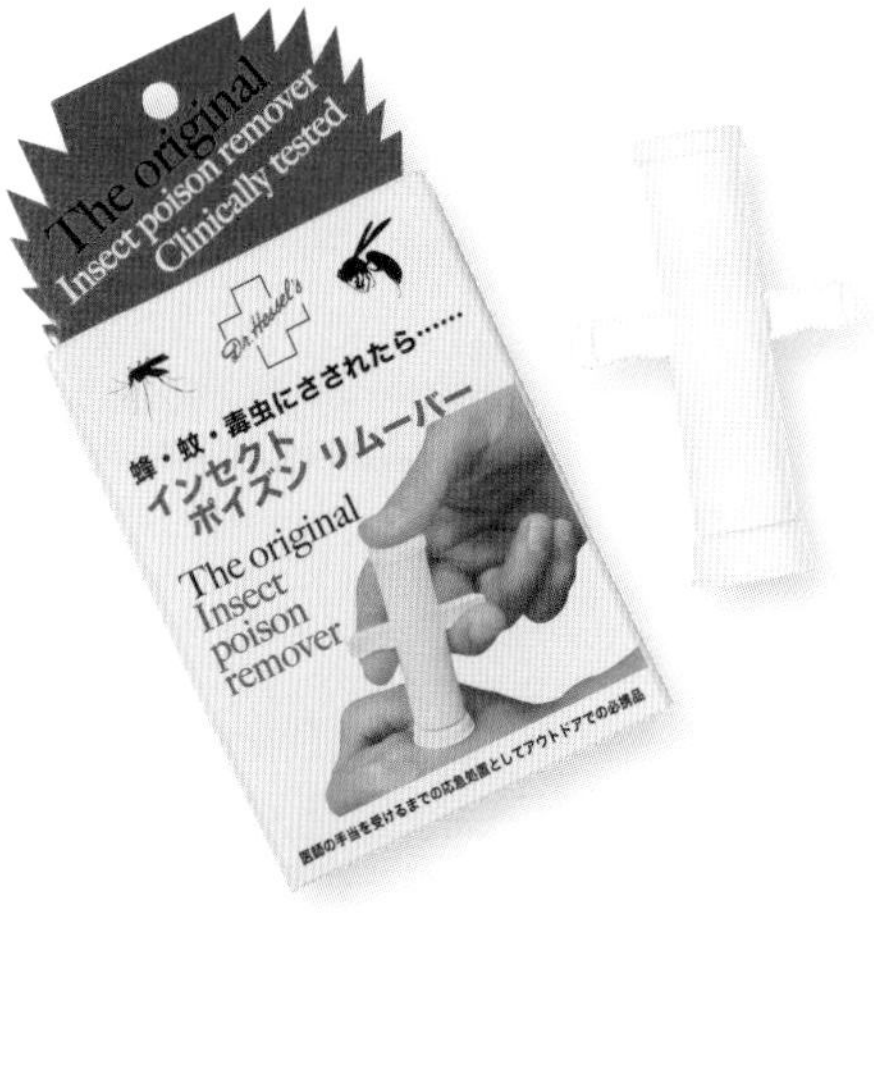

遭遇しないために

なるべく肌が露出しないウェアを着用し、肌の露出部やウェアの襟元、袖口には、あらかじめアブやブユにも効果がある虫よけスプレーを塗布しておく。また、ハッカスプレーはアブやブユに対して効果が実証されているので、ウェアを含め全身にくまなくスプレーしておくといい。そのほか、モスキートネットや目の詰まった手袋なども効果的

そのほかの要注意生物

なるべく出会いたくない生物たち

山に生息する哺乳類のなかでは、イノシシとニホンザルにも要注意。人間がエサとなるものを所持していることを学習した個体が、それを奪おうとして襲いかかってくることもある。

体液に有毒物質を含んでいる昆虫には、アオバアリガタハネカクシのほか、カミキリモドキの仲間やマメハンミョウ、キイロゲンセイなどがいる。皮膚に止まったのをとっさにつぶすと、やけどのような症状が生じてしまう。

ドクガに代表される、体に毒針毛をもつガの仲間も野外では厄介な存在だ。テント山行などで灯火に飛来する昆虫には、むやみに触れないように。また、ガの仲間には幼虫が毒針毛をもつ種もいる。木の葉や枝にうっかり触れて刺されることもあるので気をつけよう。

ヒルは直接的な害を及ぼすものではないが、決して気持ちのいいものではない。ヒルの生息地に入山するときは、ボディチェックを入念に。

アオバアリガタハネカクシ

体長7㎜。細長いアリのような体型で、頭部と後胸部と尾端は黒、前胸部と腹部は橙色。走光性があり、夜間は灯火に飛来する。うっかりつぶすなどして体液が皮膚に付着すると、数時間後にかゆみが生じて赤く腫れる。その後、水膨れができ、赤いミミズ腫れのような皮膚炎となる。患部には抗生物質含有のステロイド軟膏を塗る。放っておくと完治するのに2週間以上かかることも。体に止まったら、素手で触らず、息を吹きかけるなどして払いのけること

イノシシ

体長約1.2m、体重約110kg。性格は臆病でおとなしいが、危険を感じると下顎から上に突き出た長い牙で襲いかかってくる。近年は山野ばかりではなく人里での被害が目立つ。クマ同様、鈴やラジオの音によってこちらの存在を気づかせ、向こうから逃げていくように仕向ける。遭遇したときは、慌てずにゆっくりと後ずさりをして、その場から立ち去る。背中を見せて逃げる、石を投げる、棒を振りまわすなどの行為は、イノシシを逆上させてしまうので厳禁

ドクガ類

仲間は日本全国に分布。成虫は尾端に、幼虫は体全体に毒針毛をもつ。毒針毛が皮膚に刺さると強いかゆみが起こり、発疹がジンマシンのように広がる。かゆみは激しく、2～3週間続く。幼虫にしろ成虫にしろ、触れないようにするのがいちばんの予防策。触れてしまったら、かいたりこすったりせずに、ガムテープなどで毒針毛を取り除く。そのあと流水やシャワーで洗い流し、抗ヒスタミン剤を含むステロイド軟膏を塗っておく。炎症がひどい場合は病院へ

ニホンザル

うっかりサルのテリトリーに入り込んでしまうと、群れで攻撃を仕掛けてくる。「キャッ、キャッ」「ホーホー」といった警告の鳴き声を耳にしたら、それ以上は近づかず、サルのほうから逃げていくまで、その場で待とう。人間のほうが背中を見せて逃げだすと、本能的に襲いかかってくる。サルの目をじっと見つめるのは、怒りを触発させることになるので絶対にしてはならない。近年はエサを求めて都市部にも出没し、人間が襲われる被害が続出している

ヤマビル

全長約2㎝、伸びると5㎝ほどになる。雨上がりの山道などで多く、人間や獣類の呼気（二酸化炭素）に反応して吸着し、皮膚の柔らかいところを狙って吸血する。吸血されていてもほとんど気がつかず、また、吸血後はなかなか血が止まらない。靴やウェアに虫よけスプレーを散布しておくと、ある程度の予防効果がある。吸着しているヒルは、かゆみ止めの薬をつけるとコロッと落ちる。その後は傷口を流水でよく洗い、抗ヒスタミン剤軟膏を塗って圧迫止血する

Part 5

セルフレスキュー

■監修／P98～111 日下康子（医学博士）・中村富士美（国際山岳看護師）、P112～121 木元康晴（登山ガイド）

救助要請の流れ

手に負えないと判断したら迅速に

救助は時間との勝負。万一のときは迷わず救助要請を

（写真協力／長野県警山岳遭難救助隊）

救助要請は携帯電話で。圏外だったら通じる場所を探す

事故発生から救助までの流れ

事故発生 ▶ 現場の状況確認 ▶ ほかのメンバーの安全確保 ▶ 傷病者の救出 ▶ 安全な場所への搬送 ▶ 傷病者の容態確認 ▶ 応急手当て ▶ 救助要請 ▶ より安全な場所への搬送・待機 ▶ チームレスキューへの引き継ぎ

応急手当て → 自力搬送・下山

登山中にアクシデントが発生して傷病者が出たときは、スムーズかつ的確に対処する必要がある。その一連の流れは上に示したとおり。

まず確認すべきは、そこが安全な場所かどうかだ。安全な場所ならその場で応急手当てを施せばいいが、落石や転・滑落、雪崩などの危険がある場合は、ほかのメンバーの安全を確保しつつ、傷病者とともにただちに安全な場所に移動しよう。

その後、落ち着いて傷病者の状態をよく観察し、応急手当てにとりかかる。四肢に変形が見られるならば骨折している可能性が高いので、骨折箇所が動かないように固定する。

出血があるときは止血の処置を行ない、嘔吐によって喉に異物が詰まっていたら、すぐに除去する。顔色が青ざめてショック状態に陥っているのなら、ただちに回復させる体位をとらせることだ。呼吸が確認できず心肺停止状態に陥っている場合は、速やかに心肺蘇生（CPR）を行なわなければならない。そのほかのケガや病状についても、それぞれに応じた適切な処置を施す必要がある。

ただし、もし「自分たちの手に負えない」「このままでは悪化する一方だ」と判断したならば、警察（110番）もしくは消防（119番）に連絡するか、近くにある山小屋に駆け込むなどして、救助を要請しよう。登山は原則的に自己責任で行なうものであり、登山中に起きたアクシデントについても自分たちで対処するのが大前提となるが、そうはいっても個々のパーティにできることには限りがある。

「自己責任」にこだわるあまり、傷病者の容態を悪化させてしまうことは絶対に避けなければならない。必要な救助要請は、躊躇せず迅速に行なうべきである。

救助要請後は、より安全で落ち着ける場所に移動して、警察や消防などのチームレスキューの到着を待つ。その間は傷病者の保温に努め、それ以上、容態を悪化させないように最善を尽くすことだ。

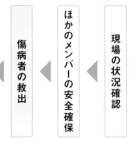

救助要請チャート図

仲間が行動不能に陥ったとき

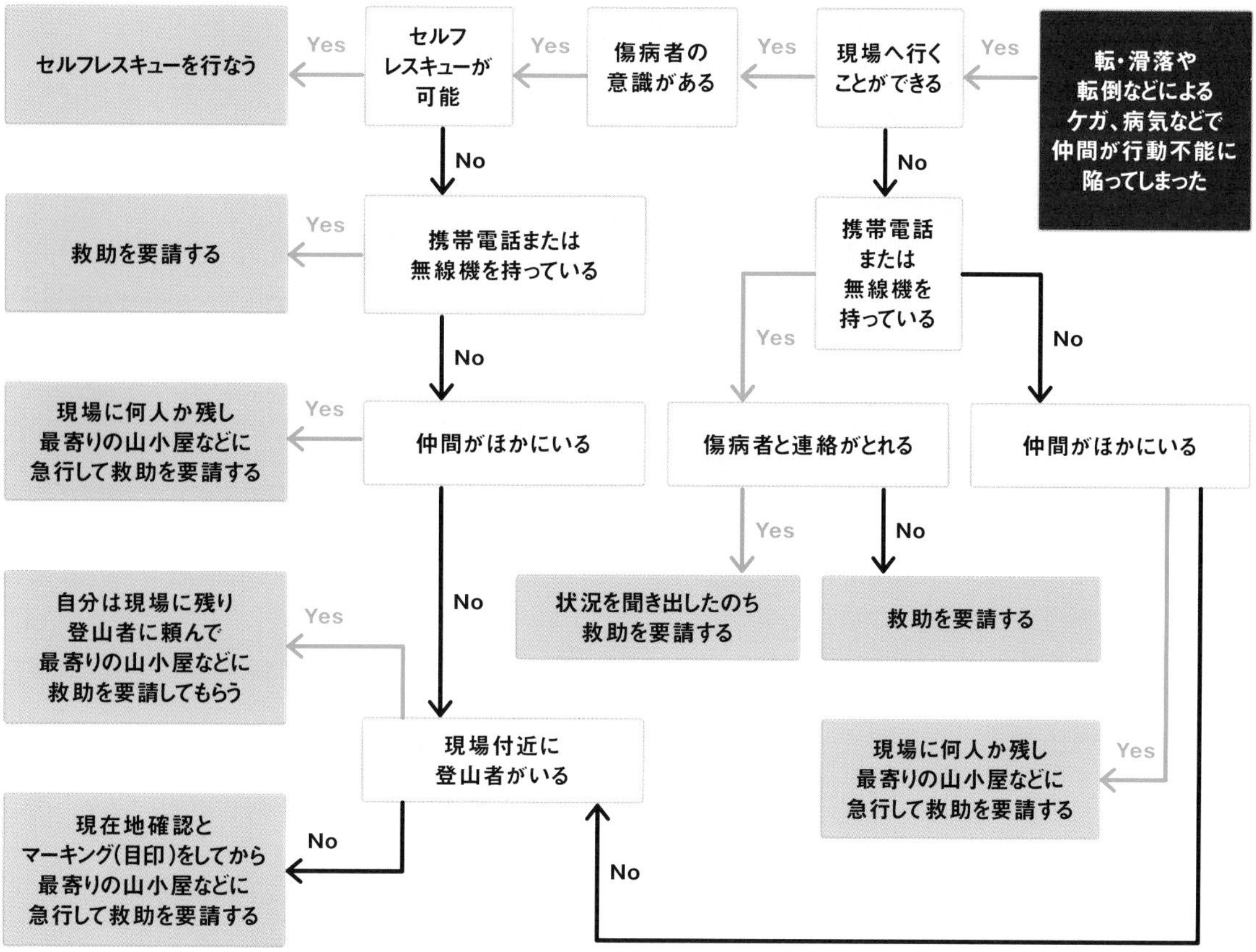

自分が行動不能に陥ったとき

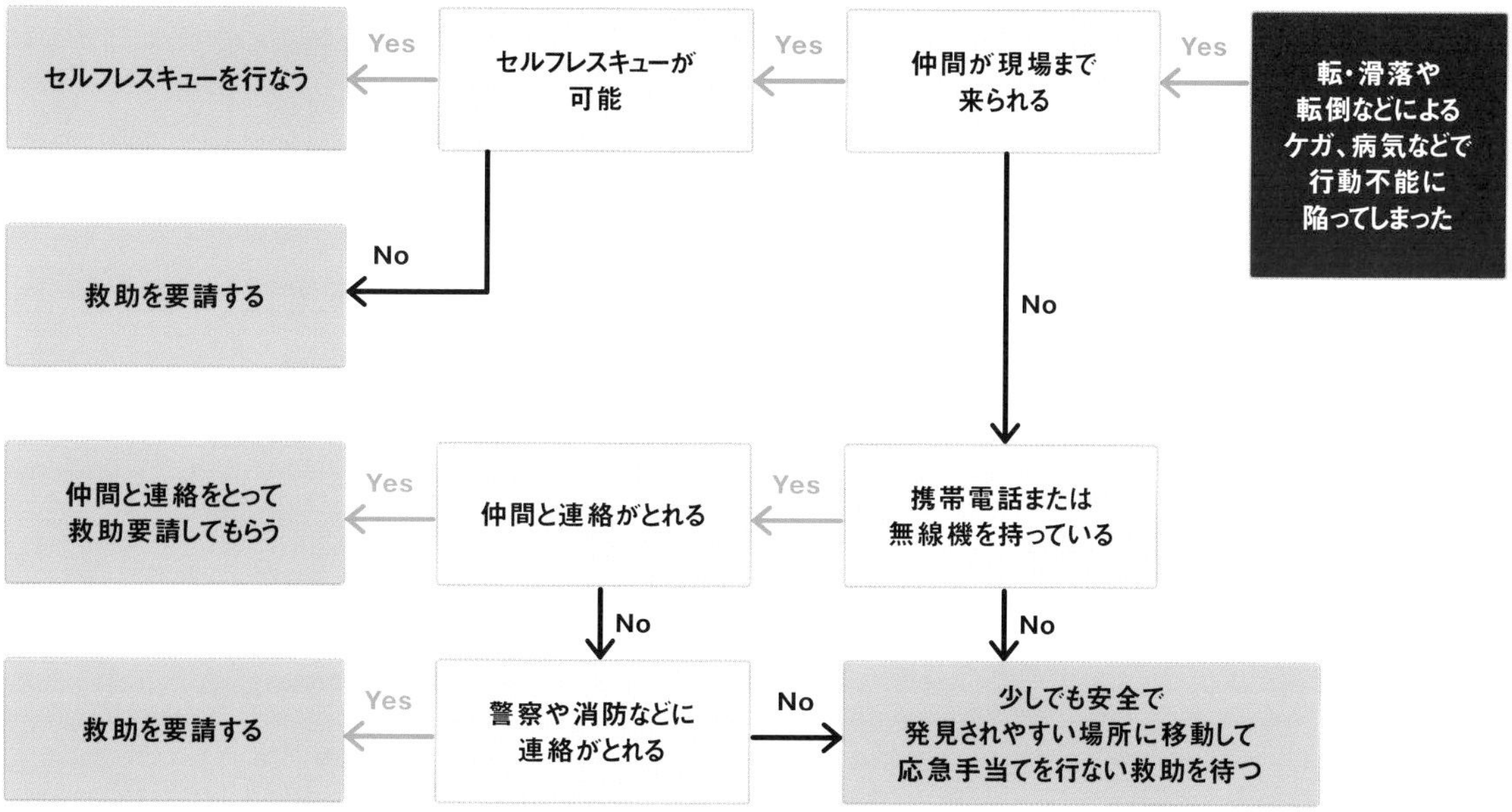

応急手当て

症状を悪化させないために

事故や病気などのアクシデントが発生したとき、そこが街ならば、救助要請後10分もすれば救急車が駆けつけてきてくれる。しかし山の中ではそういうわけにはいかない。救助隊が到着するまでに早くて1〜2時間、天候や時間帯によってはその場でひと晩過ごさなければならないこともある。

その間、ただ手をこまねいていたのでは、傷病者の症状は悪化するばかりで、助かるものも助からなくなってしまう。運よく助かったとしても、回復が遅れたり後遺症が残ったりしてしまうかもしれない。そうならないようにするために必要となってくるのが、応急手当てのノウハウだ。

応急手当ては、ケガや病気に対して根本的な治療を行なうものではない。専門的な治療が受けられる医療機関などにバトンタッチするまでの間に、傷病者の苦痛をできるかぎり和らげ、症状をそれ以上悪化させないようにするための一時的な医療処

ファーストエイドキット

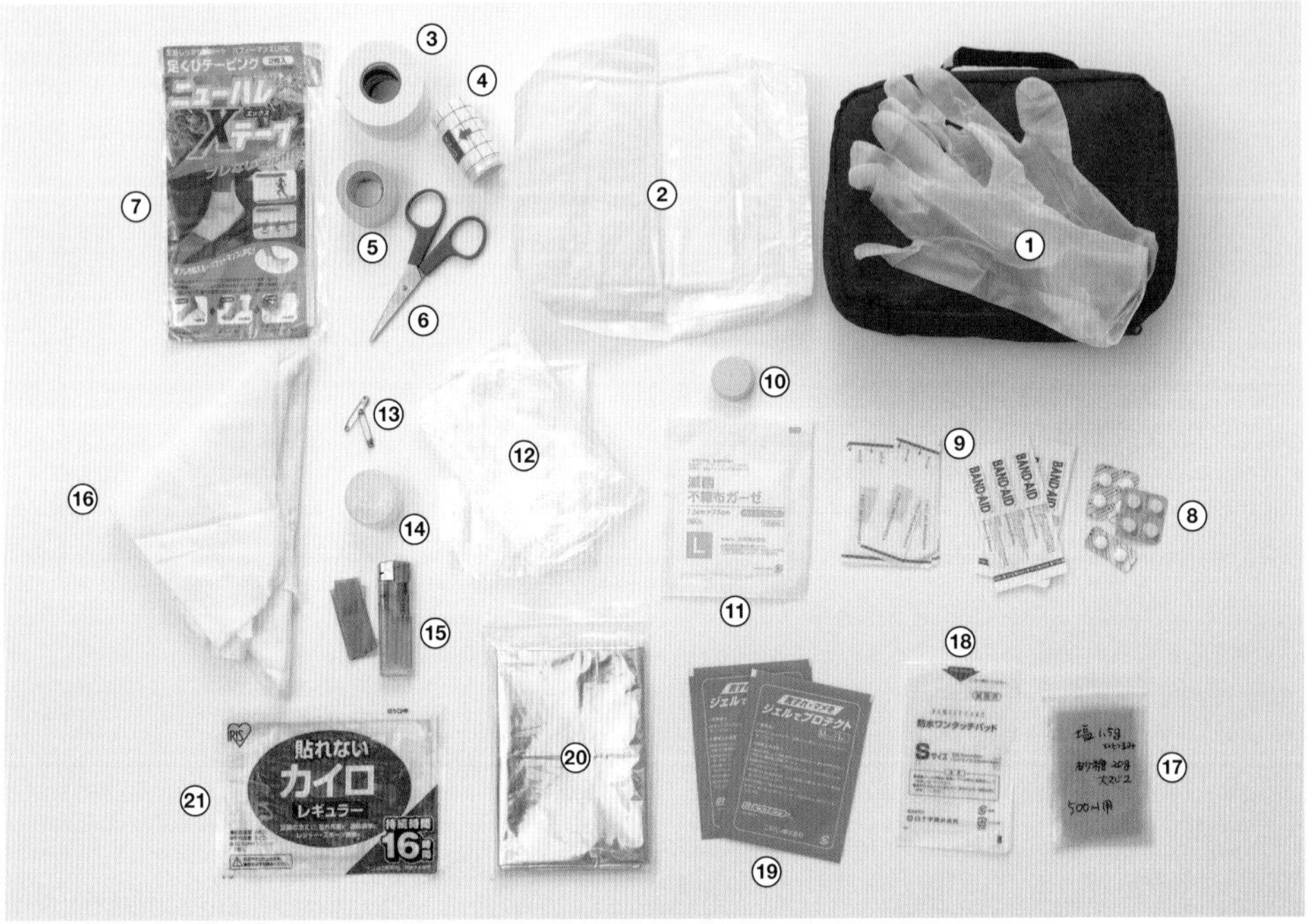

①**ビニール手袋**　止血時など感染症予防や血液による汚れを防ぐのに用いる
②**ガーゼ**　主に傷口の保護に使用する
③**テーピングテープ**　捻挫した足首を固定するときなどに使用する。壊れた登山用具の補修などにも活躍する
④**フィルムテープ**　傷口を保護するための防水タイプのフィルム。登山用具のリペアなどにも応用できる
⑤**サージカルテープ**　傷口に当てた滅菌ガーゼ類などを貼り付けるためのテープ。深い傷を仮に閉じ合わせておくためにも用いられる
⑥**ハサミ**　ガーゼやテープ類などをカットするのに用いる
⑦**簡易テーピング**　部位に合わせてカットされており、簡単にテーピングができる。足首用、ひざ用、ふくらはぎ用などがある
⑧**内服薬**　持病に応じた薬を山行日数に応じて持つ。さまざまな痛みの緩和や解熱などに効果のある鎮痛剤は必携
⑨**救急絆創膏**　傷口を保護するための不織布製パッドが付いた絆創膏。サイズ違いのものを数種類用意する
⑩**穴をあけたペットボトルのキャップ**　水の入ったペットボトルにこのキャップをつけ、穴から水を噴出させて、その勢いで傷口を洗浄する
⑪**滅菌ガーゼ類**　切り傷や擦過傷などの傷口を保護し、傷口からの液体を吸収するためのガーゼやパッド類。個別包装のものを
⑫**ビニール袋**　傷口の保護に用いる。傷口を乾燥させず治すのに効果的。ほかにもいろいろな用途に使える
⑬**安全ピン**　腕などを骨折したときに、シャツの裾をたくし上げて腕を包み、安全ピンでとめて固定する
⑭**ワセリン**　創傷ややけどなどの傷口に塗って保湿する。靴ずれ予防にも効果がある。小さな容器に移して携行する
⑮**着火剤（布テープ）とライター**　体温を低下させないように、火をおこして暖をとるときに必要となる
⑯**三角巾**　負傷箇所の固定、傷口の保護、圧迫止血の当て布など、応急手当ての際のさまざまな用途に用いられる
⑰**経口補水液パウダー**　砂糖と塩を自分で調合し、ジッパー付きの小さな袋に小分けにして持つ。水に溶かすだけで経口補水液ができる
⑱**防水パッド**　傷口を濡らしたくないときに用いる防水タイプの保護パッド
⑲**靴ずれ用絆創膏**　かかとや足裏の靴ずれ、マメの予防・応急手当てに使用する専用絆創膏
⑳**レスキューシート**　体温の低下を防ぐための必須アイテム
㉑**使い捨てカイロ**　低体温症の際に首や両脇、鼠径部などに当てて保温する

置のことである。たとえば落石を受けて大量の出血があったとき、あるいは病気が発症して呼吸停止に陥ったときなどは、応急手当てを行なうか行なわないかが生死の分かれ目になってしまう。山での事故は決して他人事ではなく、いつ自分たちがそういう状況に置かれても不思議ではない。今日、応急手当ての知識は、一般登山者が学んでおくべき必須科目のひとつといっていいだろう。

登山者がとりあえず覚えておきたいのは、各種外傷、心肺蘇生法、止血法、低体温症や熱中症、高山病などの応急手当て。このほか、持ち合わせの登山用具を使って傷病者を移動させる搬送法も知っておくと役に立つ。また、応急手当てを行なうときに必要となる薬品類をコンパクトにまとめたファーストエイドキットは必携装備のひとつだ。

さらに、傷病者に関する情報をスムーズに救助隊員や医療関係者に伝えるため、下の「緊急判断・通報シート」をプリントアウトして携行することもおすすめしたい（1枚はアクシデント発生時用、もう1枚は自分の情報を書いておく「メディカルタグ」として携行するといい）。

緊急判断・通報シート

傷病者発生時、救助要請判断に活用ください。

① 下線に当てはまる場合、緊急通報 119 or 110 で救助要請を！！

現場の場所			
意識（反応）	なし・おかしい・あり	おびただしい量の出血	あり ・ なし
呼吸	なし ・ おかしい（苦しそう・変な音がする等） ・ いつも通り		
頭部や背中に強い衝撃を受けている可能性			あり ・ なし

傷病者氏名		傷病者連絡先	
性別	男性 ・ 女性	年齢	

② 救急車を呼ぶべきか迷ったら；

✧ 救急安心センター （#7119番） 宮城県・埼玉県・東京都・神奈川県・大阪府・奈良県・福岡県などで実施

✧ 小児救急でんわ相談（#8000番） 全国都道府県（一部深夜も実施）

③ 救助要請の後、救急/救助到着までの間に・・・

✧ 傷病者を環境から保護。寒い季節には裏面を参考に傷病者を保温。

✧ 傷病者に関する情報を集め、救急隊への引き継ぎ準備を。

なぜ、こうなったのか？		主な訴え（不調など）	
アレルギー		飲んでいる薬	
既往症（関連する病歴）		直前の飲食や排泄の状態	
記録時刻		救助者氏名 電話番号	

※このシートを使用された際には WMAJ へご連絡いただければ幸いです。（使用のフィードバックを集めています）

WILDERNESS MEDICAL ASSOCIATES INTERNATIONAL

一般社団法人 ウィルダネスメディカルアソシエイツジャパン

30か国以上で選ばれる世界基準「WMAブランド」の野外・災害救急法。
講習会は全国で開催中！

www.wildmed.jp

WMAJ（ウィルダネスメディカルアソシエイツジャパン）は、野外や災害時など、医療機関による専門的な診療をすぐに受けられない状況下での救急法「ウィルダネスファーストエイド」の技術や知識を広めることを目的とした団体。そのWMAJが独自に作成したのが右の「緊急判断・通報シート」（http://www.wildmed.jpよりダウンロード可能）。山行時にはこれを携行し、万一、事故が起きた際には救助を待つ間に必要事項を記入する。傷病者の意識があるうちに必要な情報を聞き出しておくのは非常に重要なことであり、そうすることによってその後の救助活動および救助後の治療がスムーズに行なわれるようになる

創傷

登山中のケガでいちばん多いのは、転倒や転・滑落、落石などによる創傷だろう。その傷の深さも、かすり傷程度ですむものから大出血を伴う重傷までさまざまだ。創傷の応急手当ての流れは、「止血」→「傷口の洗浄」→「傷口の保護」が基本となる。止血には傷口を強く押さえる圧迫止血法を用いるが、多量の出血の場合は止血帯を使用する。

傷口の洗浄には穴をあけたペットボトルの蓋が、傷口の保護にはワセリンが役に立つ。ワセリンは小さな容器に小分けにして携行するといい。

応急手当てのポイント

- 基本は圧迫止血
- 大出血なら止血帯を
- 水で傷を洗浄
- 傷口を保護

止血する

止血帯を用いる

圧迫止血法では間に合わないような大出血の場合は、傷口より心臓に近い部位に止血帯を巻きつけて出血を抑える。その際にはウェアを脱がせる必要はなく、体温管理の観点からもウェアの上から処置してかまわない

1 傷口より心臓に近い部位に止血帯をゆるめに結ぶ。止血帯を使用できる部位は脚の大腿部と腕の上腕のみ。首や胴体に用いてはならない

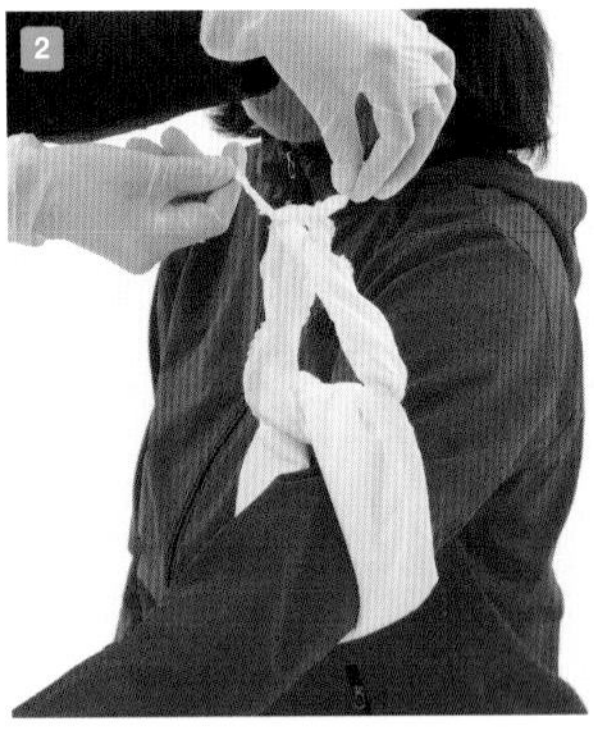

2 さらにもう一回、止血帯の端を絡ませる。止血帯は、包帯や三角巾など、幅3㎝以上の幅の広い布を用いる。細いひもは組織を傷つける恐れがあるのでNG

3 絡ませたところにボールペンなど棒状のものを差し入れてゆっくり回す。出血が止まるまで締めたら、棒状のものが動かないように固定する

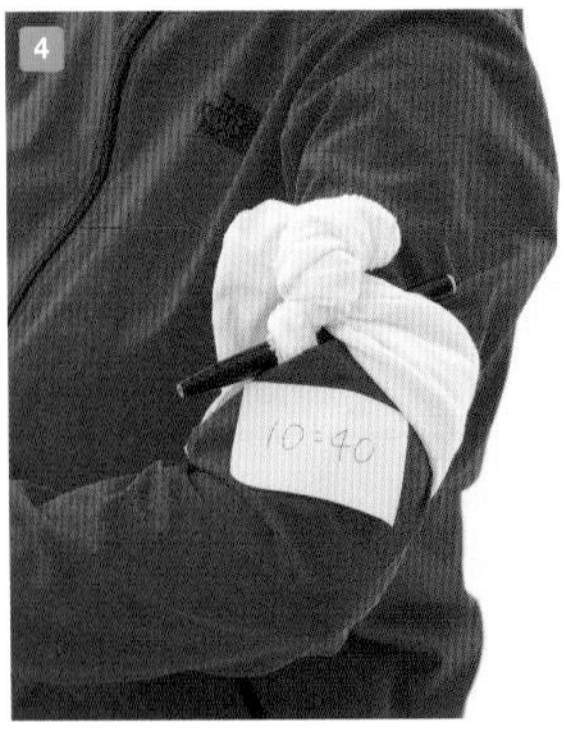

4 長時間強く締めつけていると血流が止まって組織が壊死してしまうので、30分に一度は1〜2分ほどゆるめて血流を再開させる。写真のように止血開始時間を記しておくといい

圧迫止血

傷口に指先や手のひらを当て、強く圧迫して止血する方法。当て布の上から圧迫するのは、血がどんどん当て布に吸い込まれてしまうのであまり奨励できない。処置の際には、感染症防止のため、救急用品のラテックスの手袋などを用いて負傷者の血液に素手で直接触れないようにすること

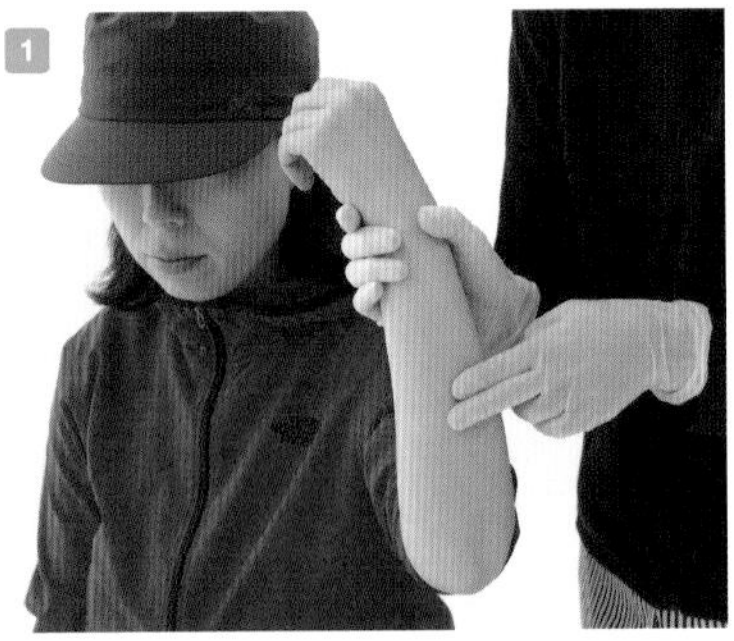

1 人さし指1本もしくは人さし指と中指の2本で、ピンポイントで傷口を押さえて圧迫止血する。一度押さえたら、そのまま15分間押さえ続ければ、たいていの出血は止まる

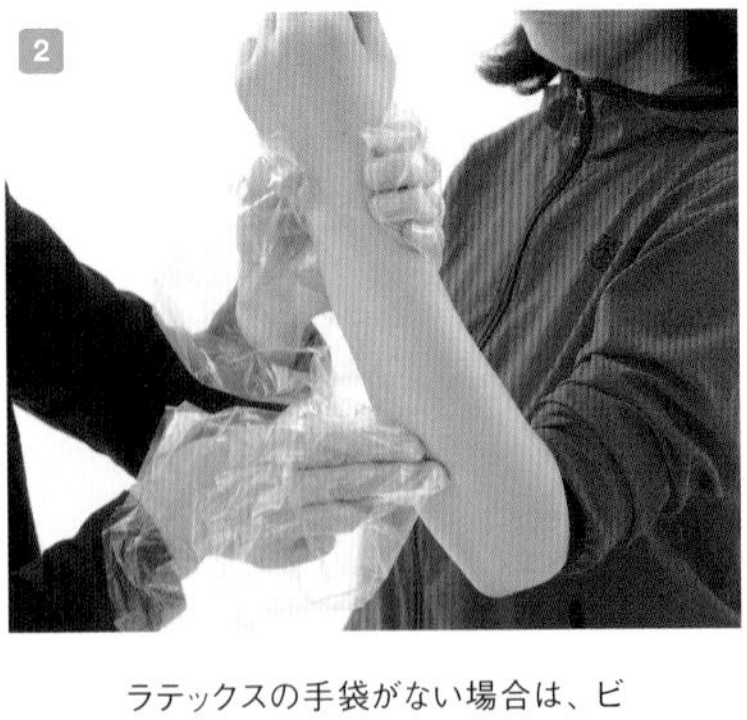

2 ラテックスの手袋がない場合は、ビニール袋を手にかぶせて圧迫する

傷が深い場合は

傷口がぱっくり開いてしまった深い傷の場合は、テーピングテープやサージカルテープを使って処置をする。テープを細く切り、傷を閉じるように肉を寄せてくっつけ、テープでとめていく。傷の大きさに応じて、先にテープを何枚かカットしておいてから始めよう。

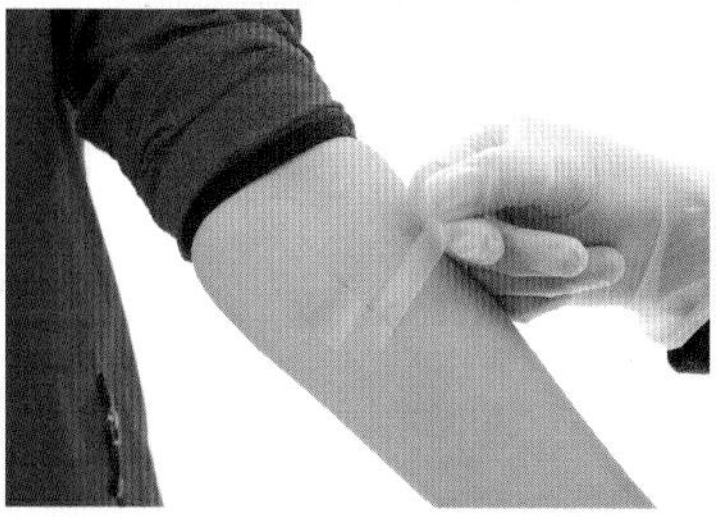

深い傷はテープを使って傷口を閉じ合わせる

傷口の洗浄

出血が止まったら、傷口とその周辺に付着している泥や砂などをきれいに洗い流す。その際には穴をあけたペットボトルの蓋を使う。穴あきの蓋をファーストエイドキットに常備するとともに、水を入れた500㎖のペットボトルをザックに入れておけば、蓋だけを付け替えることですぐに傷口の洗浄ができる

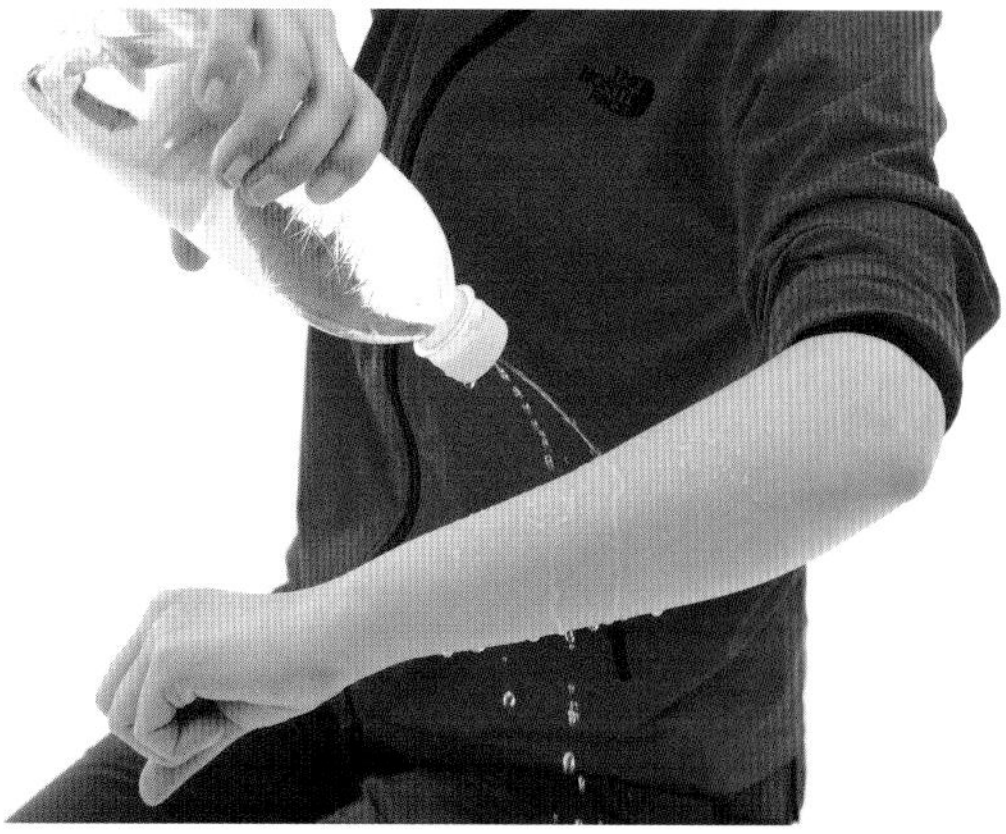

傷口の保護

汚れをきれいに洗い流したら、水気を拭き取り、傷口にワセリンをたっぷり塗り、その上から滅菌ガーゼや救急絆創膏を貼って傷を保護する。包帯や三角巾などを巻きつけて保護してもかまわない

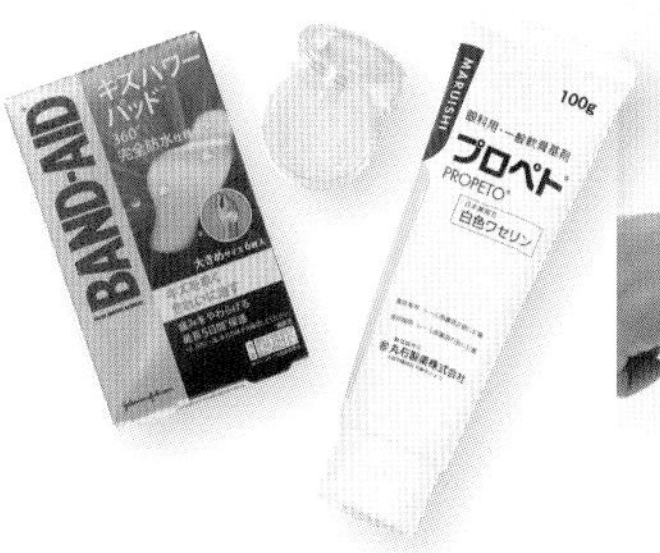

ワセリンは優れた保湿力があり、創傷に塗ることにより傷口の乾燥を防ぎ、傷を保護することができる。また、バンドエイドの「キズパワーパッド」は救急絆創膏のなかでも傷の治りが早いと評判。痛みが和らぎ傷がきれいに治るという効果もある

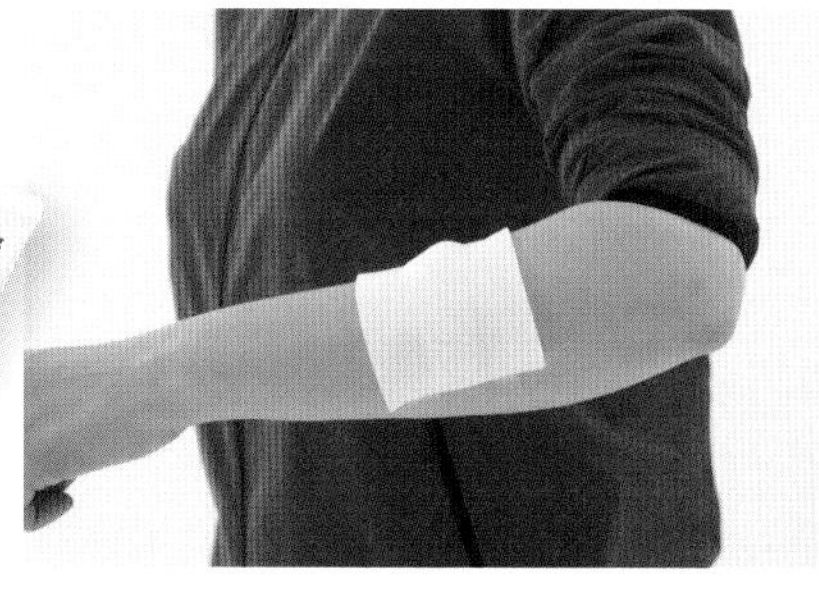

傷口にワセリンを塗り、滅菌ガーゼなどを当てて保護し、サージカルテープでとめる

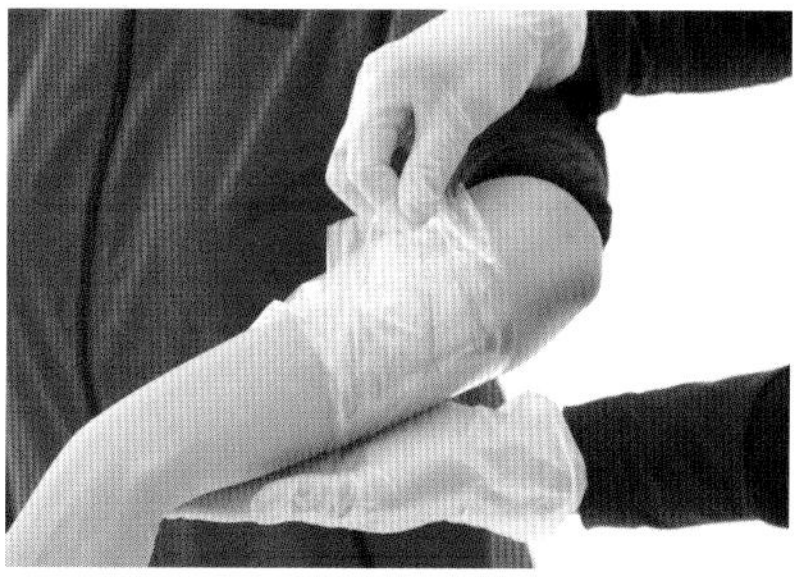

ワセリンがなければ、傷を乾燥させないように滅菌ガーゼの上からビニール袋を当てて巻き、サージカルテープでとめる

応急手当ての基本「RICE処置」

REST 安静	速やかに運動を中止し、全身や患部を安静に保つことで傷病の回復を早める
ICE 冷却	患部を冷やして痛みを緩和し、発熱や腫れを抑止する
COMPRESSION 圧迫	テーピングや三角巾などで患部を圧迫し、腫れや炎症、内出血を抑制する
ELEVATION 挙上	患部を心臓よりも高い位置に上げてその状態を保つことで、患部の腫脹を防止する

ケガ全般の応急処置法の基本は、「安静」「冷却」「圧迫」「挙上」の英語表記の頭文字をとった「RICE処置」。野外での応急手当てはこの処置を行ない、下山後に専門医療機関で診察・治療してもらう。

4つの処置のうちでいちばん重視すべきは「安静」と「挙上」。なるべく安静にして患部を挙上しておけば、腫脹を抑えて悪化を防ぎ、痛みも緩和される。「圧迫」するときは循環障害に、「冷却」は冷やしすぎに注意すること。

足首の捻挫

足首の関節を強くひねって靭帯を痛めてしまうのが捻挫。軽度であれば冷やすことによって痛みや腫れは多少緩和できる。痛みが強くて足を引きずるようなら、伸縮性のないテーピングテープを足首に巻きつけて固定し、ゆっくり歩いて目的地へ向かう。痛みがひどい場合は骨折している可能性があり、なるべく早く医療機関で治療を受けたほうがいい。鎮痛剤を飲めば痛みが緩和されるが、一時しのぎでしかない。テーピングで固定しても自力で歩けそうになければ、救助を要請する。

応急手当てのポイント

- ●患部を挙上して冷やす
- ●テーピングで固定する
- ●鎮痛剤を飲む

患部を挙上して冷やす

RICE処置の「挙上」と「冷却」を行なう。ザックなどの上に足を乗せ、濡れタオルを巻きつけたり、冷たい水を入れたペットボトルをあてがうなどして患部を冷やす

テーピングで固定する

強い痛みがある重度の捻挫の場合は、テーピングで足首を固定する。がっちり固めてしまうので歩きにくくなるが、痛みは多少軽減されるので、ゆっくり歩いて目的地へ向かえばいい

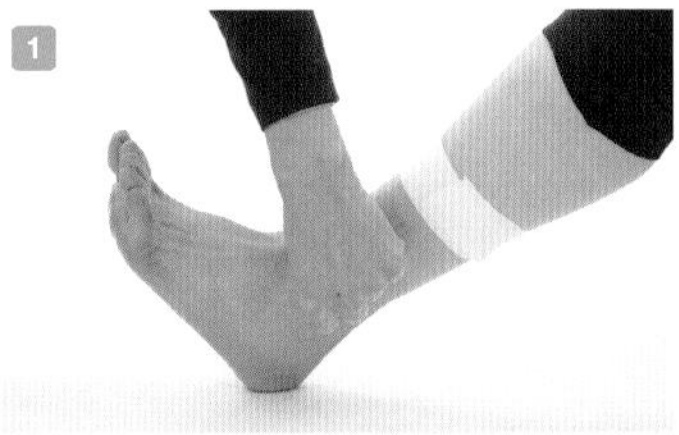

足首を90度に曲げた体勢で、足首の上（くるぶしより拳ひとつ分、上のあたり）にアンカーテープを巻きつけて貼る

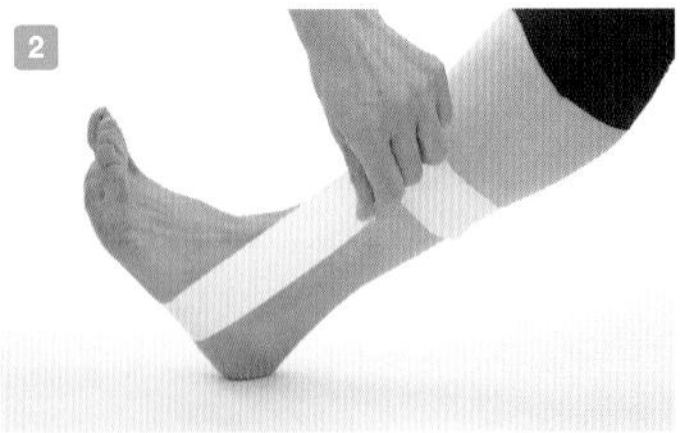

内側のアンカーテープの位置から、土踏まずを通って外側のアンカーテープの位置まで、テープを貼り付ける

同様にして2～3枚貼り付ける。足の内側から外側に向かって、引っ張るようにして貼るのがポイント

外側のくるぶしのあたりを起点にして、足の甲の上へテープをまわしていく

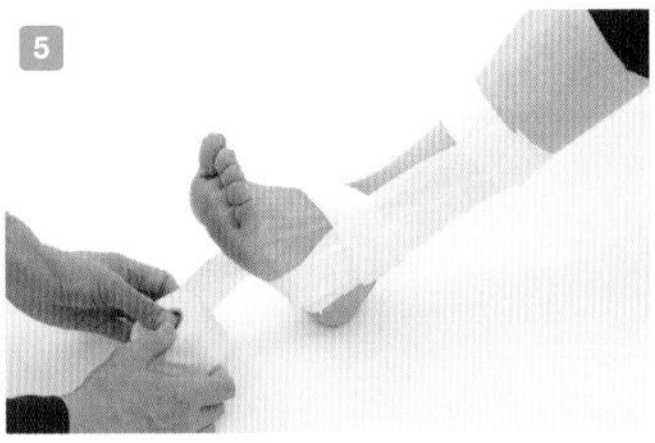

足の甲から足裏にまわす

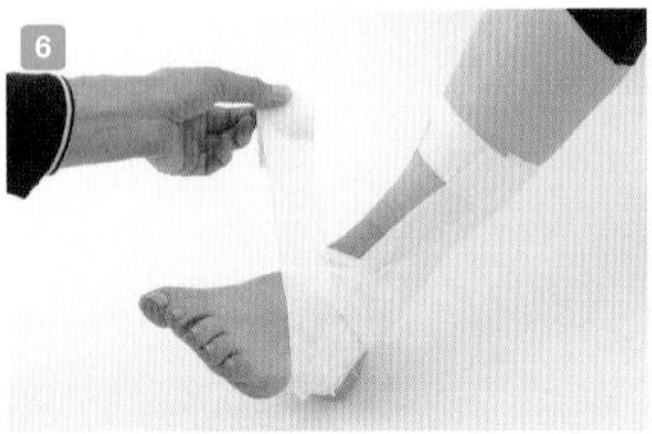

足裏から再び甲へと、8の字を描くように巻きつける

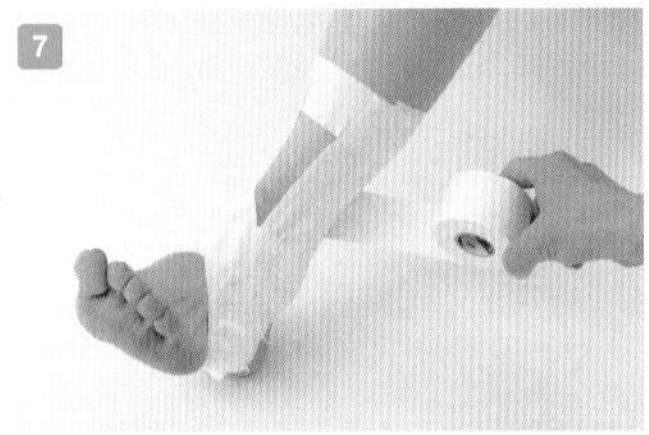

甲からふくらはぎへとテープをまわし、アンカーテープの下でひと巻きする

最後にテープをカットして終了。テープにシワができるとマメの原因になるので、シワにならないように巻こう

腕の骨折

前腕部の骨折の応急手当ては、負傷箇所がなるべく動かないように固定するのが基本。副木代わりになるものを骨折箇所に当て、三角巾などで前腕と副木を数箇所で固定し、腕を首から吊る方法がよく採用されている。ここで紹介するのは、副木も三角巾も使わず、着用しているウェアを利用する、非常にシンプルな方法。ジャケットの裾を折り返し、ドローコードで固定すればＯＫだ。着ているのがジャケットではなくＴシャツであっても、安全ピンが２～３個あれば同様の方法で固定できる。

応急手当てのポイント

- 動かないように固定する
- なるべく早く医療機関での治療を

1 なるべくリラックスして気持ちを落ち着かせ、骨折したほうの腕を体の前で軽く曲げる。ひじの角度はほぼ直角

2 仲間にジャケットやシャツの裾をたくし上げてもらい、曲げたほうの前腕を裾で包み込むようにする

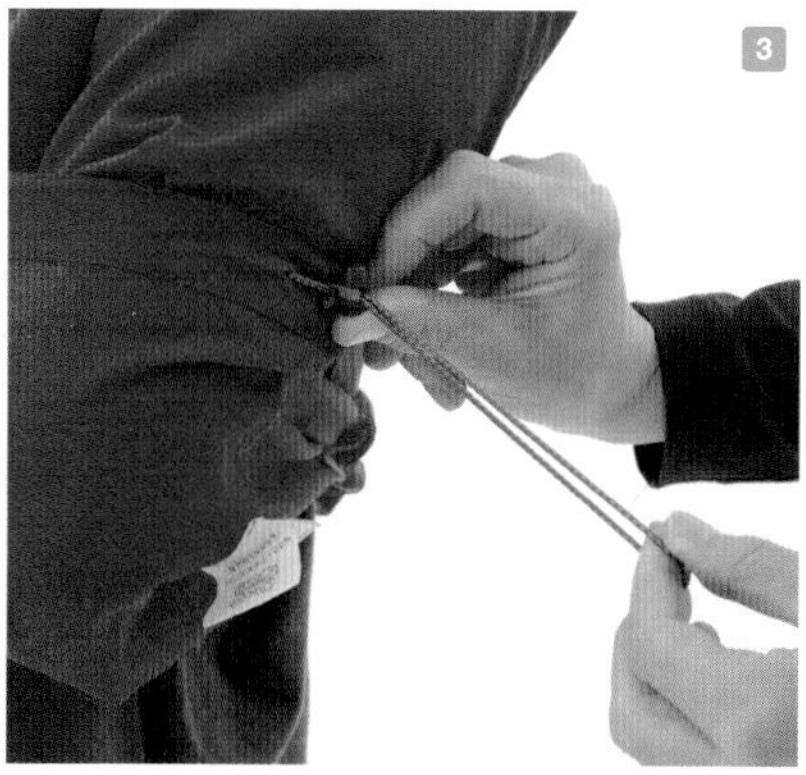

3 ジャケットの裾で前腕を完全にすっぽりと包み込む。ジャケットの場合は裾のドローコードを締める。ドローコードがない場合は安全ピンなどでとめる

4 こうすれば腕が固定されて前腕が落ちてこない。痛みも多少は緩和される

救急法の講習会に参加しよう

止血法や心肺蘇生法など基本的な応急手当てのノウハウはそう簡単に身につくものではない。全国各地の消防署や日本赤十字社、あるいは山岳団体では、救急法の講習会を随時開催しているので、受講してみるといいだろう。また、前述のＷＭＡＪ（ウィルダネスメディカルアソシエイツジャパン）は、野外でのより実践的・専門的なファーストエイドの講習会を企画・実施している。リーダークラスの方にはこちらの受講をおすすめしたい。

ＷＭＡＪの講習は野外でのリアルな状況下で行なわれる

低体温症

低体温症の初期症状である震えが始まり、意識障害が起きたり動作が鈍くなったりしたときには、重症に陥る前に回復処置をとらなければならない。最も効果的な応急手当ては体を温めることだが、野外ではそれも難しいので、速やかに下山するか山小屋に避難する。

近くに避難場所がなければ、ツエルトを張るなどして風雨を防ごう。そのうえで下記のような保温措置をとる。マッサージは体表部の冷たい血液を体の深部に送り込むことになるので、行なってはならない。

応急手当てのポイント

- 体を温める
- エネルギー源を補給する
- 放射熱を閉じ込める

体を温める

防寒具やアウターを着込んで、寒さや濡れをシャットアウトする。手先や頭部の保温には、手袋やニットの帽子などを用いる。フードをかぶればより温かくなる。また、体を内部から温めるには、温かい飲み物が有効。体内で熱を生み出すために、高カロリーの食料も積極的に摂取したい。お湯を入れたペットボトルなどを懐などに入れて、湯たんぽ代わりにするのもいい

加温を行なう部位

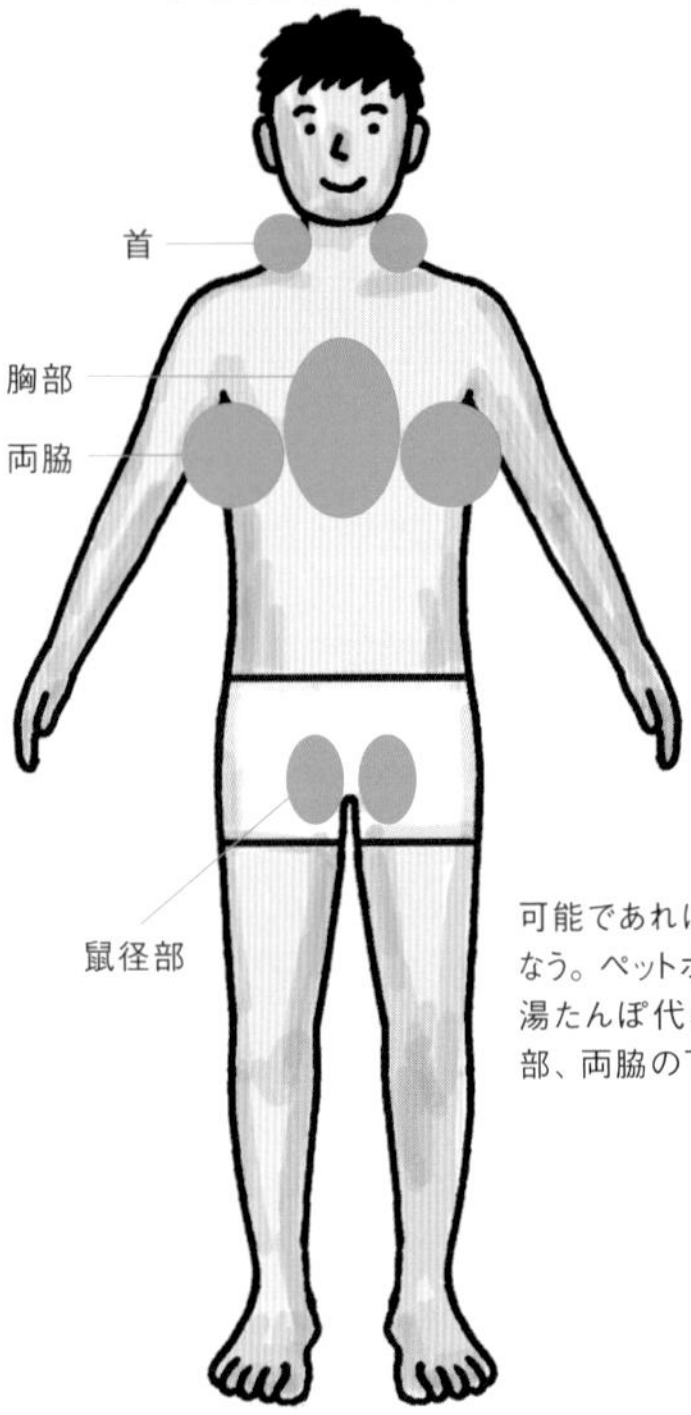

可能であれば積極的に加温を行なう。ペットボトルにお湯を入れて湯たんぽ代わりにし、首や鼠径部、両脇の下などにあてがう

放射熱を閉じ込める

寒冷下では放射熱によってどんどん体温が奪われていくので、風雨を避けられる場所で、できるだけ体温を逃さないようにする。防寒具やアウターなど着られるものはすべて着込み、その上からサバイバルシートで体を包む。ツエルトをかぶればさらに効果的だ

熱中症

熱中症の応急手当ては、とにかく体を冷やすこと。まずは直射日光が当たらない、なるべく風通しのいい木陰などに移動して、リラックスできる足高仰臥位（P111参照）をとらせよう。続いて、体を締めつけているベルトやボタンなどを外し、水分と塩分を補給させる。濡れタオルなどを額や後頭部や首筋に当てるのも、体温を下げるのに効果的だ。しばらく休んでも回復しない場合、あるいは意識がおかしいと認められたときには、医療機関での診療が必要なので、早急に救助の要請を。

応急手当てのポイント

- 水分を補給する
- 体を冷やす
- 横になる

体を冷やす

熱中症が疑われたときは、行動を停止して体を冷やすのがいちばん。冷たい水を入れたペットボトルや、濡らした手拭いなどを首筋などに当てると効果的だ。扇子などであおいで風を送るのもいい。

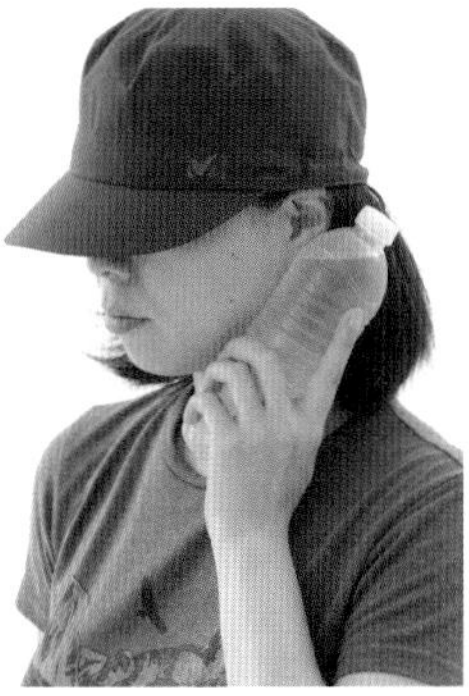

横になる

風通しのいい木陰などで横にさせて体を休ませる。足はザックの上などに乗せるといい。熱を放散させるため、なるべく薄着にさせてウェアのボタンやベルトなどはゆるめる。水分と塩分の補給も速やかに

高山病

倦怠感や虚脱感、食欲不振、吐き気、頭痛、目まいなど、急性高山病（山酔い）の症状が現われたら、それ以上高度を上げず、水分を充分に補給して安静を保ち、しばらく様子を見よう。初期段階では、脳血管を拡張する作用があるダイアモックスの服用も有効だが、入手には医師の処方が必要となる。

それでも改善が見られず、症状が進行するようなら、ただちに下山を。下山に勝る高山病の特効薬はない。自力歩行ができない場合は、迷わず救助を要請しよう。

応急手当てのポイント

- 水分補給と深呼吸
- 下山する

水分を補給する

高山病は水分の欠乏が要因のひとつとなり、脱水は高山病の症状を悪化させるので、充分に水分を補給すること。体重1kg当たり1時間に5mℓが目安（たとえば体重70kgの人が6時間歩く場合は2100mℓ補給する）

やけど

山でのやけどによる事故は、狭いテント内で調理をしているときに多発している。やけどはその深さによって別表の3段階に分けられているが、応急手当てはとにかく冷やすことだ。冷水や雪がそばにあるなら、それを利用して冷やそう。ウェアの上からやけどを負ってしまったなら、ウェアごと冷やす。慌てて脱ごうとすると、水疱が破れてしまう。体の広い範囲にⅡ度以上のやけどを負ったときは、冷やさずに清潔なタオルやシーツなどで体を包み、早急に医師の治療を受けること。

応急手当てのポイント

- ●患部を水で冷やす
- ●湿潤を保つ

やけどの重症度

Ⅰ度	皮膚表面が赤くなり、ひりひりした痛みがある。数日で治癒し、傷跡は残らない。
Ⅱ度	強い痛みがあり、水疱が生じる。3～4週間で治癒するが、傷跡が残る場合がある。
Ⅲ度	皮下組織にまで達するやけど。皮膚が白く（または黒く）なり、痛みは感じない。自然治癒できないので手術が必要。傷跡も残る。

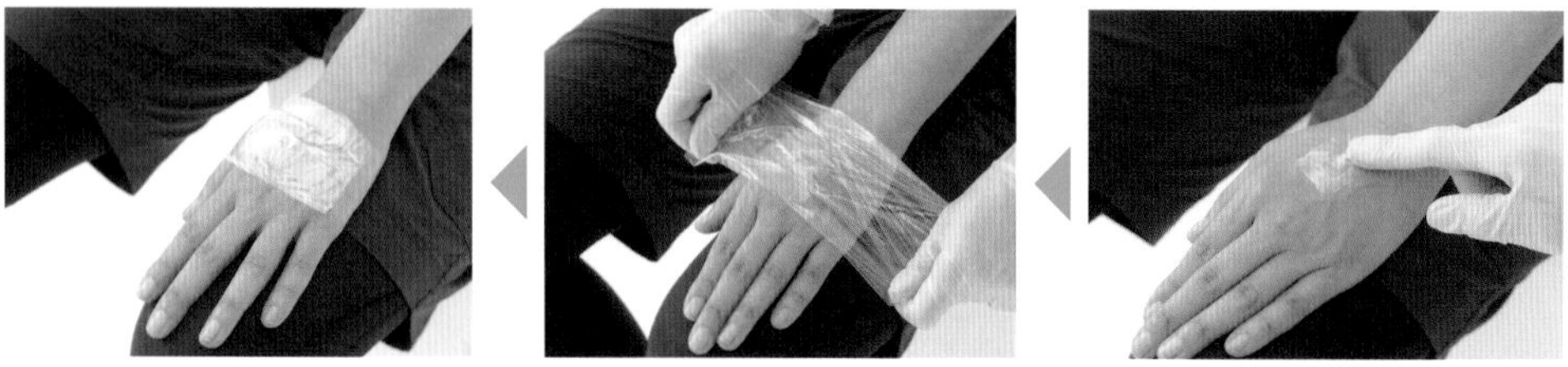

すぐに患部を冷やす。最低でも15～30分冷やすといい。その後、細菌感染を予防するためにワセリンを塗り、乾燥させないようにビニール袋や食品ラップで患部を覆い、テープでとめておく。水疱ができている場合は破ってはならない。Ⅱ度以上のやけどは、なるべく早く医療機関で治療を受けること

頭部の外傷

転・滑落や転倒、落石などによって頭を打つと、傷口がぱっくり割れて多量の出血を見ることが少なくない。自分では傷口を確認できないので、出血を見ただけでパニックを起こしそうになるが、慌てず冷静に素早く処置しよう。処置の方法は創傷の場合と同じで、出血が止まるまで根気強く圧迫止血を行なう。内出血で済んだのなら、濡らしたタオルなどを当てて患部を冷やし続ける。出血がなかなか止まらなかったり、脳へのダメージが心配な場合は、迷わず救助を要請しよう。

応急手当てのポイント

- ●圧迫止血する
- ●傷口を保護する

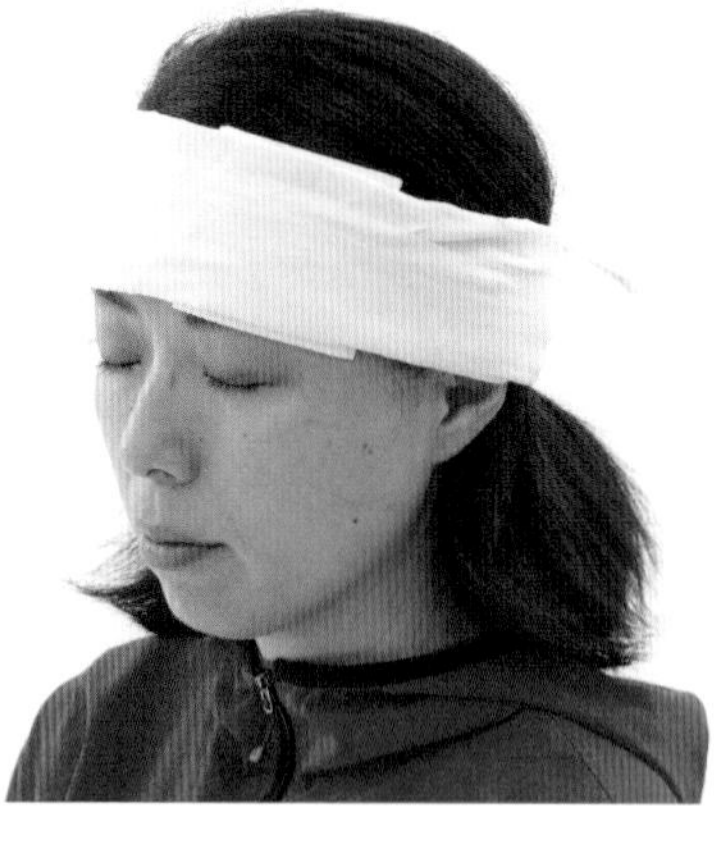

出血している場合は圧迫止血を行ない、出血が止まったら、傷口を水で洗浄し、滅菌ガーゼなどで保護したのち、包帯や三角巾などを巻いておく

足のトラブル

応急手当てのポイント

- ●ストレッチングをする
- ●マッサージする
- ●経口補水液や芍薬甘草湯を飲む

足の筋肉痛・痙攣

長時間の行動や重い荷物を担ぐことにより足が疲労すると、筋肉痛が起きる。あるいはふくらはぎや太ももの筋肉が痙攣し、俗に「足が攣る」状態になることもある。筋肉痛は休憩時や行動終了後にストレッチングやマッサージを行なうと痛みが緩和される。足がつってしまったら、つった部位の筋肉をゆっくり伸ばす。漢方の芍薬甘草湯を飲むのも効果がある。つりはナトリウム不足でも起きるので、不足気味なら意識して補給しよう

ストレッチング

行動中に筋肉痛を覚えたら、休憩時にストレッチングをして筋肉をゆっくり伸ばしてやると疲労が軽減する。写真右より、太腿、アキレス腱、ふくらはぎのストレッチング

応急手当てのポイント

- ●冷やす
- ●マッサージをする
- ●ストレッチングをする
- ●鎮痛剤を飲む

ひざの痛み

登山中にひざが痛くなってきたら、冷やすのがいちばん。痛む部分だけではなく、できれば冷水に浸したタオルなどで、ひざから大腿四頭筋にかけて全体的にくるむようにして冷やすのがベターだ。また、ひざのお皿の上下左右の筋肉をよく揉みほぐしたり、大腿四頭筋やふくらはぎをストレッチで伸ばしたりしても痛みを緩和できる。どうしても痛みが治らないのなら、安全に下山するために鎮痛剤を服用するのもありだろう

マッサージ

休憩のたびに、ひざの周囲をはじめ大腿四頭筋やふくらはぎをマッサージする。ストレッチングも効果的なので、上記のような足の筋肉を伸ばすストレッチングを休憩時に行なうといい

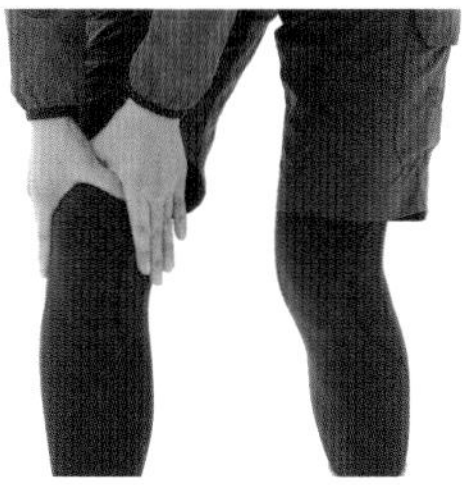

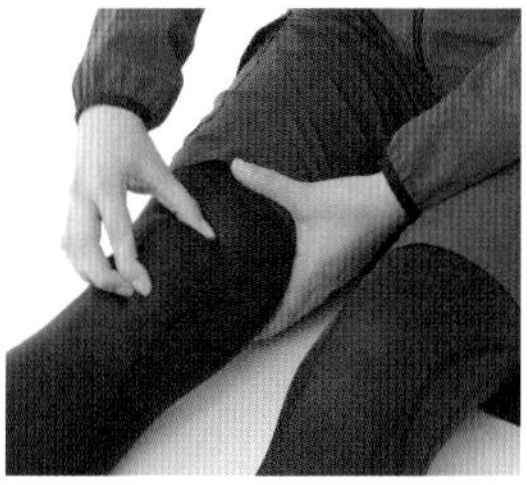

冷やす

休憩時に、濡れタオルや冷たい水を入れたペットボトルなどをひざに当てて冷やす。炎症を抑えたり痛みを和らげたりするのに効果がある

一時救命処置（BLS）

心肺停止状態になってしまったら

一時救命処置（BLS）の流れ

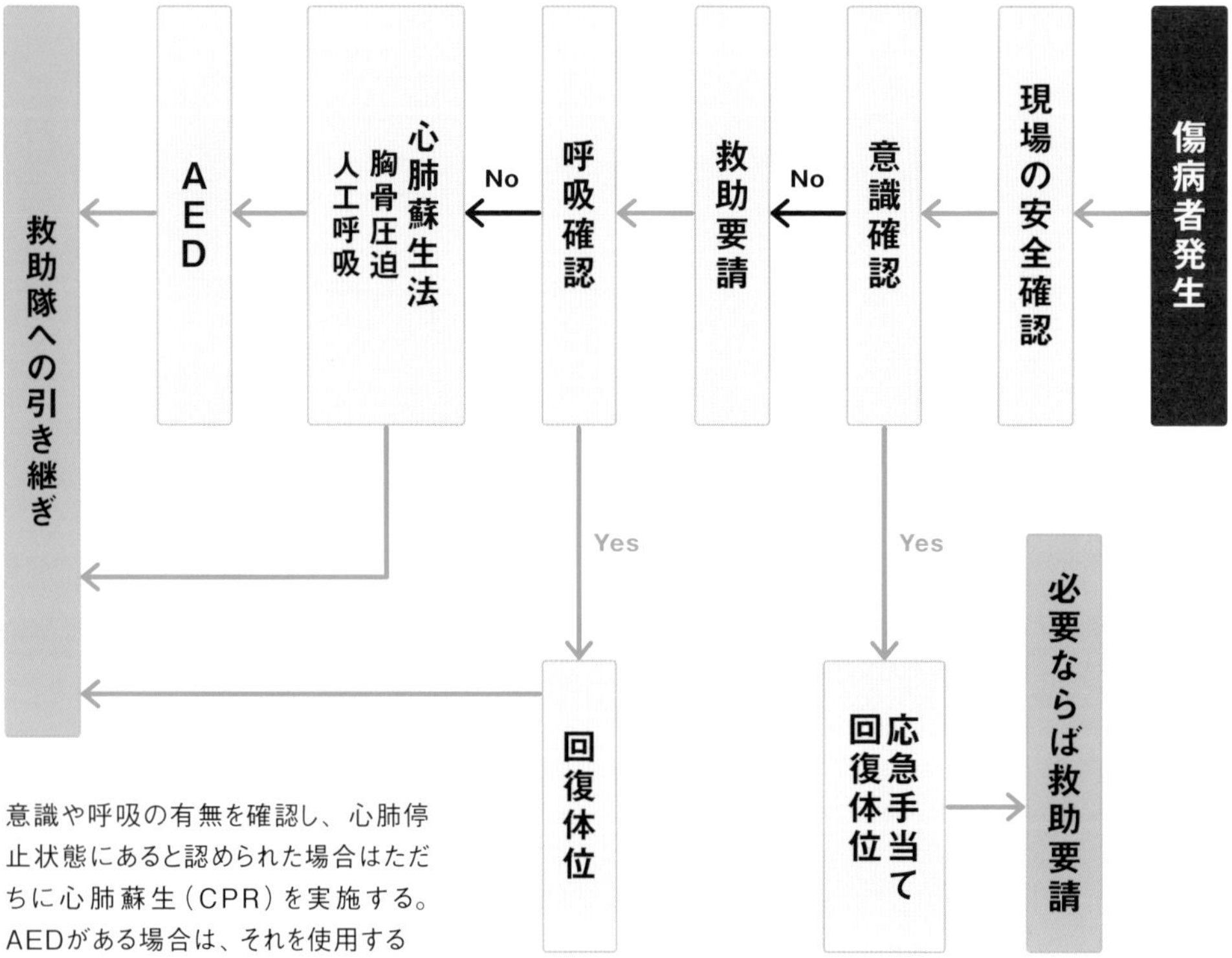

意識や呼吸の有無を確認し、心肺停止状態にあると認められた場合はただちに心肺蘇生（CPR）を実施する。AEDがある場合は、それを使用する

心肺停止または呼吸停止に陥った傷病者に対し、AED以外の専門的な器具や薬品などを用いずに行なう救命処置のことを「一次救命処置」（BLS：Basic Life Support）という。一般的には医療機関外で行なわれる救命処置を指し、胸骨圧迫と人工呼吸による心肺蘇生（CPR：Cardio Pulmonary Resuscitation）とAEDが含まれる。正しい知識と適切な処置の方法がわかっていれば誰もがすぐに行なうことができ、傷病者の命を救って社会復帰に導くうえで極めて重要な意味をもつ。

これに対し、設備の整った医療機関において、医師や救急救命士が特別な器具や薬品類を用いて行なうのが二次救命処置（ACLS：Advanced Cardiovascular Life Support）で、一次救命処置からバトンを受けて行なわれることが多い。救助が到着するまでの間に一次救命処置を行なうことによって一命をとりとめた事例は数多く、緊急時にはこれを行なうか行なわないかが生死の分かれ目になることもある。山で仲間が心肺停止または呼吸停止に陥ってしまったら、あるいはそのような登山者に遭遇したときには、速やかに一次救命処置にとりかかることだ。

一次救命処置の流れは上に示したとおり。そのなかでも核となるのが、胸骨圧迫と人工呼吸による心肺蘇生だ。心肺蘇生法は、正しいやり方をとらないと効果がないばかりか、かえって危険な状態を招くことにもなりかねない。傷病者の様子をチェックしながら、慌てずに対処したい。

心肺蘇生の方法については5年ごとにガイドラインの見直しが行なわれており、細部が改正されることもある。インターネットなどで最新のガイドラインをチェックしていただきたい。

なお、心肺蘇生は救助隊が到着するまで続けること。周囲に仲間や協力者がいるのなら、人工呼吸と心臓マッサージは分担して交互に行なってもかまわない。AEDがあるなら、心肺蘇生と交互に繰り返す。

気道確保

意識を失っている場合は舌根が沈下して気道を塞ぎ、窒息する恐れがあるので、気道を確保する。傷病者をあお向けの状態にし、あごの下に手を当てて持ち上げる。もう一方の手は額に当てて固定しておく

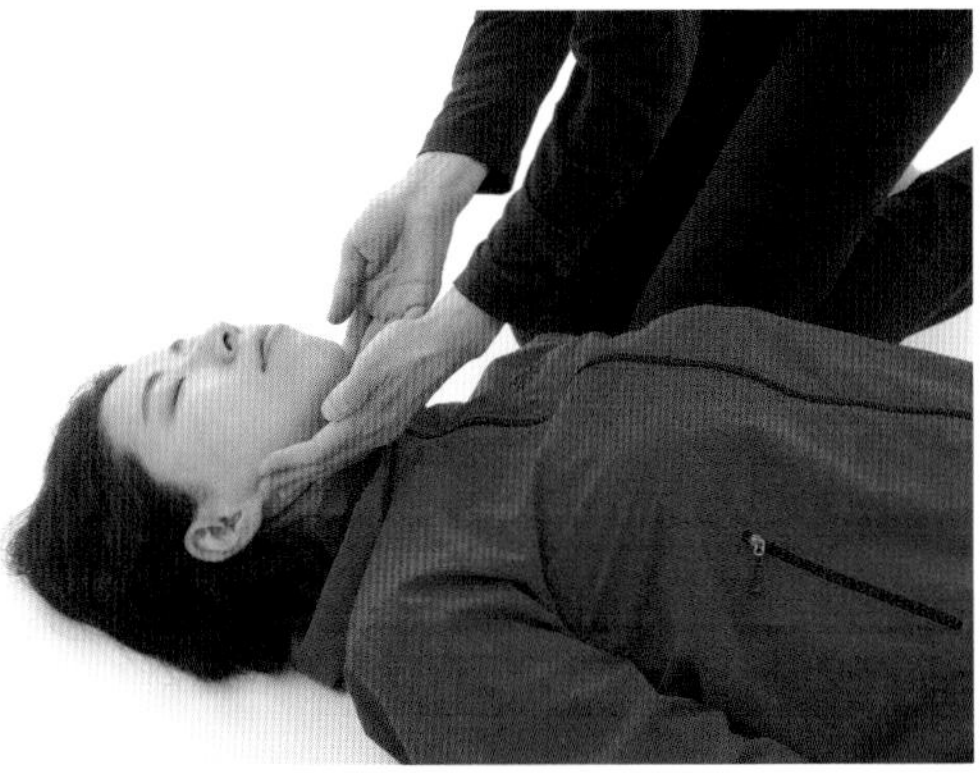

▼

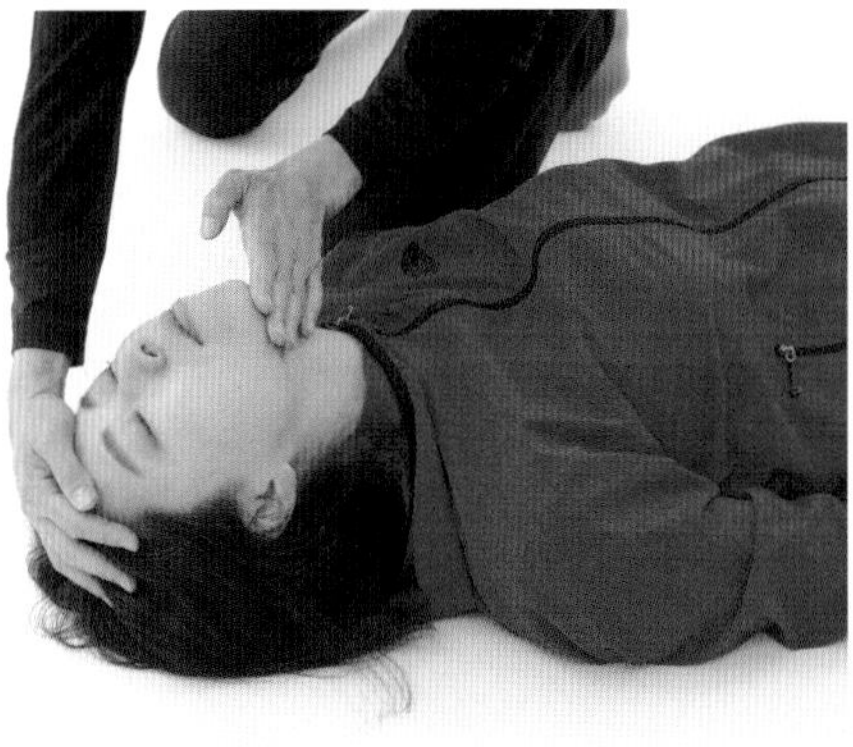

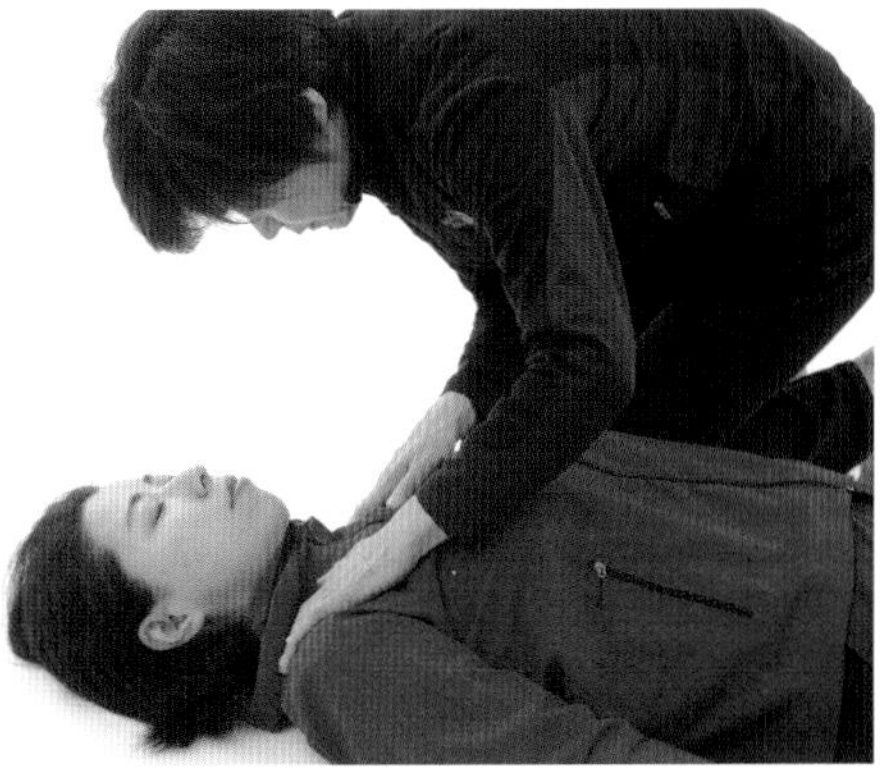

意識確認

傷病者の名前を呼びながら、軽く肩をたたく。名前がわからない場合は「もしもし」「大丈夫ですか」などと呼びかける。なんの反応もない場合はすぐに救助を要請する

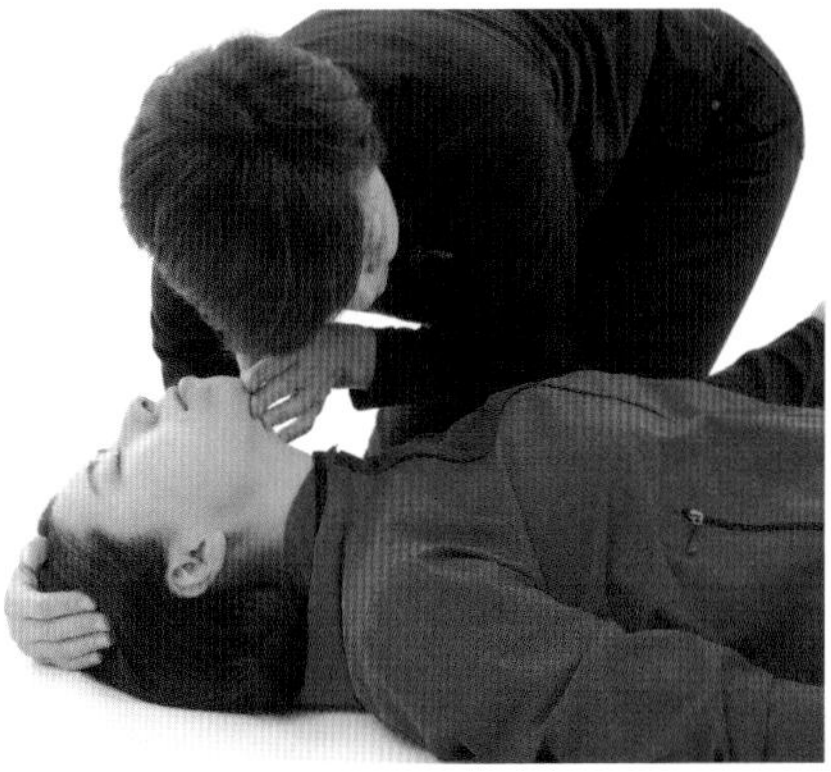

呼吸確認

気道を確保したまま、耳を傷病者の口に近づけ、息をしているかどうかを確認する。自分の頬を近づけると確認しやすい。このとき胸の動きもチェックしよう。呼吸が認められたら側臥位（P111参照）をとらせる。呼吸をしていない場合はただちに心肺蘇生に移行する

心肺蘇生法（CPR）

心肺蘇生法は胸骨圧迫と人工呼吸を繰り返す。方法のガイドラインは5年ごとに見直されているので、最新のものをチェックしておくこと

胸骨圧迫を30回

- 1分間当たり100 ～ 120回のテンポで
- 胸が少なくとも5㎝沈むように（乳児・小児は胸の厚さの約1/3）
- 中断は最小限に

▼ **繰り返す**

人工呼吸を2回

- 1回1秒かけて吹き込む
- 胸が上がるのを確認する
- 胸骨圧迫の中断が10秒以上にならないように

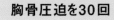

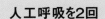

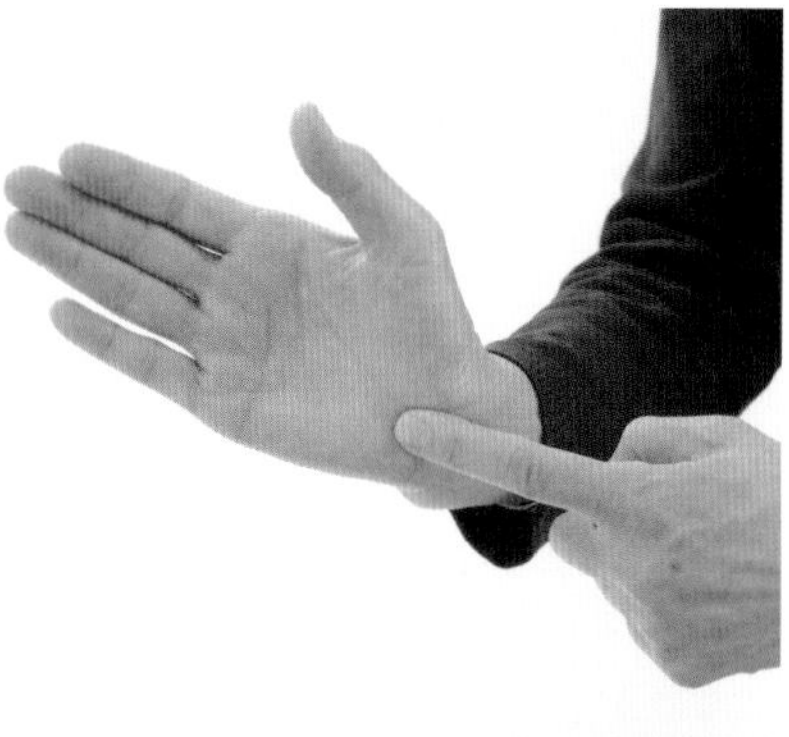

胸骨圧迫（心臓マッサージ）

呼吸が確認できない場合はまず胸骨圧迫（心臓マッサージ）を行なう。手のひらの付け根の部分で、乳頭と乳頭を結ぶラインの真ん中あたりを押す

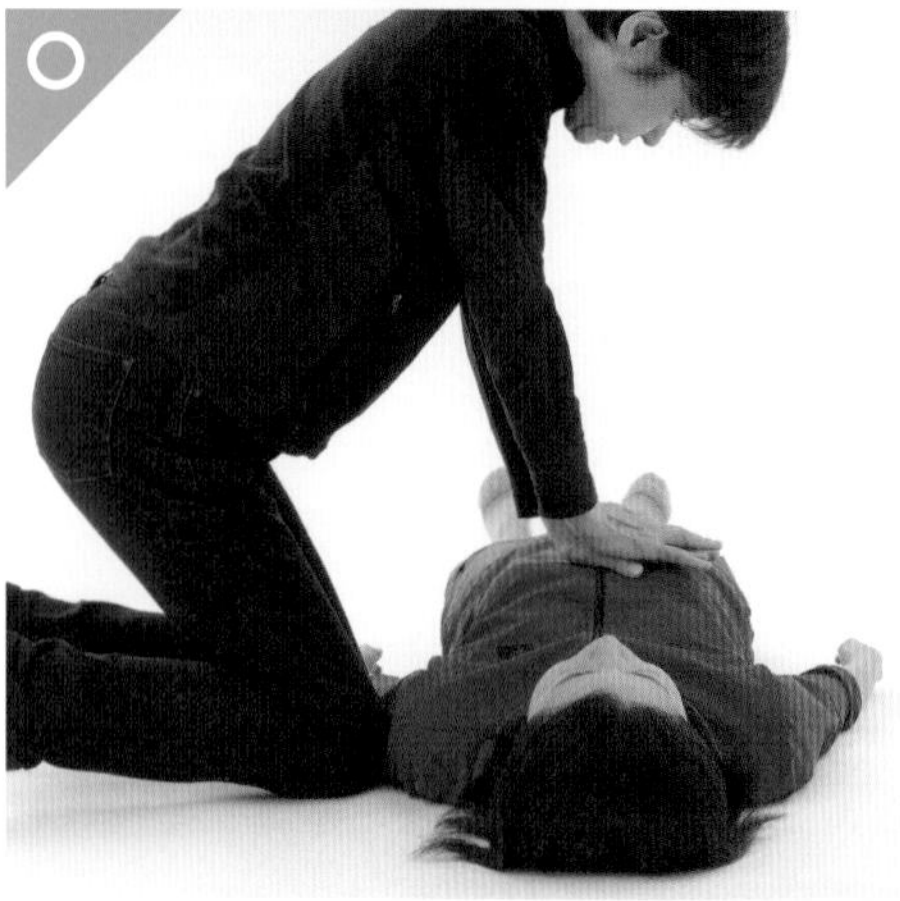

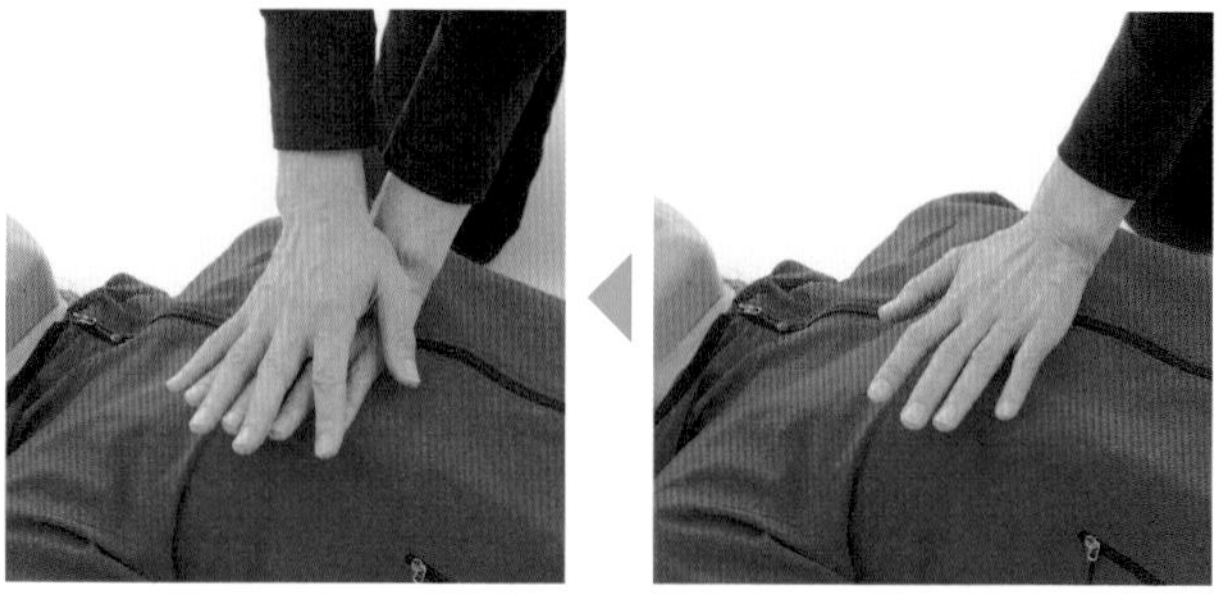

両ひざを地面について、片方の手のひらの付け根部分を圧迫点に置き、その上からもう一方の手のひらを重ねる。ひじをまっすぐ伸ばし、胸が5㎝ほど沈み込む強さで、1分間に100 ～ 120回のテンポで圧迫する

悪い例

腕が垂直になっていなかったり、ひじが曲がっていたりすると効果はない。ひじを伸ばして垂直方向に押すこと

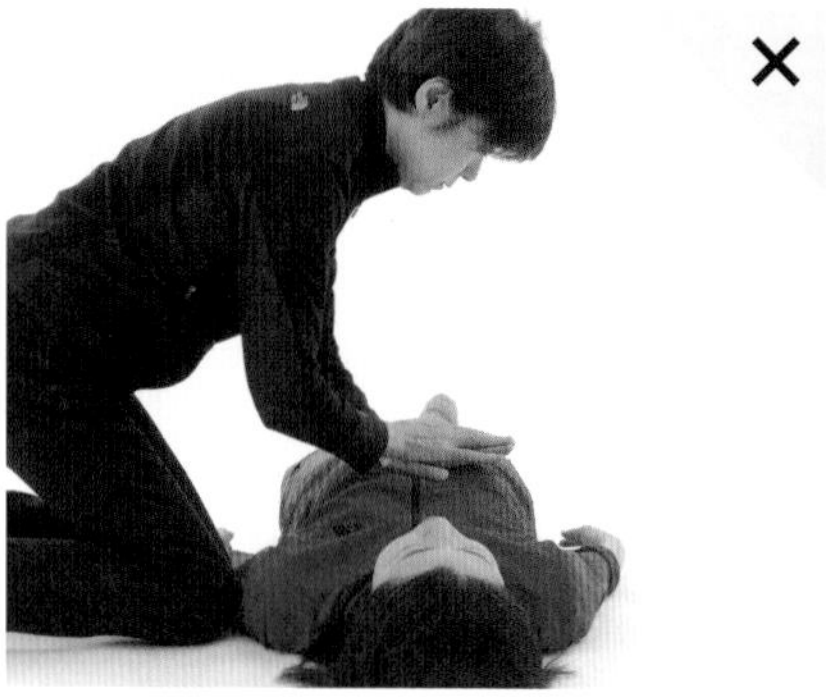

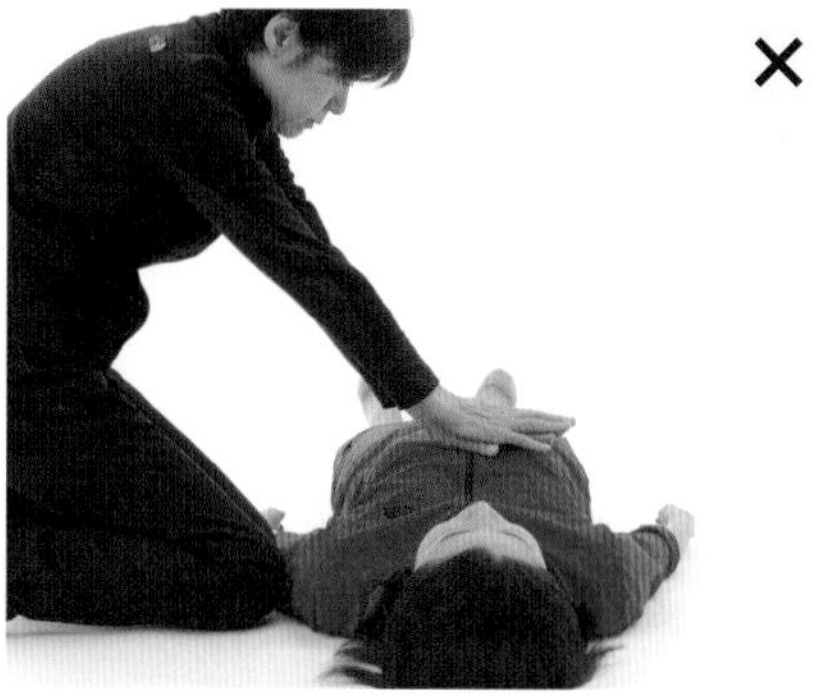

人工呼吸

胸骨圧迫を30回行なったあとは、人工呼吸を2回行なう。気道を確保し、マウス・ツー・マウスで1回1秒かけて息を吹き込む。この胸骨圧迫30回と人工呼吸2回のサイクルを、AEDまたは救助隊が到着するまで繰り返す

体位の管理

ひととおりの応急手当てを終えたら、できるだけ傷病者の苦痛を和らげ、症状を悪化させないようにして傷病者を休ませよう。下に示したように、容体に応じて楽な体勢はそれぞれ異なっている。意識がある場合は、希望する最も楽な体位をとらせるが、意識がないときは〝回復体位〟と呼ばれる「側臥位」の体位をとらせるといい。

楽な体勢をとらせる前には、ウェアのボタンやベルトなどはゆるめ、時計などのアクセサリー類も外しておく。締めつけをゆるめれば、気分もリラックスする。傷病者に意識がある場合は、無理強いせずに、ウェアをゆるめてほしいのかどうかを聞いてから行なおう。

次に気をつけなければならないのが、体温の保持。傷病者が寒さを訴えたり震えたりしているときには、体温を逃がさないように毛布などで体を包んで保温する必要がある。ウェアが濡れている場合は、乾いたものに着替えさせてから保温する。

側臥位（回復体位）

呼吸は認められるが意識のない傷病者に適している体位。傷病者を横向きに寝かせ、下あごを前に出して気道を確保する。下になる腕は伸ばし、上になる手の甲に横顔が乗るようにする。上側の足はひざを90度に曲げ、体勢を安定させる

半座位

胸や呼吸が苦しい傷病者、頭部を負傷していたり脳血管症が疑われる場合に用いる体位。足を伸ばして上体を軽く起こした体勢で、上体は後ろに寄りかからせる

足高仰臥位（ショック体位）

貧血や出血性ショックの傷病者に適している。あお向けになった状態から、足の位置だけを高くさせる。腹痛や腹部に外傷を受けた場合は、この体勢から上体を軽く起こし、ひざをもっと曲げさせるといい（膝屈曲位）

頭高仰臥位

あお向けの状態から頭だけを軽く起こした体位。頭部のケガや脳血管症、呼吸が苦しいときなどに有効

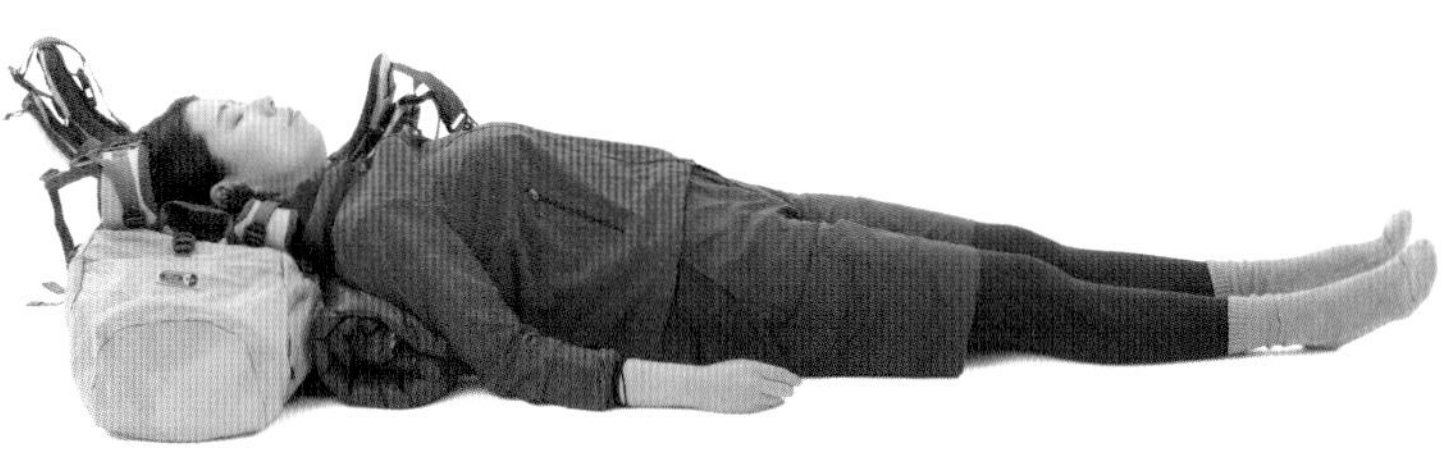

搬送法

状況に応じた搬送手段で

一次的な搬送法

- ドラッグ法
- スリングを使って背負う

比較的長い距離を運ぶ

- 2ザック担架
- 3ザック担架
- ストック担架
- ザックとストックで担架をつくる
- 雨具とストックで担架をつくる

比較的短い距離を運ぶ

- 背負い搬送法
- 肩車搬送法
- ザックを使う
- ザックとストックを使う
- 雨具を使う
- ヒューマンチェーン

山で行動不能に陥った人を移動させるための手段が搬送法のテクニックだ。搬送法には、短い距離を素早く移動させるためのもの、比較的短い距離を運ぶもの、そしてある程度の時間をかけて長い距離を運ぶものの主に3つがある。

短い距離を素早く移動させる方法は、事故発生後、傷病者を二次的な危険のある場所から安全な場所へ移動させるときに主に用いられる。傷病者を危険箇所から退避させ、応急手当てが済んだら、今度は警察や消防の救助隊にバトンタッチできる場所まで運ばなければならない。あるいは自分たちの手で搬送して下山させるという選択肢もありうる。

その際には、目的地までの距離、ルートの傾斜や危険度、搬送に割ける人員、利用できそうな手持ちの装備、搬送にかかる時間などを考慮して搬送方法を決定する。

最も一般的なのは、傷病者を背負って搬送する「背負い搬送」で、さまざまな方法が考案されている。

ザックやトレッキングポール、雨具など活用する背負い搬送は、単に背負うだけの方法と比べると、搬送者や傷病者の負担もある程度軽減される。とはいえ、人を背負って不整地の登山道を歩くのは並大抵のことではなく、ひとりで長い距離はとても運べない。搬送者が複数いるのなら、疲労困憊する前に交代して距離を稼ぐようにしよう。

比較的長い距離を運べるのは、ザックやポール、雨具などを使用して簡易的な担架をつくる「担架搬送」だが、起伏のある山道には適さない。登山道は交代で背負って搬送し、林道など平坦な道に出たら担架での搬送に切り替えるといいだろう。

搬送時にいちばん気をつけなければならないのは、傷病者の症状を悪化させないことである。急いで雑に搬送するのではなく、できるかぎり傷病者に苦痛と不安を与えない方法で運ぶようにしたい。また、搬送中には傷病者の様子に注意しながら、声をかけて元気づけることも重要だ。

一時的な搬送法

ドラッグ法

最もシンプルな緊急脱出のための搬送法。搬送者が1人しかいないときは、傷病者を背後から抱えて後方に引きずっていく。2人いるなら、ひとりが上半身を、もうひとりが下半身を持ち、抱えて運ぶ。頸椎、脊椎、腰椎を損傷している場合は用いてはならない

（上）傷病者の上半身を起こし、背後から抱きかかえて後方に引きずっていく（下）傷病者の片腕を曲げ、背後から手首とひじの部分をつかんで引きずる。いずれの場合も、片足をもう一方の足の上に乗せて、両足を引きずらないようにすること

搬送者が2人いる場合のドラッグ法。ひとりが傷病者の上半身を抱き抱え、もうひとりが両足を抱えて前方へ進む。このときも両足をクロスさせて抱えると持ちやすい

スリングを使って背負う

ソウンスリング2本を使って背負う方法。メインのスリングは長さ120cmまたは150cmのものが、補助のスリングは長さ60cmのものが適している。この方法は、搬送者と傷病者の体にスリングが食い込んで痛いので、タオルなどをクッション材として用いるといい

❶長さ120cmまたは150cmのスリングを写真のように傷病者の腰にまわす ❷搬送者は傷病者の前で屈み、両腕をスリングに通す ❸そのスリングの両端に長さ60cmの補助スリングを通し、ガース・ヒッチで結ぶ ❹傷病者を背負って立ち上がり、ゆるまないように補助スリングを引っ張りながら搬送する

比較的短い距離を運ぶ

背負い搬送法

文字どおり傷病者を背負って運ぶ方法。意識がない人でも運ぶことができるが、あまり長い距離は運べない。意識を失って倒れている人を背負うには、搬送者も寝転がった体勢から行なうと比較的背負いやすい。搬送者が複数いる場合は交代で背負い、ほかの者はサポートにまわる

傷病者を背負い、ひざの下に腕をまわす。写真のように両手首をがっちりつかむとずり落ちにくくなる

意識のない人を背負う

1意識のない傷病者を半身（横向き）の体勢にする　2傷病者の前に寝転がって同じような体勢になる　3傷病者の上になっているほうの腕を自分の肩にまわす　4さらに、上になっているほうの足を自分の脇の下で抱える　5腕を持ちながら、うつ伏せになるように体を反転させる　6四つん這いの体勢になって、傷病者の体を背中でしっかり支える　7立ち上がって背負い搬送に移る。仲間がいるときは、立ち上がるときにサポートしてもらうといい

肩車搬送法

搬送者2人で傷病者を運ぶ方法。傷病者を両側から抱きかかえるようにして運ぶ。その際に搬送者は「井桁型」に腕を組み、その上に傷病者を座らせるのがポイント。井桁型の中に足を入れればより安定感は高まる。ただし意識がない人を運ぶのには適さない

1 搬送者は写真のように井桁型に腕を組む。こうすると力を入れやすい 2 井桁型に組んだ腕の上に傷病者を座らせる。傷病者は搬送者の肩に手をまわして落ちないようにする 3 井桁型に組んだ腕の中に傷病者の足を入れればより安定する 4 この体勢で前方へゆっくり進む

ザックを使う

空にしたザックを使った背負い搬送の一種。ただ背負うだけよりも、ザックによって傷病者がホールドされるので、より背負いやすくなり、搬送距離も稼げる。また、背負われるほうの負担も軽減される。ザックを逆さまにして使用してもいい

1 ザックを逆さまにして、同様に背負う。こうすればストラップの太い部分が傷病者の足に当たるので、食い込みにくくなる 2 ストラップが搬送者の肩に食い込んで痛いときは、タオルなどのクッション材を当てる

1 ザックの中身を出して空にし、ショルダーストラップを目いっぱい伸ばす 2 写真のように傷病者の足をショルダーストラップの中に差し入れる 3 搬送者はふつうにザックを背負うようにショルダーストラップの中に腕を入れ、傷病者を背負って立ち上がる。ストラップの長さを調整して背負いやすいようにする。ストラップが傷病者の体に食い込むときはタオルなどを当てて保護する

ザックとストックを使う

空にしたザックとストックを使った背負い搬送法のバリエーション。傷病者はマットを巻きつけたストックの上に座る形になるため、より体勢は安定し、負担も軽くなる。搬送者も比較的楽に搬送できる。背負い搬送法のなかでは、最も長い距離を稼げる方法だ

1 2本のストックを縮めて互い違いにする　2 クッションとなる銀マットなどで2本のストックを巻いていく　3 巻き終わったらテーピングテープなどでとめる　4 左右のショルダーストラップをいっぱいに伸ばし、輪を1回よじる　5 その輪の中に、ストックを巻きつけたマットを差し込んで写真のようにセットする　6 傷病者はザックをまたぐようにしてマットの上に足を乗せる　7 その体勢のまま搬送者はザックを背負う　8 傷病者はマットの上に腰かけて体重を搬送者の背中に預ける。バランスを崩さないように注意しながら搬送者が立ち上がる

（左）このような体勢で搬送していく（右）搬送者は傷病者の腕を胸の前でクロスさせてつかむと密着度が高まる

雨具を使う

上下セパレートタイプの雨具を使って背負い搬送をする方法。スリングとタオルなどを用いて上下の雨具をしっかり連結させるのがコツ。傷病者は雨具で包み込まれるような状態で搬送される。雨具に強い力がかかるため、傷みが早まるのが欠点

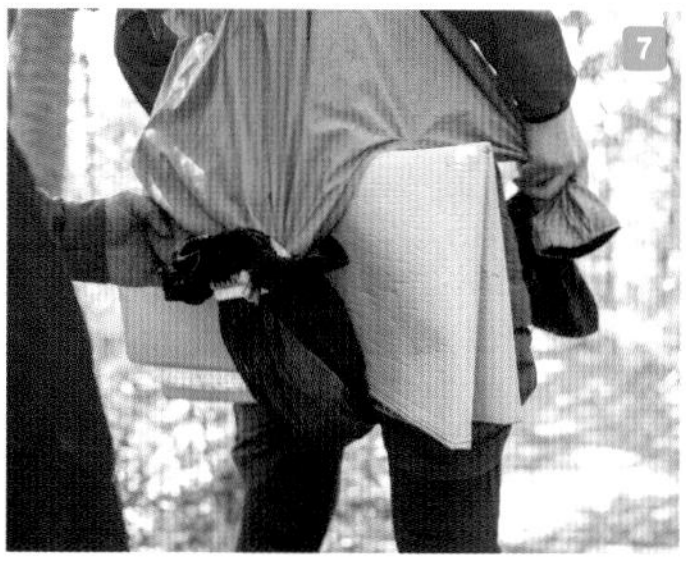

1雨具の上着の裾ポケットに、タオルなどを丸めて入れる。これは、上下の雨具を連結する際の抜け落ち防止のためのコブとなる　2雨具のズボンの中に上着の裾を入れる　3連結部をスリングできつく縛り、抜け落ちないようにする。シート・ベンドで結ぶといい　4写真のように上下をしっかり連結させる　5上着の右袖とズボンの右裾、左袖と左裾をそれぞれリーフ・ノットで結んで写真のような形にする　6傷病者の背中に雨具の上着がくるように、できた輪の中に足を入れる　7傷病者のお尻の部分にはクッション材としてマットなどを入れる　8搬送者は、傷病者の足を入れた輪の中に腕を入れて背負う

（右）傷病者の腕を胸の前でクロスさせて搬送する。肩の部分にはクッション材のタオルなどを入れておく（左）傷病者の臀部から腰にかけては雨具ですっぽり包み込まれる形になる

ヒューマンチェーン

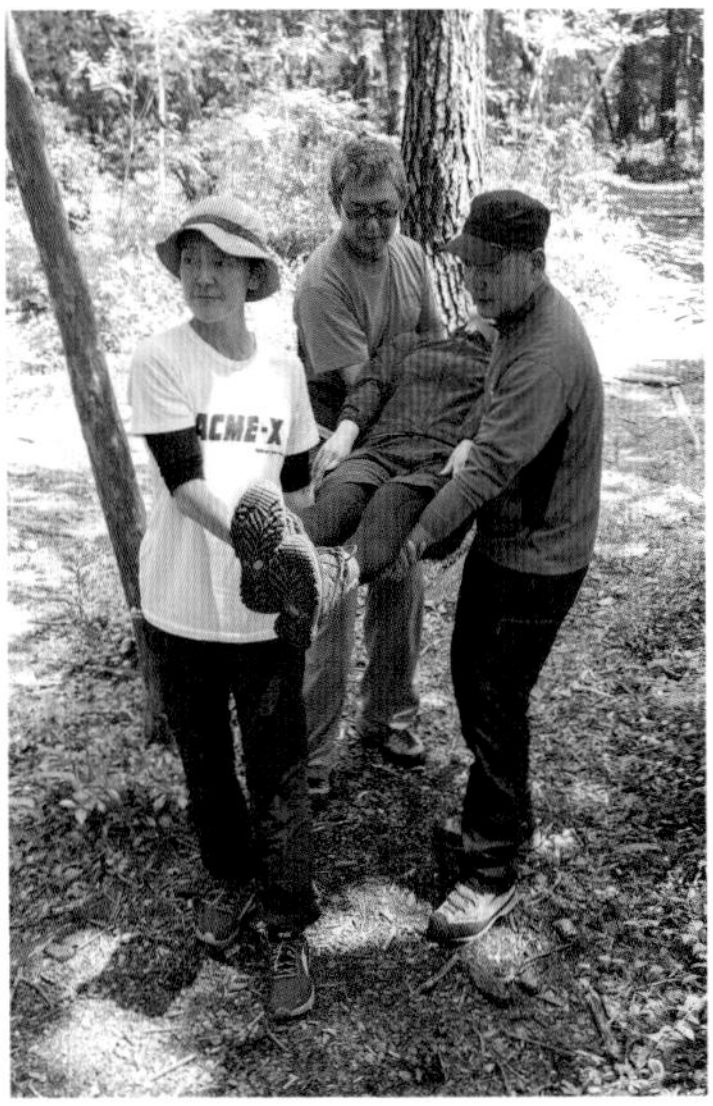

交互に組んだ腕の上に傷病者を乗せて運ぶ方法。搬送者が3人以上いる場合は、この方法が最も手っ取り早い。用具はなにもいらないので、ぜひ覚えておきたい。傷病者を腕の上に乗せて立ち上がるときに、声をかけながらタイミングを合わせるのがポイント

(右)傷病者の両側に搬送者が互い違いになって向き合い、傷病者の体の下に腕を差し入れて写真のように組む。4人で運ぶ場合も同様 (左)タイミングを合わせて立ち上がり、傷病者の足を先頭にして運んでいく

確保の方法

搬送者が2人以上いる場合はともかく、ひとりで傷病者を背負って搬送するのは、それが小柄な女性であっても、思いのほか体に大きな負担がかかってくるものだ。まして登山道は整地されているわけでもなく、傾斜もあり石や木の根などの障害物も多い。そんなところで搬送中にバランスを崩せば、傷病者も搬送者も斜面を転がり落ちるなどして、より深刻な事態を招くことになってしまう。

そうならないようにするには、斜面を登り下りするときに仲間がロープを使って確保してあげればいい。確保はあくまで搬送者のバランスを保持するためのものであり、特に支点などをとる必要はない。ただし、それなりのコツが要求されるテクニックであり、ロープ操作にも慣れておく必要がある。できれば仲間同士で練習しておくことをおすすめしたい。

1

2

3

1 2 斜面を下るときには、写真のように背負われる傷病者にスリングで簡易チェストハーネスをつくり(P62参照)、セットしたカラビナにロープを結びつける。確保者は、搬送者が下るスピードに合わせてロープを送り出していく 3 斜面を登るときは、搬送者の簡易チェストハーネスにロープを結び、登るスピードに合わせてロープを手繰っていく

比較的長い距離を運ぶ

2ザック担架

空にした2つのザックのショルダーストラップを、スリングで連結して担架をつくる方法。少なくとも3人以上の搬送者が必要となる。ザックが2つだけだと、全身を乗せられないので安定性に乏しく、強度もあまり高くないので、それほど長い距離は運べない

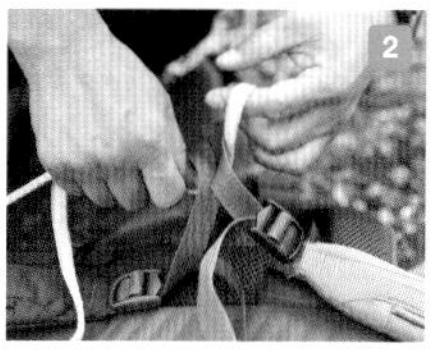

1空にしたザックを写真のように並べて置く　2それぞれのザックのショルダーストラップの細くなった部分を重ね、ガース・ヒッチでスリングを結びつける　3このスリングが持ち手になる　4 5ザック担架の上に傷病者を横たえ、ショルダーストラップや雨蓋、スリングの持ち手などをつかんで搬送する

3ザック担架

同じザックを使った担架でも、ザックが3つあれば強固で安定した担架をつくることができる。この方法だとウエストベルトを使って傷病者を固定できるので、重症度が高い人でも比較的運びやすい。ただし、搬送者は4〜6人必要となる

1 2ザックを写真のように並べて、ショルダーストラップ同士を安全環付きカラビナで連結する。スリングを使って連結してもいい　3 4傷病者を担架に乗せ、ザックのウエストベルトで体を固定する。搬送中に頭部が揺れないように、両サイドにタオルなどのクッション材を入れるといい。少なくとも4人以上で、ショルダーベルト持ち手にして搬送する

ストック担架

2本のストックとテーピングテープがあれば簡易担架をつくることができる。テーピングテープの巻きつけが少ないと強度が低下するので、ひと巻き分を使いきるぐらいのつもりでつくること。マットやスリングなどを使えば、傷病者や搬送者の負担も軽くなる

1 2人が向かい合って2本のストックを持ち、傷病者の体が乗るだけの間隔に開いたら、もうひとりがテーピングテープを斜めに巻きつけていく　2 端まで巻いたら折り返し、交差させるように巻いていく　3 4 5 往復巻き終えたら、それぞれのストックの中間部に持ち手となるスリングをガース・ヒッチで結びつけ、マットを敷く　6 傷病者を担架に乗せ、ストックの両端とスリングの持ち手を持って搬送していく

ザックとストックで担架をつくる

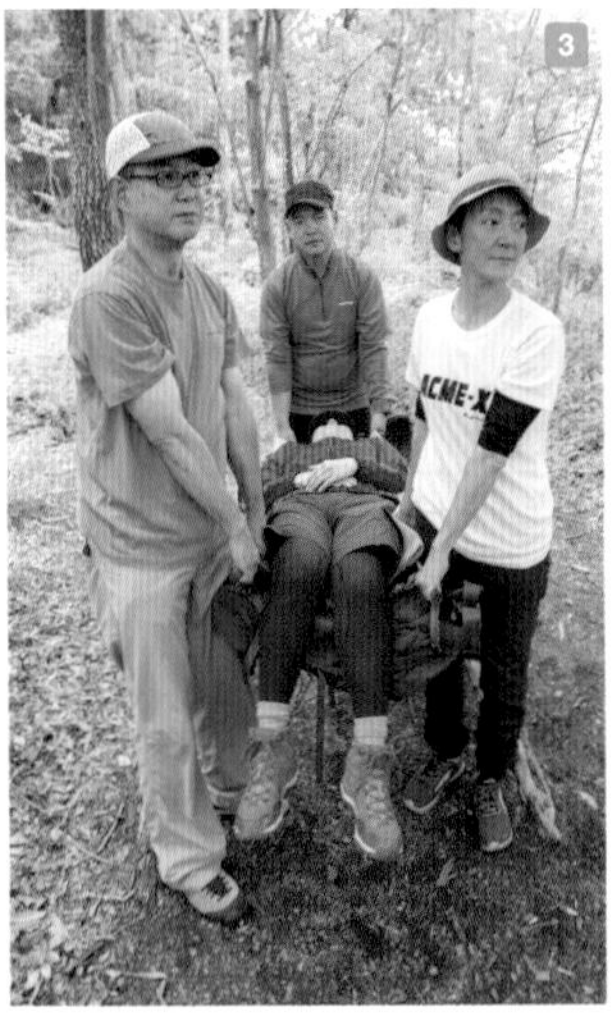

空にしたザックを横に3つ並べて、ショルダーストラップにストックを2本通しただけの即席担架。最もスピーディに行なえる担架搬送である。スリングをストックに結びつければより運びやすくなる。傷病者の下にはマットを敷いてクッションとする

1 ほぼ同じ大きさのザックを空にして、横に3つ並べ、すべてのザックのショルダーストラップに写真のように2本のストックを通す　2 クッション材としてマットを敷き、その上に傷病者を横たわらせる　3 ストックの両端を持って搬送する。人数が多ければストックにスリングを結びつけて持ち手とする

雨具とストックで担架をつくる

持ち合わせている登山用具で簡易担架をつくるのは、昔からとられてきた搬送法のひとつ。これは雨具の上着2着とストック2本を使って担架をつくる方法。袖を上着の内側にたくし込んで、そこにストックを通すのがポイント。3人以上で搬送するならスリングで持ち手を付ける

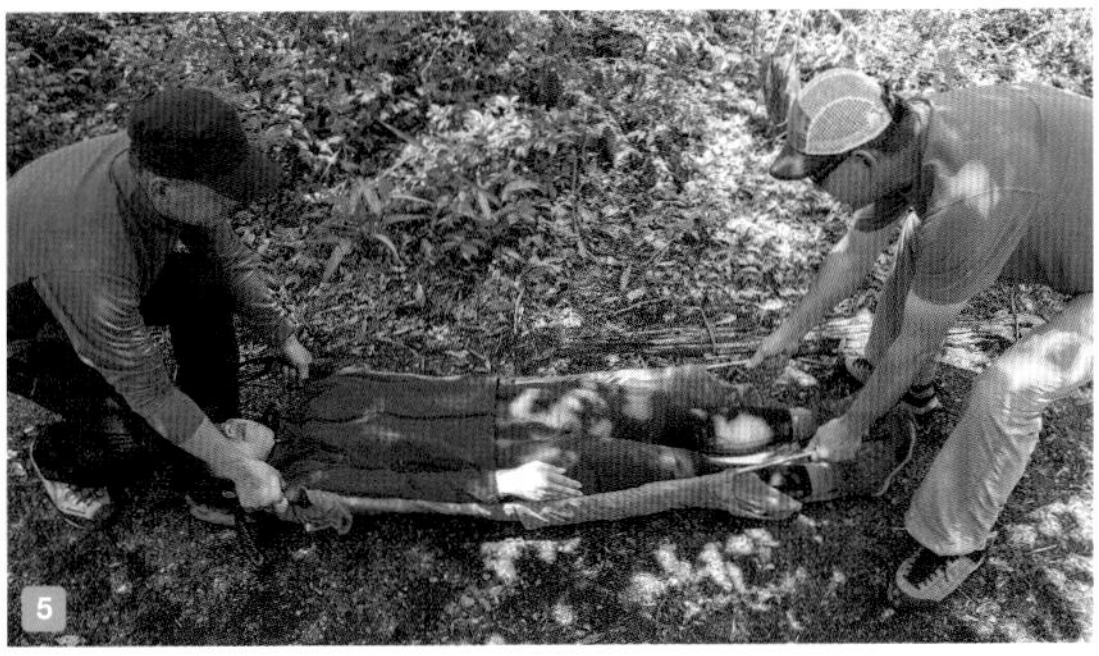

1担架の構造はこうなっている。雨具の上着2着とストック2本を使用　2上着の袖をそれぞれ内側にたくし込む　3このような形にして並べる　4たくし込んだ袖にストックを通せば簡易担架が完成する　5 6担架に傷病者を横たえて搬送する。搬送者が3人以上いるときは、上着のつなぎ目の部分のストックにガース・ヒッチでスリングを結びつけて、持ち手にするといい。こうすれば担架の強度も高まる

2つのザックを背負う

ケガや病気などで仲間が行動不能に陥ったときは、その人が持っていた荷物を誰かが持たなければならない。仲間が大勢いるなら分担して持つことも可能だが、数人しかいない場合は、傷病者の搬送に人手がとられるので、ひとりが2つのザックを持つことになる。そんなときに覚えておきたいのがこの方法。カラビナとウエストベルトで連結するだけだが、比較的背負いやすく、行動が制限されることもない。

1 2つのザックを重ねて並べ、ザック上部に付いているループをカラビナで連結する　2後ろのザックのウエストベルトを、前のザックのショルダーベルトの中を通してまわし、バックルをとめて締める　3このように連結させる　4ひとつのザックのような感覚で背負うことができる

救助を待つ

保温に努めて体力を温存

助けにきてくれることを信じて救助を待とう（写真協力／長野県警山岳遭難救助隊）

傷病者の応急手当てを済ませ、救助を要請したら、安全な場所で救助隊の到着を待つ。その間は、とにかく助かることを信じて、体力の温存に努めること。山でケガや病気のアクシデントに見舞われた際、生きて帰るために最も重要になるのは、医学的にはいかに体温の低下を防ぐかだという。それが救助を待つ間の最重要課題であり、生死を分けるポイントになるといっても過言ではない。

体温を低下させないようにするためには、濡れたウェアを乾いたものに着替えさせて、風雨の当たらない場所に退避する。山小屋などの退避場所がなければ、テントやツエルトを張って、その中に傷病者を収容しよう。テントやツエルトもないのなら、手持ちの装備を総動員させて保温を図るしかない。着替えや防寒具、雨具など、所持しているウェアをすべて着込み、レスキューシートや新聞紙を体に巻きつけて体温を逃がさないようにする。空にしたザックを地面に敷いて、その上に座れば、地面からの冷えを防ぐことができる。体を内側から温めるために、温かい飲み物を飲むのも効果的だ。

救助を待つ間、携帯電話などで救助隊と連絡がとれるのであれば、その指示に従うようにする。家族や仲間との通話は情報を混乱させることにつながるので控え、救助隊との交信時以外は電源を切っておく。

今日の遭難救助は、ヘリコプターによって行なわれることが多い。ヘリコプターの接近が確認できたら、ピックアップされやすい開けた場所や見通しの利く尾根筋などへ移動して待機し、ヘリコプターが見えたら合図を送る。周囲に開けた場所がなく、発見されにくい樹林帯などにいるときは、光を反射するレスキューシートを大きく振ったり、赤色発煙筒を焚いたりして居場所を知らせよう。ヘリコプターが接近すると、風圧でテントなどの装備や木切れなどが飛散するので、飛ばされそうなものはあらかじめ撤収・排除しておくことも忘れずに。

体温の低下を防ぐために

エネルギー源と水分を補給する。カロリーの高い温かい飲み物も効果的

ツエルトがあれば、さらにその中に入るかかぶるかする

低体温症の要因となる濡れ、風をシャットアウトするため、傷病者の体にレスキューシートを巻きつける

フリースやダウンジャケットなどの防寒具、雨具などを着込んで体温の低下を防ぐ

地面からの冷えを遮断するためにザックやマットなどを敷く

ヘリコプターに発見してもらうには

煙を出せばすぐにヘリに気づいてもらえる。jROのウェブサイトで購入できる赤色発煙筒「ココデス」は、ヘリが接近してから着火すれば、赤色の煙が1分間上がる

樹林帯の中にいると、捜索のヘリからはまず姿は見えない。見つけてもらうには、レスキューシートを大きく振って合図するのが効果的

ヘリが気づいて接近してきたら、自分が救助要請者であることを伝えるため、ウェアやレスキューシートなどを体の横で大きく上下に振る

救助を求めるサイン

捜索ヘリが確認できたら、居場所を知らせるために目立つ色のウェアやレスキューシートなどを、頭上で円を描くようにして大きく振り回す

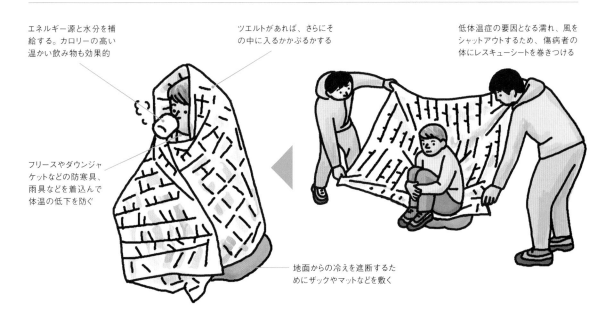

単独行のセルフレスキュー

できることは限られる

山でなにかトラブルに遭遇したときに、頼れる仲間がいない単独行では、自分だけでどうにか対処しなければならない。ひとりで山を歩く以上、ファーストエイドの携行と必要最低限の救急法のノウハウの習得は、不可欠なリスクマネジメントと心得たい。

ファーストエイドキットは、あれもこれも持つのではなく、必要最小限のものを持ち、代用できるものがあればそれで代用するのがポイントだ。いざというときに手持ちの登山用具をどのように活用できるかを考えるのも大切なことである。

とはいえ、ひとりではできることにも限界がある。いくら救急法に長けていても、腕を骨折していたら手当てはできないし、ケガをした部位によっては手が届かないところだってある。なにより、行動不能に陥ったり意識を失ってしまったりしたら、もうどうしようもない。それをよく認識し、特にソロの場合はケガや病気を極力回避するように行動することが、なにより重要になってくる。

万一、そのような状況になってしまったら、救助されるのをただひたすら待つしかない。登山届を提出しているのであれば、救助される確率は格段に高くなる。持ち合わせの装備を駆使して体力を温存しながら、とにかく助かることを信じて待ち続けることだ。

単独行がリスキーだといわれるのは、万一のときの対処に限界があるからだ

単独行で行動不能に陥ったとき

転・滑落や転倒などによるケガ、病気などで行動不能に陥ってしまった
→ 少しでも安全な場所に一時的に退避する
→ 可能なかぎり応急手当てを行なう
→ 登山届を提出している

- Yes → 携帯電話または無線機を持っている
  - Yes → 救助を要請する → 風雨を避けられる場所に移動し、保温に努め救助を待つ
  - No → ●ほかの登山者が通りかかるのを待つ ●捜索開始を待ち、発見・救助されるまで生き延びる
- No → 携帯電話または無線機を持っている
  - Yes → 救助を要請する
  - No → 風雨を避けられる場所に移動し、長期戦を覚悟してビバーク態勢を整える → ●ほかの登山者が通りかかるのを待つ ●発見・救助されることを信じて生き延びる

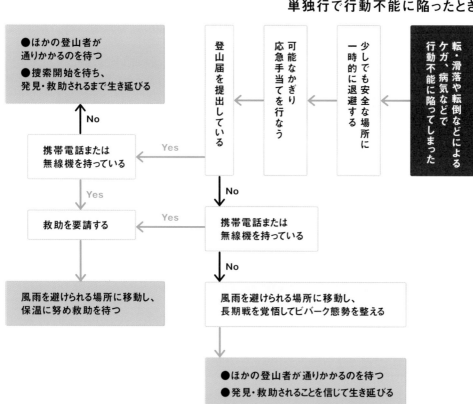

Part 6

雪山でのリスクマネジメント

■監修／木元康晴（登山ガイド）

雪山のリスク

美しい雪山にはさまざまなリスクが潜んでいる

夏とはまったく違った姿を見せてくれる美しい雪山。その分、多くのリスクもつきまとう

冬の澄んだ空気のなか、太陽に照らされて輝く白銀の斜面。踏み跡のない真っ白な雪原に自分たちのトレースを残していく達成感。雪山ならではの絶景や山行の満足感は、夏山では味わえないものがある。その一方で、雪山は夏山よりも気象条件が厳しくリスクが高いことも事実だ。そこで、雪山にはどんな危険が潜んでいるのかを理解し、リスクを回避する方法を身につけておこう。そのためには、本書のような技術書で概略を学び、講習会や経験者との山行で実践していくことが大切だ。

雪山登山のリスクのなかでも、最も危険なのが雪崩だ。雪崩は巻き込まれると命を失ってしまう可能性が高い。ただし、雪崩が起きる恐れのある地形や気象条件は、ある程度決まっているので頭に入れておこう。また、雪崩が起きやすいルートも過去のデータからある程度推測することができる。そして、もし雪崩に遭遇しても生存率を上げるために、アバランチギア（ビーコン、プローブ、スノーショベル）の使い方を確実に習得しておくことも大切だ。

雪山ではアイゼン、ピッケル、スノーシュー、ワカンなど夏山とは違うギアを使いこなさなくてはいけない。これらのギアに不慣れだと、転倒や滑落の危険がある。仮に夏山で滑落した場合、数メートル程度ですむ斜面であっても、雪が積もっているとツルツルと滑るため、数百メートルも滑り落ちることもある。しかも滑る途中でスピードが増していくため、樹木や岩にぶつかると大ケガを負ってしまうことも少なくない。雪山のギアをつけて安全に行動する技術を身につけるほか、もし滑落しても助かるためのセルフアレスト（滑落停止）も練習すべきである。

そして、雪山を安全に楽しむためには、決して無理をしないことが肝心だ。自分の能力と体力に合ったプランを立て、「これ以上のリスクを感じたら先に進まずに引き返す」というターニングポイントをしっかりと決めておこう。

雪山に潜むリスク

転・滑落 雪上歩行技術が未熟だったり、体力が不足していると転・滑落につながる。滑落した場合に、ピッケルを雪面に突き刺して停止するセルフアレストの技術は、必ず身につけておこう

雪崩 大雪が降っている日やその翌日の晴れた日、気温が急上昇した日は雪崩が発生しやすいので気をつけよう。また、一般的な雪山コースになっていない雪崩地形には入らないこと

雪目 紫外線が特に強くなる春山では、雪目と日焼けに注意しよう。特に雪目は、目が開けられないほどの痛みに襲われ、行動できなくなる可能性もあるので気をつけること

凍傷 寒さで血行が悪くなり、皮膚や組織が破壊されるのが凍傷だ。指や耳など体の末端部分が凍傷にかかりやすいので、グローブやバラクラバなどできちんと保温すること

悪天候 ホワイトアウトで視界がなくなると行動が困難になる。雪山では地形図とコンパス、GPSも携行しよう。また、強風は凍傷や低体温症を引き起こすので、防風・防寒対策は必須だ

ルートミス 雪山では登山道が雪に埋もれてしまうので、ルートがわかりにくい。先行者のトレースも風雪で消えてしまうことも。特に尾根の下りはルートを見失いがちなので注意しよう

凍傷

指先に痛みを感じたら、すぐに対処を

寒さによって手足をはじめとする体の一部の血液循環が悪くなり、組織が凍結して破壊されてしまうのが凍傷である。凍傷にかかりやすい部位としては、体の末端である手足の指先、耳や鼻、顔面（特に頬）などが挙げられる。

凍傷の症状は、おおまかに分けて下記の表の4段階に分類される。第Ⅰ度は、皮膚がジンジンとしびれたり、赤く腫れてしまうもの。一般的にいう「しもやけ」は、このときの状態を指す。さらに第Ⅱ度になると、皮膚の表面に水疱ができる。そして第Ⅲ度まで進行すると、皮下組織までダメージを受けて壊死してしまい、皮膚が黒ずんだり紫色に変色する。第Ⅳ度は、筋肉や骨まで腐ってしまった状態で、第Ⅲ度から第Ⅳ度まで進行すると、外科手術で凍傷部位の切断をしなくてはいけないことが多い。そうならないためにも適切な凍傷の予防法を知っておこう。

雪山で凍傷を予防するためには、前述の凍傷になりやすい部位を確実に保温することだ。グローブやソックスは厚手を選ぶのに加えて、雪で濡らさないように気をつける。濡れてしまってもすぐに乾いたものと交換できるように、替えを必ず携行しよう。耳や鼻、顔面はバラクラバを装着することで、冷たい風が直接当たらないようにする。また、温かい飲み物を飲んだり、炭水化物などエネルギーに変換しやすいものを食べることは、体を内側から温めるので、血行促進につながる。ほかにもグローブや登山靴があまりにタイトだと、血液の流れが悪くなり凍傷に罹患しやすい。靴ひもなどもきつく締めすぎないように注意しよう。また、体の中心部の体温が下がると末端への血流を抑制しはじめるので、胴体部分の保温に努めることも大切だ。

もし登山中に手足の指や耳たぶなどがかゆくなったり、ジンジンとしびれてきたら凍傷の初期症状のシグナルだ。指先をグローブや登山靴の中で動かしたり、マッサージをして血流がよくなるように努めよう。手の指は、脇の下や股に挟んで温めるのも効果的だ。足の指の場合は、登山靴を脱ぐのが大変なのでつい我慢しがちだが、しびれを通り越して足全体の感覚がなくなると凍傷が進行している可能性が高い。すぐにツエルトやテントを張れる場所に移動し、お湯などで患部を温めよう。

山中で凍傷になってしまった場合は、速やかに下山して医療機関の診察を受けることが必要だ。しかし、第Ⅱ度以下の凍傷の場合は、山小屋やテントでの応急処置も効果がある。洗面器やコッヘルなどに40～42度のお湯を用意し、30分以上温浴して温める。手や足の感覚が戻ったらタオルなどで水分を拭き取り、ガーゼや清潔な布で患部を保護しよう。このとき水疱を破ってはいけない。症状が悪化するからだ。

雪山ではリーダーが初心者のケアをするのが一般的だ。しかし、熱心にケアをするばかりに、リーダーが凍傷の自覚症状に気がつかないことが多いので気をつけよう。

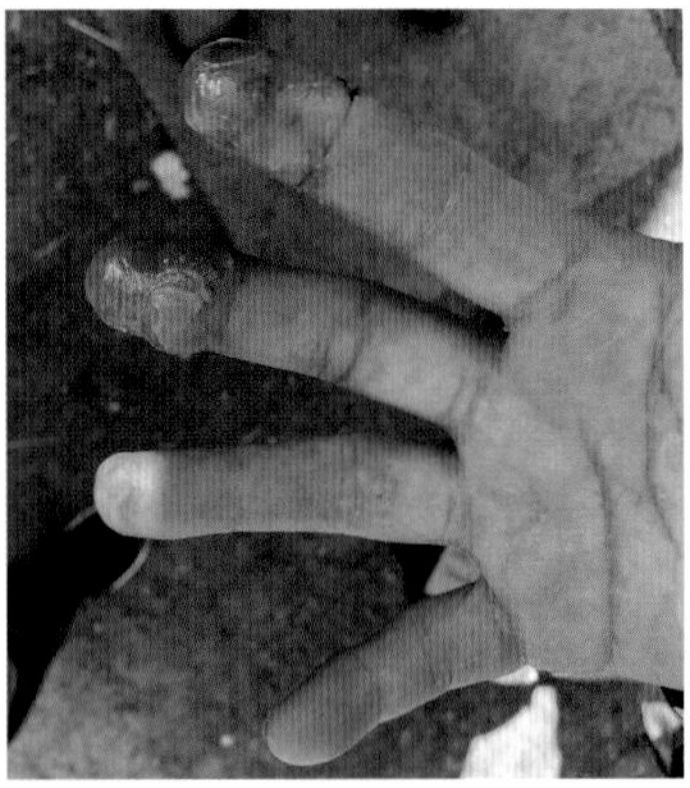

水疱ができた第Ⅱ度の凍傷。水疱が破れるので、マッサージで温めるのはＮＧ

凍傷の障害の程度

第Ⅰ度	皮膚がかゆくなったり赤く腫れたりする
第Ⅱ度	皮膚の感覚がなくなり、水疱が生じてくる
第Ⅲ度	皮膚が壊死して白くなり、のちにどす黒く変色する
第Ⅳ度	指先などが脱落する

凍傷の予防法

素手ではアイゼンやピッケルなどの金属類に触れない

寒冷な環境では、素手で金属を触るのは絶対NG。アイゼンやピッケルに触れるときは、必ずインナーグローブを装着すること

頬や耳を守るためにバラクラバを使う

バラクラバは、頭から耳、顔や首まで保温できるので、雪山では重宝する。適度なフィット感があり、息苦しさを感じないものを選ぼう

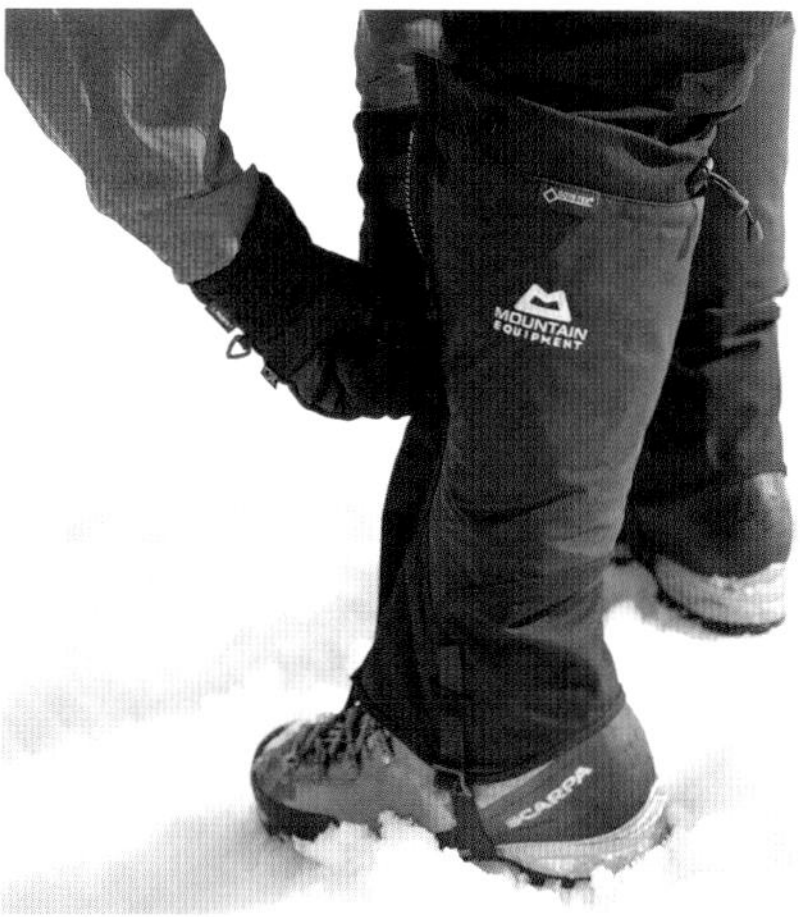

足が濡れないようにスパッツを装着する

登山靴の中に雪が入り込むと、内部が濡れて凍傷になりやすい。雪山では丈夫で防水性のあるスパッツを忘れないこと

グローブを飛ばされないようリーシュコードをつける

雪山でグローブを失うと凍傷のリスクが高まる。強風でもオーバーグローブが飛ばされないようにリーシュコードをつけておこう

もし、凍傷になってしまったら

第Ⅱ度以下の凍傷は、患部を温めることが重要。ただし熱い湯やストーブで急激に温めると症状が悪化することがある。40～42℃のお湯で30分以上温浴し、乾燥させた後、抗生物質の軟膏を塗り感染症を予防しよう

ルートミス

常に現在地と進行方向を把握するのが大原則

トレースは体力的に助けられるが、必ずしも安全なルートとは限らない

雪山は、登山道や道標が雪の下に埋もれているため、無雪期の登山に比べてルートミスをするリスクが高い。では、雪山でも正確なルートファインディングをするためには、どんなことをするとよいのだろうか。

まずは、プランニングの段階で情報収集し、地形図を読み込むことで、進むべきルートの状況や迷いやすい箇所を確認しておくことだ。山域によっては夏道と冬道が違っていることもあるので、ガイドブックやネットでの情報収集は、欠かせない。そして、行動中は地形図とコンパス、あるいはＧＰＳといったナビゲーションツールを活用して、常に自分の現在位置を把握することが重要だ。

雪山ではルート判断の手がかりとして、先行者のトレースや赤テープがある。これらはルートファインディングの目安にはなるが、必ずしも自分の進むべきコースにつけられているとは限らない。また、安全性の面でも保証があるわけではないので、全面的に信用するのは危険だ。必ず、ナビゲーションツールを使って正しいルートを見極めるようにしよう。

ほかにも雪山でルートミスをしがちな状況として、分岐の見落とし、ホワイトアウトなども挙げられる。特に気をつけたいのが、下りの尾根での分岐だ。一般的に尾根はピークを頂点にして下るにつれて枝分かれしていくため、登りよりも下りのときのほうが間違いやすい。尾根を下るときは、コンパスやＧＰＳで常に進行方向を確認するようにしたい。そして、間違ったルートに入ってしまったことに気がついたら、ただちに引き返すことを考えよう。

また、雪や霧に覆われてしまい視界がまったく利かなくなるホワイトアウトも、ルートミスを引き起こす要因のひとつだ。もしホワイトアウトになってしまったら、不用意に行動すると雪庇の踏み抜きなどのリスクが高まる。来た道を引き返すか、ビバークして天候回復を待とう。行動を試みる場合は、コンパスやＧＰＳを使って慎重に進むことだ。

雪山と夏山のルートの違い

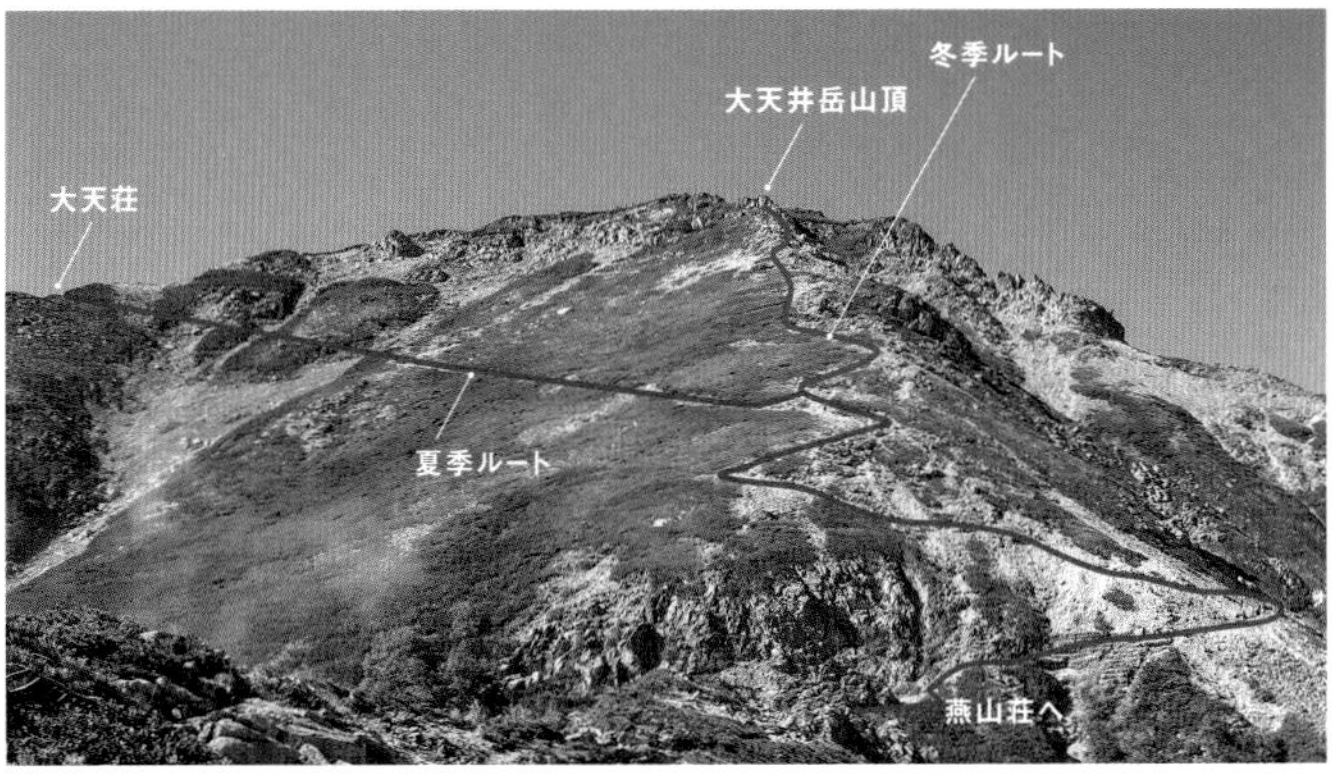

積雪時に夏道を通ると雪斜面のトラバースとなるため雪崩や滑落の可能性が高い。冬に登る場合は、尾根をたどって大天荘へ向かう

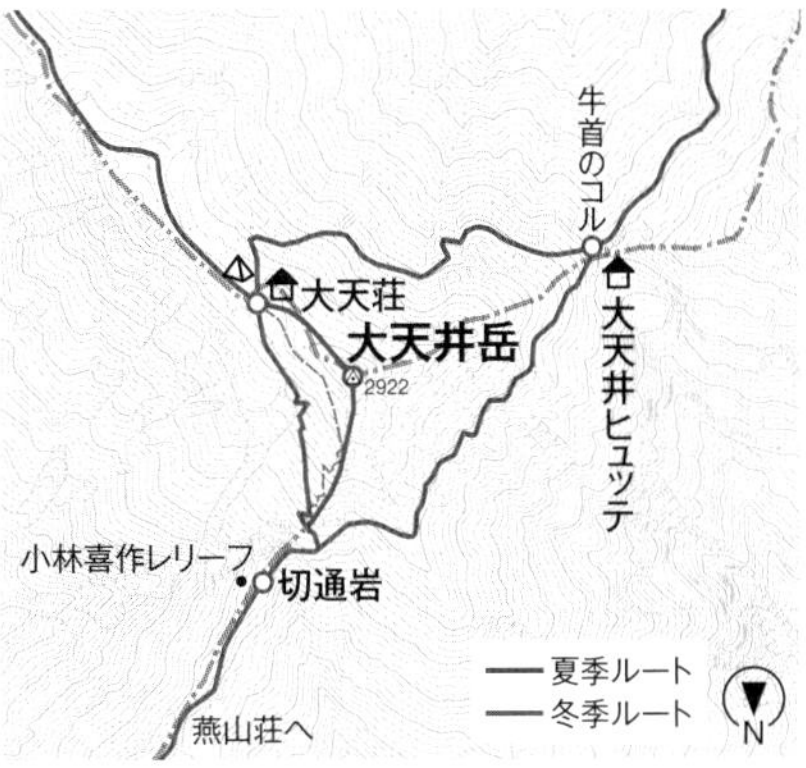

北アルプスの大天井岳は、夏道と冬道でルートが違う。夏道は東側斜面をトラバースするが、冬道は大天井岳山頂まで尾根を直登する

ルートミスしがちな状況

赤テープの過信

赤テープやトレースは、どこをめざすのかわからないので、頼りすぎないこと。あくまでも参考にとどめ、自分で進行方向を決めよう

ホワイトアウト

強烈な吹雪のホワイトアウトだと自分のトレースも消えるので引き返すのも難しい。その場合は、行動を中止し天候回復を待つこと

ルートミスを防ぐために

■プランニング時に冬季ルートが設定されていないかを確認すること

■山中ではナビゲーションツールで、現在地と進行方向を把握すること

■赤テープや先行者のトレースは、信用しすぎないこと

■ホワイトアウトになったら、むやみに動かず視界が開けるまで待つこと

■もし道間違いに気づいたら、ただちに引き返すこと

転・滑落

アイゼンとピッケルワークをマスターしよう

雪山での転倒は、ウェアと雪の摩擦が小さいのでスピードがついた状態で滑り落ちてしまい、非常に危険だ。転・滑落を防ぐためのノウハウを確実に知っておく必要がある。

まず、いちばん大切なのはアイゼンとピッケルによる歩行技術をマスターすることだ。アイゼンに慣れていない初心者は、左右の足幅が狭くてアイゼン同士を引っかけて転倒してしまうことが多い。左右の足の間隔は、握りこぶしひとつ分以上あけて歩くことが大切だ。そして、斜面を歩くときは、ピッケルと左右の足の3点のうちの、2点で斜面をグリップし残りの1点だけ動かす二点支持を心がけること。これは方向転換するときも同様で、ピッケルを斜面に刺してから、片足ずつ向きを変えるようにする。

また、初心者はすれ違いのときに、トレースを外れただけでバランスを崩して転倒してしまうことがある。トレースを外れるときは、雪面が凍結していないかを確認したうえで、確実にピッケルを斜面に刺してから足を動かすようにしよう。

このようなアイゼン・ピッケルワークは、野球でいうバッティングフォームやバスケットボールのシュートフォームのように決まった「型」がある。我流で身につけるよりも講習会や経験者に指導してもらうと早くマスターできる。

また、森林限界を超えた稜線上では、強風にあおられてバランスを崩してしまうことも多い。強い風が吹いているときは、無理をせずに風が弱まるまで行動を中止しよう。突風から身を守る耐風姿勢のとり方を身につけておくことも必要だ。

万が一、滑落してしまったときは、ピッケルを斜面に刺して滑落を止めるセルフアレストを行なわなくてはいけない。セルフアレストのポイントは、加速がつく前に素早くピッケルを刺すこと。そのためには、雪山講習会などで、何度も練習を繰り返し、体でセルフアレストの体勢を覚えておくことが重要だ。

転・滑落を防ぐ歩き方

ピッケルと足の確実な二点支持で歩く

傾斜が急な斜面は滑りやすいので、左右の軸足とピッケルのうち、2点に確実に荷重がかかっている状態（二点支持）をキープすること

アイゼンの爪の引っかけに注意！

アイゼンを引っかけて転倒することは意外と多い。歩くときは、両足のかかとの間隔を10㎝ほど（こぶし1個分）あけるようにする

もし滑落してしまったら

スピードが出る前に
セルフアレストで止まる

滑落して滑りだしてしまったら、すぐにセルフアレストを試みよう。1回でマスターするのは難しいので、練習を繰り返すのが大切だ

足で雪面を蹴らないように両ひざを少し上げ、ピッケルを持つ手でピッケルヘッドを持ち、反対側の手でシャフトの末端を握る

そのまま上半身をピッケルを持った手のほうに回転させる。このときピッケルを胸から離さずに、ひじに上半身の体重を乗せること

両脇を締めてピックを雪面に食い込ませ、上半身の体重をしっかりと乗せる。このときも足は上げて雪面から離しておこう

斜面でのすれ違い

安定した足場をつくって、ピッケルを確実に刺す

すれ違いでトレースを外れるときは、雪面をならして足場をつくること。そしてピッケルを確実に刺してから、足場に移動する

耐風姿勢

ピッケルと両足の三点支持で突風をやり過ごそう

ピッケルと両足で二等辺三角形になるようにして、突風でもバランスを崩されないような体勢をつくる。上体を低くするのがコツ

シリセード

安全のために必ずアイゼンを外すこと

尻で斜面を滑るシリセードをするときは、雪面に引っかからないようにアイゼンを外すこと。スピードはピッケルとかかとで調節する

悪天候

大荒れが予想される天気図をチェックしよう

雪山の気象で最も知っておきたいのが、「西高東低の冬型の気圧配置」だ。これは日本列島の西にある中国大陸に高気圧、東や北に発達した低気圧がある気圧配置のこと。北〜北西の季節風が吹くため風上側の北アルプスでは雪や雨が降り、風下の太平洋側の山では登山日和の好天になることが多い。ただし、太平洋側の山は晴れていても冷たい北風が吹くことが多いので、防寒対策は必須だ。

また、高気圧と低気圧の気圧差が大きいと日本海側の山域では大荒れの天気になる。このように冬型の気圧配置が強まるときは、本州にかかる南北の等圧線の数が5本以上になり、間隔も狭くなるので、天気図から判断することができる。

12月から2月にかけての冬山では、「冬型の気圧配置」が1日から数日間続いたのち、中国大陸から移動性の高気圧がやってくる。この移動性高気圧に覆われるのは1〜2日で、全国的に登山に適した好天に恵まれる。そして移動性高気圧の通過後は、西にある低気圧が日本列島を通過するため、天気が崩れてくる。この時期の登山は、見合わせよう。このように冬山の天候は、「冬型の気圧配置」→「移動性高気圧」→「低気圧の通過」→「冬型の気圧配置」という規則的なパターンがあることを覚えておきたい。実際に行動するのは、冬型の気圧配置が弱まりはじめ移動性高気圧に覆われている期間がチャンスだ。ただし、厳冬期の北アルプスや谷川岳は、積雪量も多く雪崩の危険もある。雪山エキスパート以外の登山者は、八ヶ岳や上州武尊山のような太平洋側に近い山がよい。

3〜5月の春山では、冬型の気圧配置が長くは続かず、低気圧と高気圧が交互に通過するため、天候が目まぐるしく変わる。低気圧の通過後、一時的に晴れてもすぐに悪天に見舞われる疑似好天には特に気をつけたい。このページでは、前述の疑似好天のような、冬から春にかけて大荒れが予想される天気図を紹介しているので、ぜひ参考にしてほしい。

強い冬型の気圧配置

本州にかかる南北の等圧線が縦縞模様となり、間隔も狭くなっていることがわかる。このようなときは、北アルプスなどの日本海側の山域で大荒れの天気となる。また、冬型の気圧配置が強いかどうかは、シベリアに1050hPa以上の高気圧があるかどうかでも判断できる

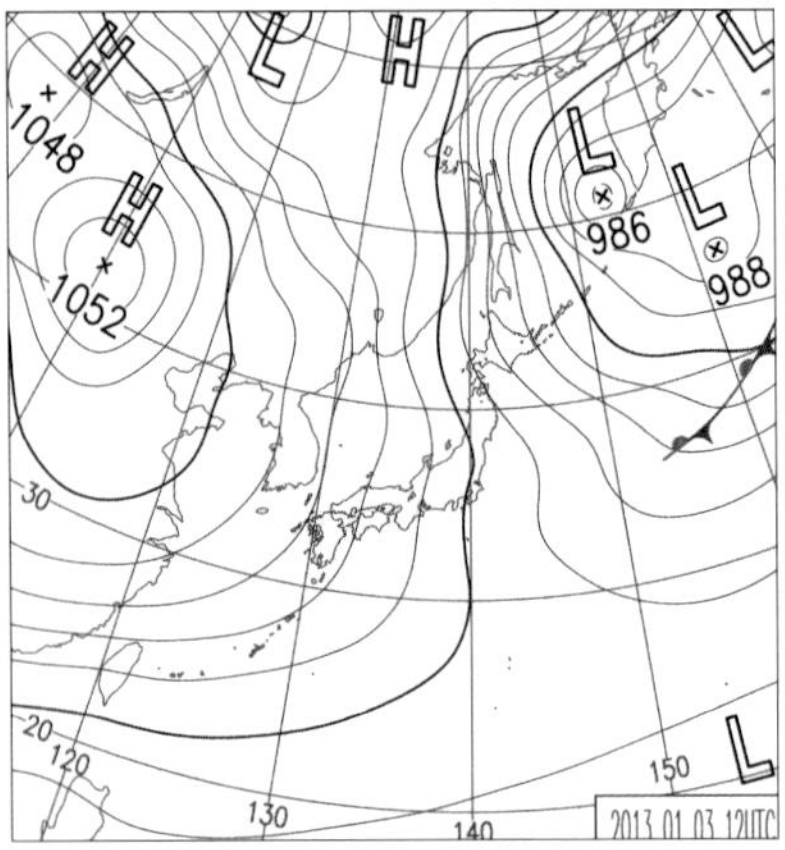

雪山の気象サイクルは、天気図と山域から判断する

南岸低気圧

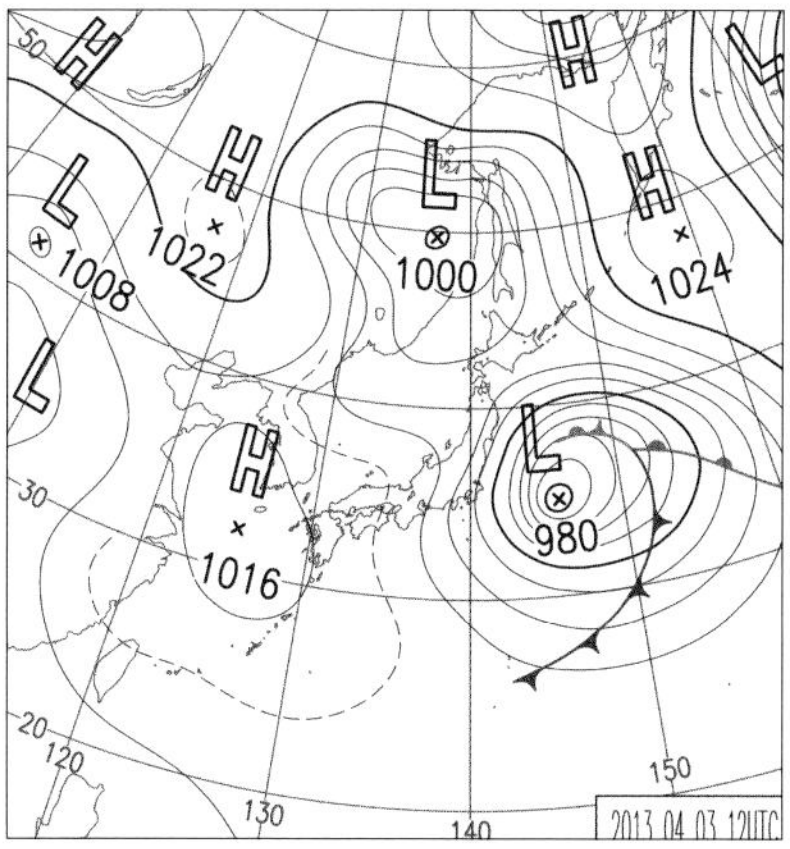

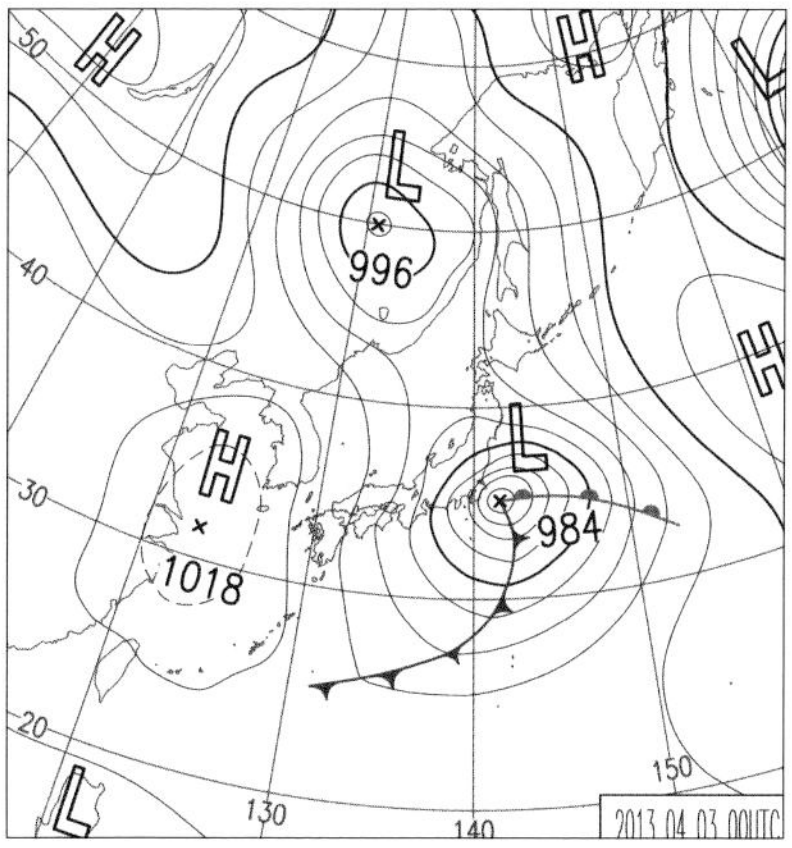

冬に本州の南海上を発達しながら東に進む低気圧のことを南岸低気圧という。南岸低気圧が八丈島の北側を通過するときは、太平洋側の山域を中心に広い範囲で大荒れの天気となるので注意が必要だ。さらに三陸沖を北上すると日本海側の山域でも天気が崩れる

低気圧通過後の冬型

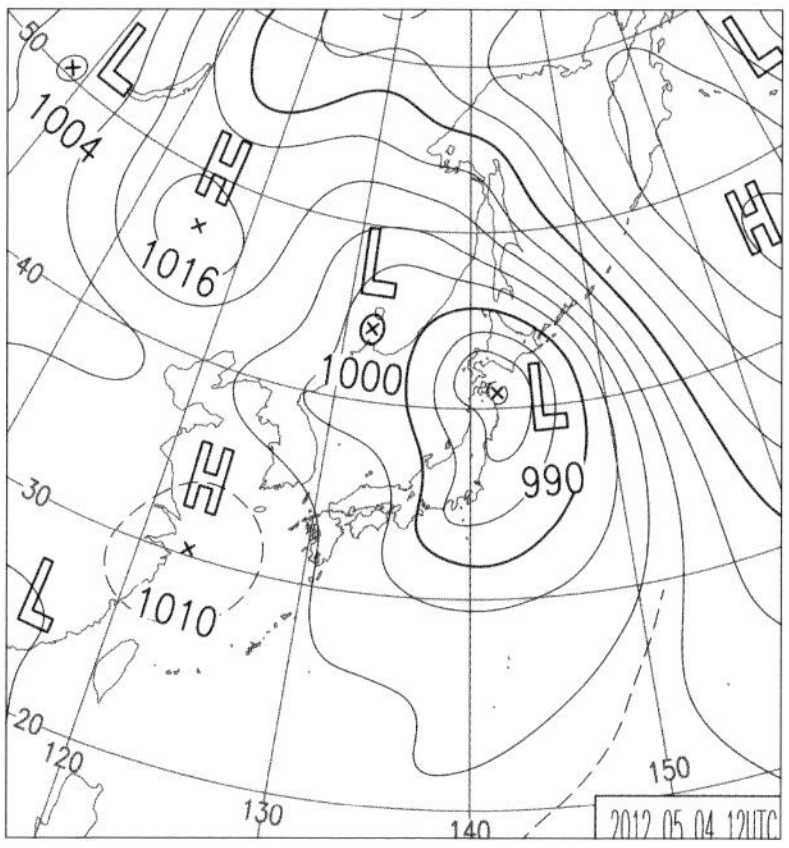

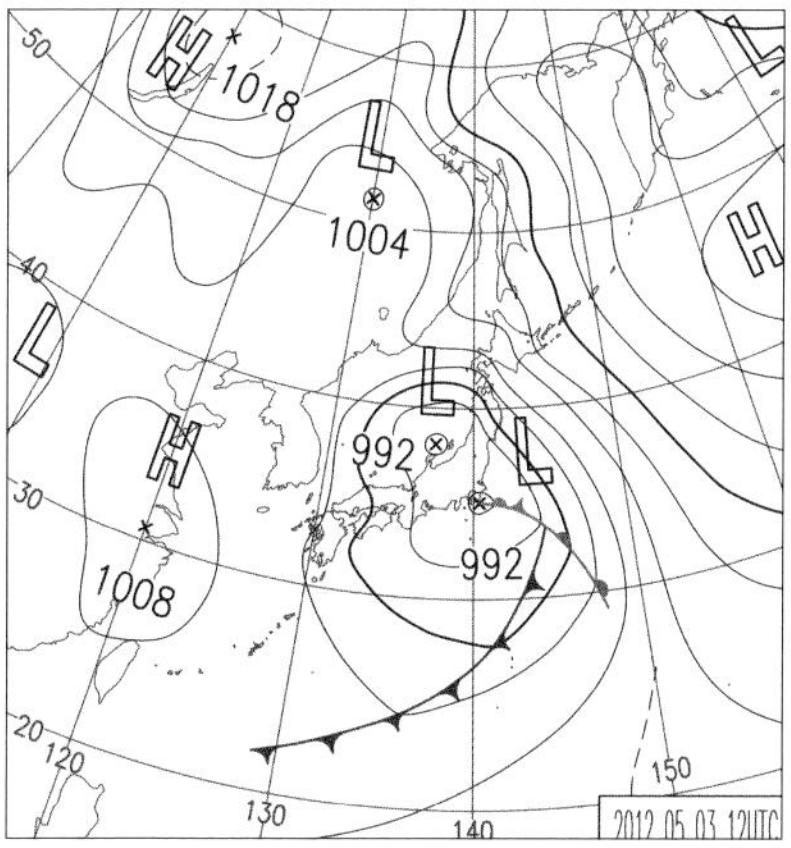

日本海側の山域では、低気圧の接近時よりも通過後に天気が荒れることがある。左の天気図のように低気圧通過中は、中心部分の等圧線が広がっており風も弱かった。しかし、通過後に等圧線は縦縞で混み合い暴風雪になった。このときは、北アルプスで遭難が相次いだ

疑似好天

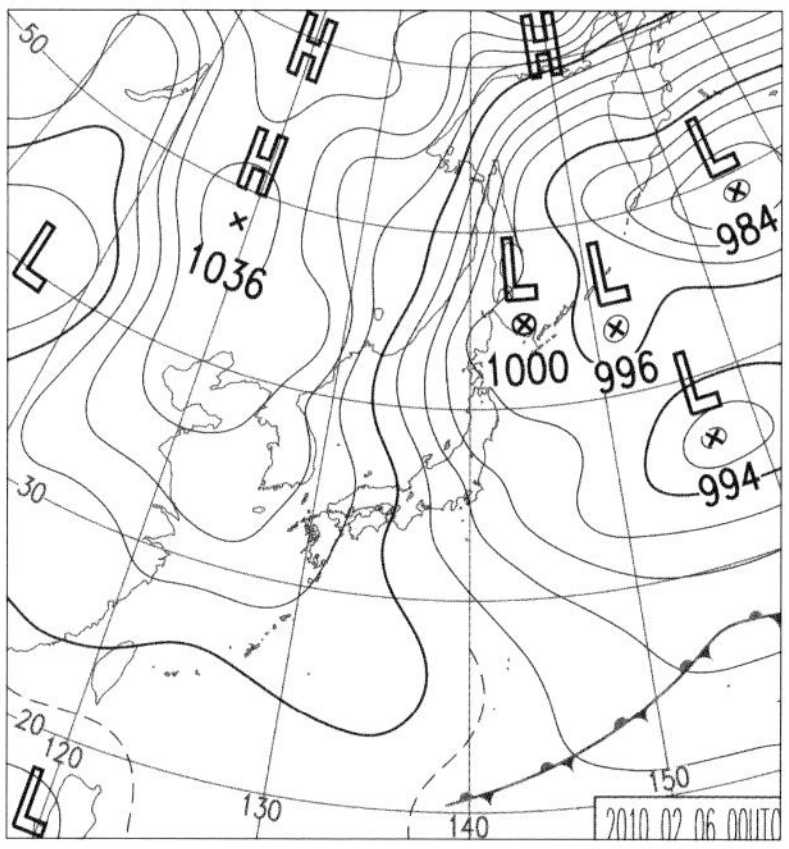

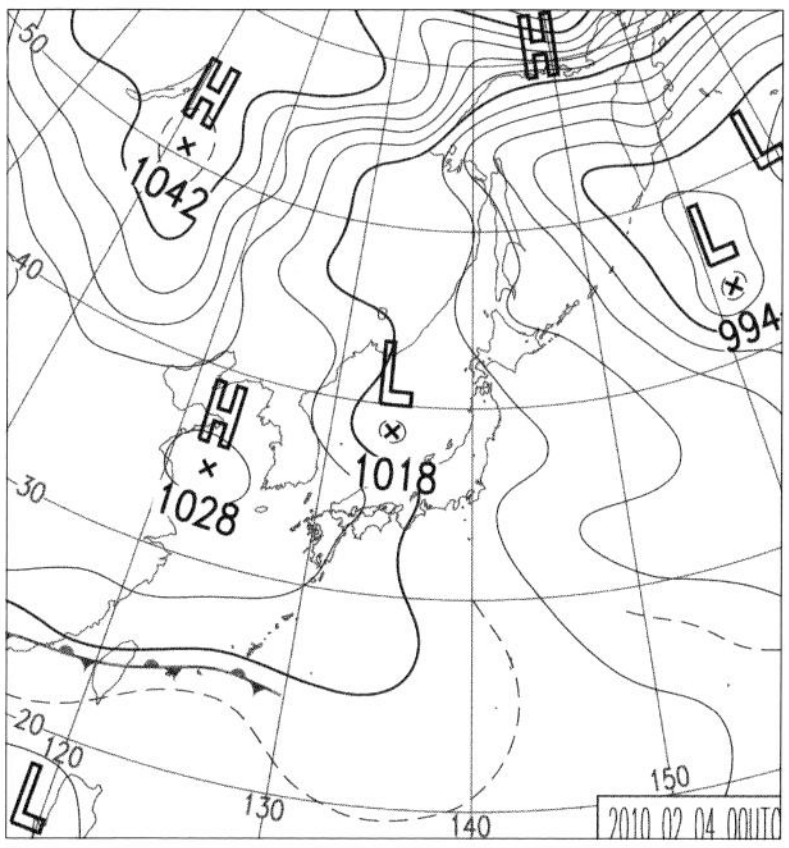

一時的に天気が回復しても、数時間後に大荒れになる「疑似好天」にはいくつかのパターンがある。なかでも最も多いのが、日本海の西部に寒冷低気圧が現われるタイプだ。この低気圧が日本海にあるときは天気がよいが、東へ抜けたあとに冬型の気圧配置が強まる

＊天気図の出典は気象庁ホームページ

紫外線

雪目と日焼け対策は忘れずに！

晴れた雪山では、サングラス、日焼け止め、リップクリームは必携だ

紫外線対策

雪目になってしまったら

目を閉じて、冷やしたタオルを当てること。下山後はすぐ病院へ

サングラスをかける

サングラスを選ぶときは、ずり落ちないか、耳や顔に違和感がないかをチェックしよう

日焼け止めを塗る

スティックタイプの日焼け止めは、グローブを脱がずに塗れるので雪山で重宝する

晴れたときの雪山で怠ってはいけないのが、紫外線対策だ。サングラスやＵＶカットのゴーグルをかけるのを忘れると雪目と呼ばれる角膜炎を発症してしまうこともある。もし雪目になると、痛みで目が開けられなくなり、行動不能になりかねないので、注意しよう。

雪面の紫外線反射率は、コンクリートの約16倍といわれているので、日焼け止めも必携だ。日焼け止めにはＳＰＦとＰＡという表記があるが、ＳＰＦは赤くなる日焼け防止、ＰＡは黒くなる日焼け防止という効果を示すものだ。一般的に雪山では、ＳＰＦは５０＋、ＰＡは＋＋＋のものがよいといわれているが、肌への負担が大きいため、肌の敏感な人はもう少し数値が低いものを選ぼう。

そして日焼け止めを塗るときは、鼻の頭、耳たぶ、首の後ろなどは忘れがちなので気をつけたい。また、登山中は汗をかくことが多いので、こまめに日焼け止めを塗り直すことも大切だ。

Column 5

命を助けてくれた滑落停止訓練

事故の始まりは、10mほどのルートミスからだった。ミスしたことにはすぐ気づいたが、引き返すのが面倒に思えて、目の前の雪壁を下ることにした。ところがその直後に、雪壁は崩落。私の体は雪と一緒に転落した。

それは前穂高岳からの下山中のことで、季節はゴールデンウィーク。このときは、奥穂高岳から吊尾根を縦走。残雪期の下山路となる奥明神沢へ向かう途中だったのだが、疲労が原因でルートをミスし、そのルートミスが原因で転落してしまったのだ。

転落中は岩にぶつかってはじき飛ばされつつ、30mほど下の雪の斜面に落下。衝撃は小さく、ああ助かった！と胸をなでおろした。ところが安心できたのもつかの間、体はすぐに動き始めた。こんどは滑落だ。

しかし、転落中は運を天に任せるばかりだが、滑落ならば滑落停止の技術で止めることは不可能ではない。ピッケルを握り締め、必ず止めるという気合いのもとに体を反転させ、渾身の力を振り絞ってピックを雪面に突き立てた。

ところで最近は、この滑落停止の練習をすることなく雪山に向かう人が多いという。なかには、滑落してから止めるのは不可能であり、練習する意味がないと主張する人もいるそうだ。

だが、考えてみてほしい。どれだけ技術を磨き、慎重に行動したとしても、雪山での滑落を完全に防ぐことはできない。私は今まで多くの友人、知人を山で失ってきたが、雪山での滑落が原因だったという人は少なくない。そして、実際に滑落したときになすすべもなく、ただ滑るがままに身を任せることがどれだけ恐ろしいことか。滑っていくその先には、高い確率で死が待ち構えているのだ。

そういった事態に備えて、滑落に対処するための技術を事前に習得しておこうというのは、登山者としてはごく当たり前の姿勢ではないだろうか？

一方、私は20代のころに山岳会の訓練で体にたたき込まれた、滑落停止の技術をもっていた。しかしこのときは雪が軟らかく、ピックは効かずに雪を切るばかり。滑落はそのまま続いた……。もう駄目かと諦めそうになったとき、山岳会の会長が訓練中に口にした、

「どうしても止まらないときには、折れてもいいので片足を雪に突き立てろ！」

との言葉を思い出し、右足を思いきり雪に突き刺してみた。すると周囲の雪は急に締まり、一気に滑落は止まった。下にはさらに急峻さを増す下又白谷が続いていたので、このタイミングで止まらなかったならば、おそらく命はなかっただろう。愚直に繰り返してきた訓練の成果を、実践として確かめることができた出来事だった。

文／木元康晴（登山ガイド）

富士山七合目で滑落停止訓練を行なう登山者

前穂高岳から滑落し、滑落停止を行なって助かったところ（同行者撮影）

雪崩地形と前兆現象を知っておこう

基本的に雪が積もった斜面では、どこでも雪崩が起こる可能性がある

雪崩の種類

全層雪崩

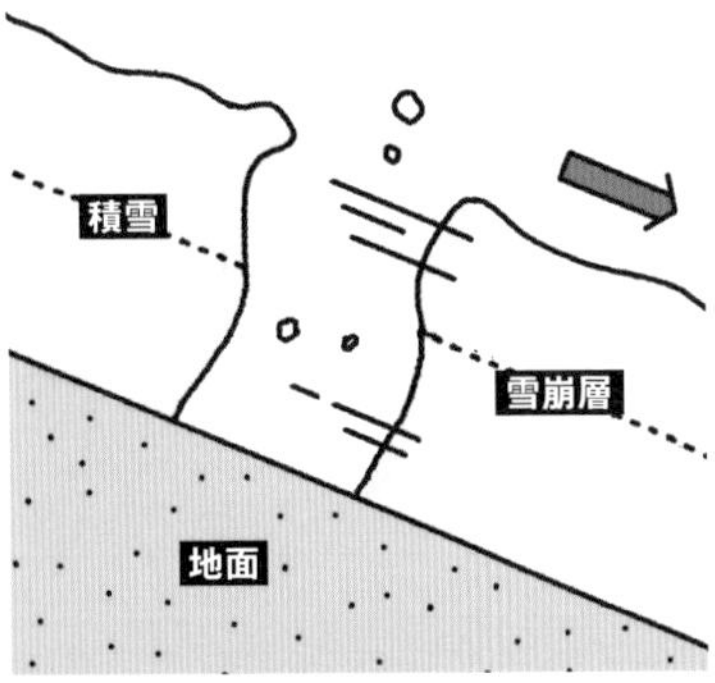

地面に降り積もった雪がすべて滑り落ちる雪崩。地面の土砂も巻き込むことがあり、スピードは表層雪崩よりも遅い。春先など気温の上昇時に多く発生する

表層雪崩

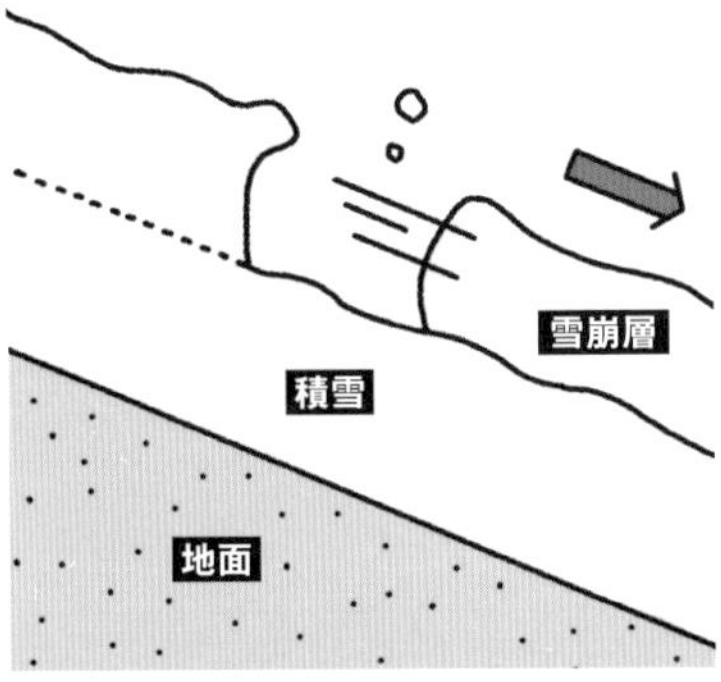

降り積もった雪の上部の層だけが、下の層を残したまま滑り落ちる雪崩。全層雪崩に比べてスピードが速いのが特徴。気温が下がり、大雪が急に降った直後に発生することが多い

山の斜面に積もった雪が崩れ落ちる雪崩は、巻き込まれると命を落とす可能性があるため、雪山のリスクのなかでも最も注意すべきである。そして、雪崩に遭遇する確率を最小限に抑えるためには、正しい知識を身につけておくことが大切だ。

まず、雪崩の種類としては、地面から全部の積雪が崩れる「全層雪崩」と、積もった雪の表面だけが崩れる「表層雪崩」に大別される。全層雪崩は、起きる場所や時期が決まっていることが多く、過去の雪崩発生地図を参照して、そこに立ち入らなければ回避できる可能性が高い。それに対して、発生場所や時期を問わないので予測が難しいのが表層雪崩だ。実際、雪崩事故の9割以上は表層雪崩が原因といわれている。

さらに、全層雪崩は発生の前兆として積雪面の上方にクラック、下方に雪しわなどが見られることが多い（P140参照）。それに対し、表層雪崩は、明らかな前兆現象が見られにくいという特徴がある。

雪崩の発生しやすい地形

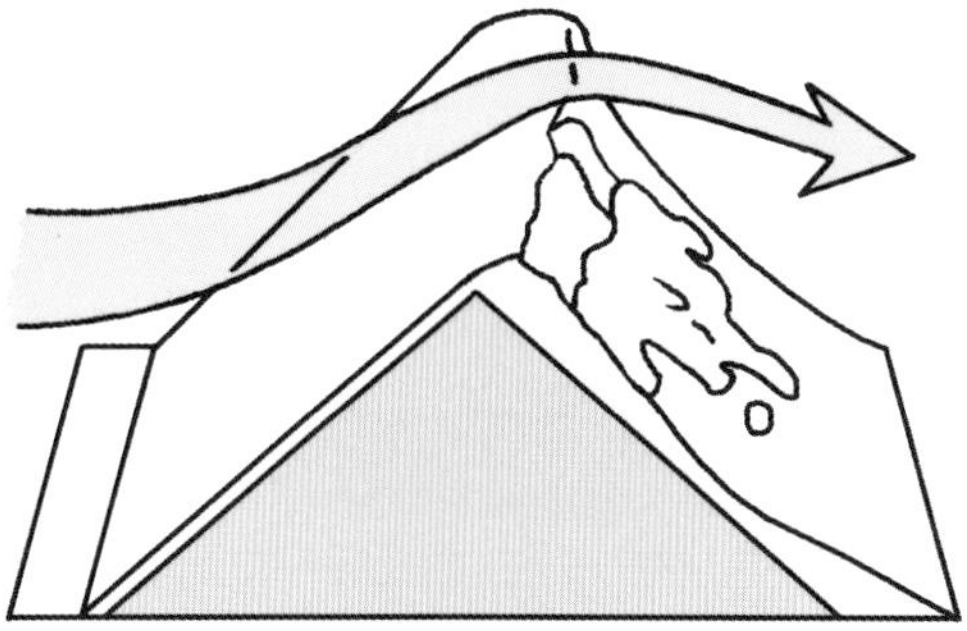

吹き溜まり

崖のような切り立った場所は、雪が積もりにくく下部に積雪が溜まりやすい。この吹き溜まりにクラック（P140参照）ができると雪崩が起きる危険性が高い

雪庇

山頂や尾根の風下側では、雪が堆積することで雪庇ができることがある。雪庇が崩れ落ちると雪崩の原因となるので気をつけたい

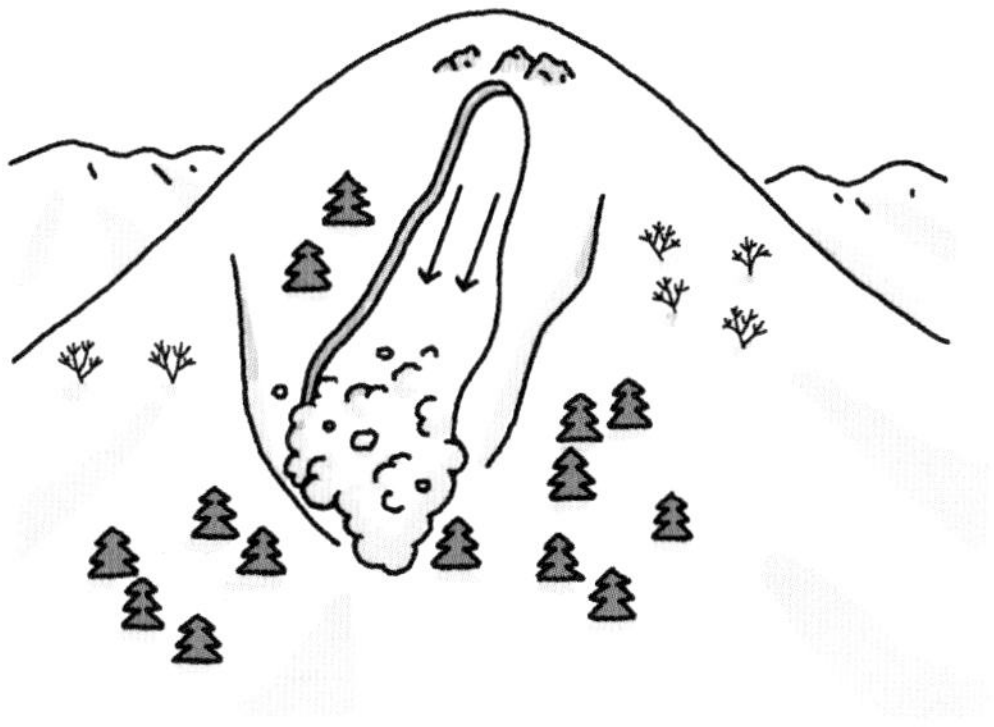

樹木がまばらな斜面

樹木がまばらな場所は、積雪を抑えるアンカー効果が低いので、雪崩発生の可能性がある。樹木の密度が濃いほどアンカー効果は高い

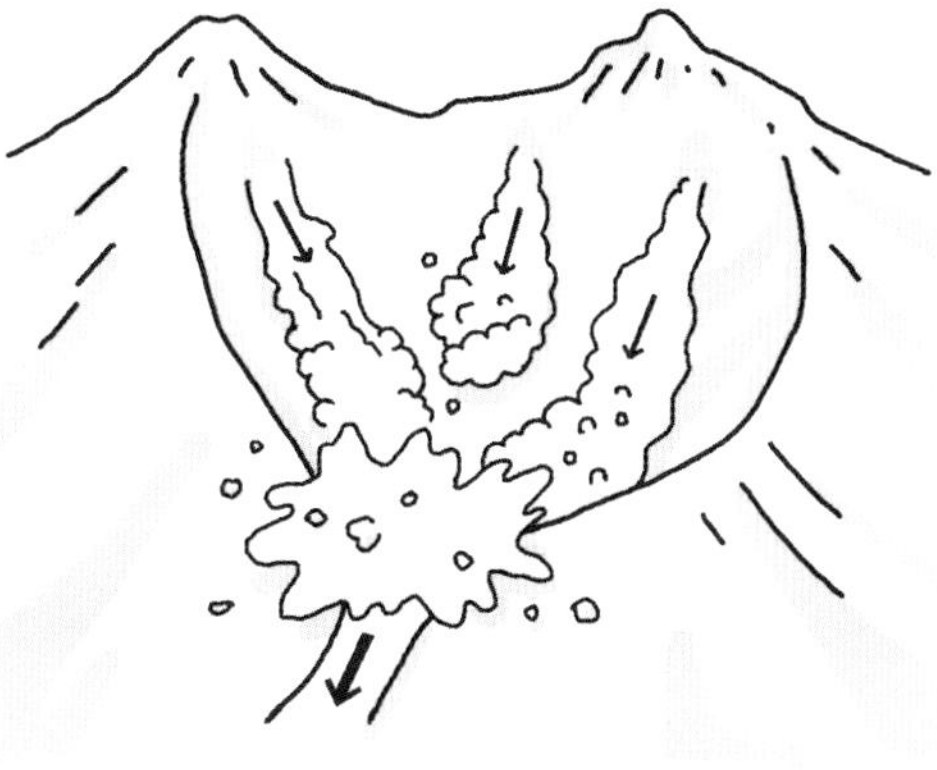

沢状地形

積雪が吹き溜まることの多い沢状地形は、雪崩の多発地帯だ。特に、すり鉢状の地形は逃げ場がないので十二分に注意をしよう

雪崩に巻き込まれないようにするためには、まず雪崩が発生しやすい地形を知っておく必要がある。

一般的に雪崩は斜度30～50度の間で発生するといわれている。30度以下の斜面では、積雪が動くことはないし、急斜面では、雪崩が発生する前に雪が滑り落ちてしまうからだ。特に35～45度は、最も危険性が高いので細心の注意を払おう。最近は、携帯用の斜度計が販売されているほか、スマホのアプリでも簡単に斜度を計測できるので、それらを利用するようにしたい。

ほかにも注意したいのが、風下側の斜面だ。風上側の斜面に比べて吹き溜まりや雪庇など、雪が堆積することが多いので、雪崩の危険が高い。雪山では、常に風の吹く方向を意識して、風上側の尾根の上を歩くのが鉄則だ。

同様に、沢状の地形は風が横から吹くと吹き溜まりとなりやすい。その上、雪崩が起きると雪の通り道となって逃げ場がなくなるので注意しよう。また、雪山で樹林は積雪をつなぎ止めるアンカーの効果がある。反対に樹林がまばらな斜面は、雪崩が起きやすいので警戒が必要だ。

雪崩の前兆現象を知り、行動原則を守る

雪崩の前兆現象

雪しわ

雪しわとは、積雪表面に発生するこぶ状のしわのこと。クラック発生後に移動した積雪量が大きい場合に起きる現象である

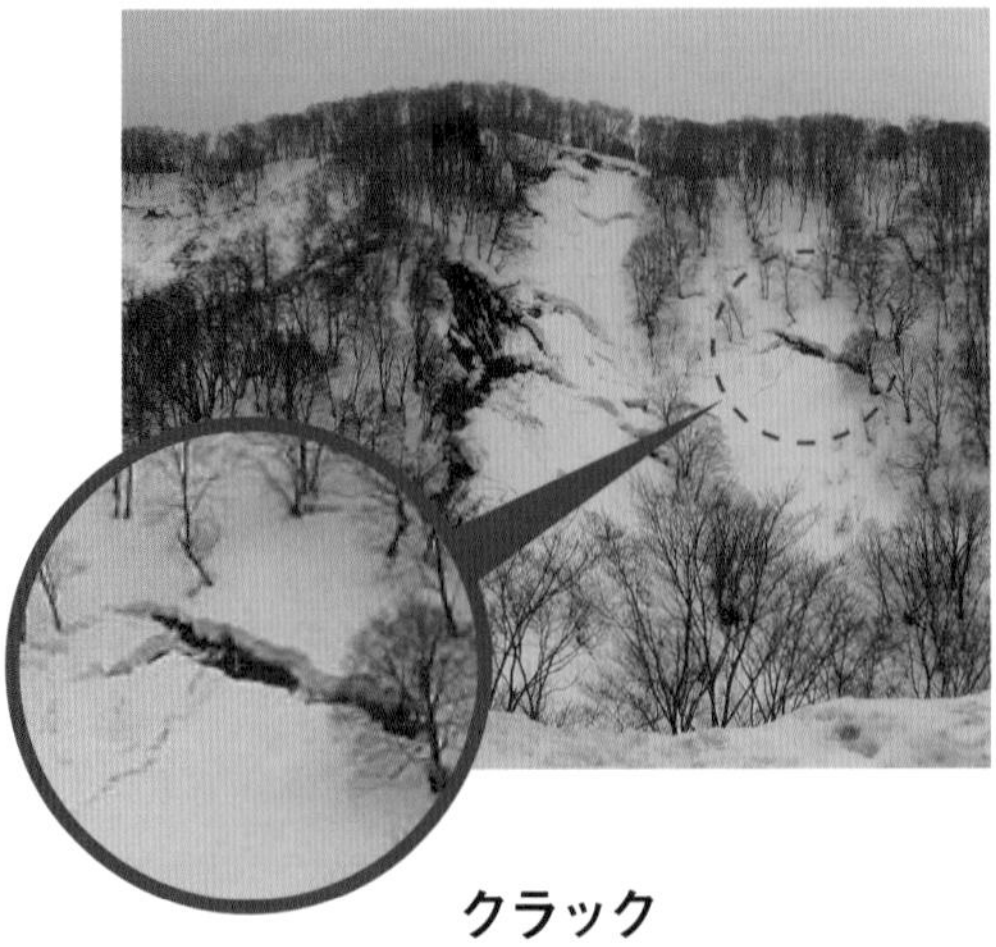

クラック

クラック（雪の割れ目）は、ただちに雪崩の発生につながるとは限らないが、全層雪崩が起きる前兆現象のひとつといわれている

スノーボール

雪庇や樹木の冠雪などの一部が崩落して、雪面上をボールのように転がったもの。これがたくさん見られる斜面は、雪崩に注意

平滑化

斜面でもとの地形がわからないほど平らに雪が積もった状態のこと。この上にさらに雪が積もると表面が滑り面となる雪崩が起きる

雪山に足を踏み入れたら、常に周囲の様子を確認して雪崩の予兆を見逃さないようにしたい。まず、行動中に雪崩の跡を見つけたら、その地点と似た地形（斜度や標高、方角など）斜面は、雪崩が発生するリスクが高いと判断できる。コース変更や引き返すことを考えるのが賢明だ。

また、雪崩には全層雪崩と表層雪崩があるが、積雪層全体が崩れることで大きな破壊力をもつ全層雪崩は、いくつか前兆現象が現われることが多いので、知っておきたい。

まず、この雪崩が起きる前には雪面が裂けてクラック（雪の割れ目）ができる。これは積雪が滑りはじめている証拠で、クラックが大きくなるにつれて、その下にある斜面に雪しわが見られることがある。さらにこの雪しわに亀裂が入る状態になると、全層雪崩が起きる危険が高い。

斜面を通過するときに、上部でこのような前兆現象が見られた場合は、可能なかぎり急いでその場から離れるようにしよう。

＊写真協力／新潟県土木部砂防課

雪崩を避ける行動術

大量降雪や急激な気温上昇時は行動を控える

入山前には降雪量と積雪量、気温に大きな変化がないかチェックしよう。大雪や大幅な気温上昇は、雪崩のリスクが高まる要因となる

アバランチパスの通過は、ひとりずつ迅速に

アバランチパス（雪崩の通り道）を通過するときは、斜面に刺激を与えないようにひとりずつ速やかに行動するのが基本だ

雪崩地形の中では休憩やテント泊をしない

休憩やテント泊をするときは、必ず周囲の地形の様子や積雪面に雪崩の前兆現象がないかを確認するようにしよう

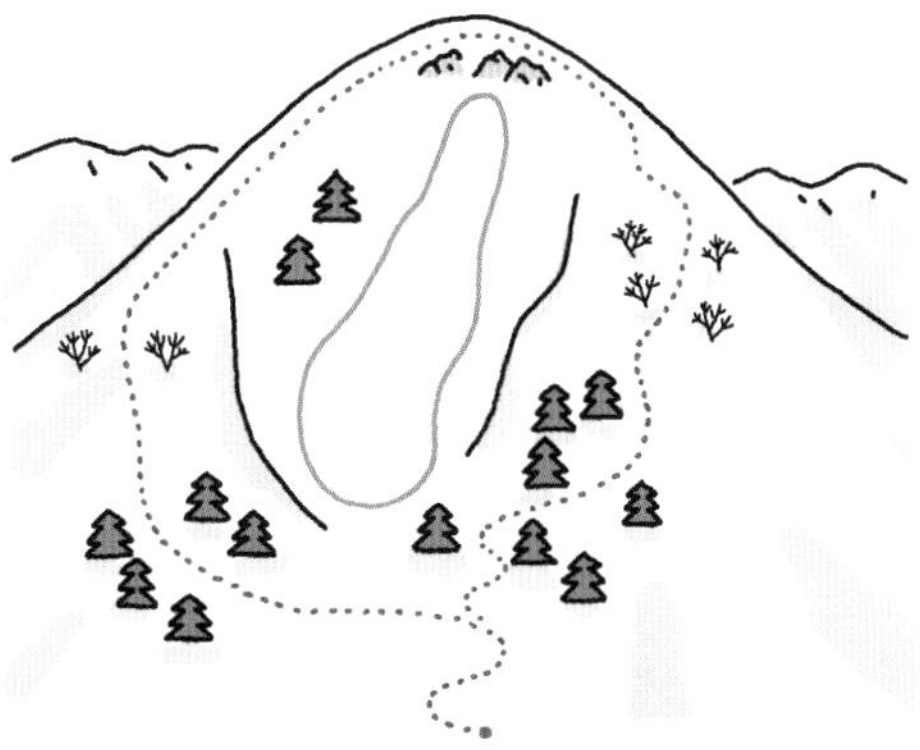

セーフティゾーンをつないだルートを歩く

登山道を歩く夏山とは違って、雪山ではある程度自由にルート設定できる。周囲の地形を見て雪崩の危険が少ないルートを考えよう

雪崩を避けるための行動術として、まず気をつけたいのは、入山直前の大雪や、気温が急上昇したときだ。このような場合は、積雪の状態が不安定になっているので、山行計画の変更や中止を検討したほうがよい。

山に入ってからは、雪崩のリスクの高い場所にはできるだけ立ち入らないことが肝心だ。具体的には、雪崩が起きにくい樹林帯や緩斜面、風上側の尾根などのセーフティゾーンをつなぐようにルートを設定しよう。

また、休憩やテント泊をするときは、周囲を斜面に囲まれた沢状地形や樹木がまばらな樹林帯などは、雪崩のリスクが高いので避けるべきだ。もし、自分たちのいる場所が平坦地であっても、上部に雪崩の発生しやすい地形があると、雪崩に巻き込まれるリスクが高いので注意したい。

行動中にどうしても雪崩地形を通過しなければならないときは、ひとりずつ適度な間隔をあけて、スピーディに通過しよう。雪崩リスクの高い場所での滞在時間はできるだけ短くしたい。それと同時に危険地帯に入り込む人数を少なくすることで、万が一、雪崩事故に遭っても、被害を最小限に抑えることができる。

雪崩に巻き込まれてしまったら

あきらめずに救出される努力をする！

もし、雪崩に遭遇してしまったら、まずは大声で叫んで仲間に雪崩が発生したことを伝えよう。これは、被害を最小限に食い止めるとともに、自分が雪崩に巻き込まれた場合に早期発見されやすくするためだ。

叫ぶと同時に雪崩から逃げなくてはならないが、雪崩の中心部は流れが速くエネルギーも大きい。流れが遅い側縁部へ向かって移動すると、深くまで埋まらないですむことが多い。そして、雪崩の中では泳ぐようにに手足を動かして、少しでも浮上できるように努力しよう。雪崩の中に空気が含まれているので、そのままだと体が沈んでしまうからだ。

もがいても雪崩から脱出するのが難しいと思ったときは、鼻や口に雪が詰まらないように両手で覆い、呼吸できるように顔の前に空間を確保すること。雪崩で死亡する人の多くは、窒息といわれている。少しでも呼吸できる空間があれば、助かる確率が高くなる。雪の流れが止まったときに自分の体が埋まっている場合は、まずは手を動かして呼吸空間を確保しよう。もし手足を動かすことができるなら自力での脱出を試みてもよい。また、近くに人の気配を感じたなら大声で叫んでみることだ。逆にそれ以外のときは、体力と酸素を無駄に消費しないようにじっとしながら救助を待つようにしたい。

また、仲間が目の前で雪崩に巻き込まれてしまった場合、決して目をそらしてはいけない。雪崩に巻き込まれた位置と姿が見えなくなった位置を正確に覚えておくことが大切になる。この場所がはっきりしていると、埋没者捜索の大きなヒントとなるからだ。

それと同時に、自分を含めた雪崩に巻き込まれていない人たちのいる場所が安全な状況なのかを確認しよう。もし雪崩の危険がある場所なら、速やかに安全な場所に移動すること。そして、セルフレスキューを行なうかどうかを考え、二次遭難のリスクがないと判断できたなら、ただちに救助に向かおう。

仲間が雪崩に巻き込まれたら

セルフレスキューを行なうかを判断する

大量降雪があったときなどは、続いて雪崩が起きる可能性がある。セルフレスキューができないと思ったら速やかに救助要請すること

最終目視ポイントを見逃さない

仲間が雪に埋もれて見えなくなっても、その後浮上してくることもある。雪崩が止まるまで目をそらさずにしっかりと見ること

自分が雪崩に巻き込まれたら

できるだけもがいて浮上する努力をする

雪の中では明るく見える方向に向かってもがき、少しでも浮上することが大切だ。体が沈んでしまうと発見される可能性も低くなる

大声やホイッスルで雪崩の発生を伝える

自分の周りの斜面の雪が動いたり亀裂が入ったりしたのを見たら、すぐに大声やホイッスルで仲間や周囲の登山者に危険を知らせよう

両手で口や鼻を覆い、呼吸スペースをつくる

雪崩の動きが完全に止まる前に、顔の周りを両手で覆い呼吸する空間をつくるようにしよう。空間はなるべく大きなほうがいい

流れの遅い側縁部への移動を試みる

もし雪崩に巻き込まれそうになったら、まだ速度の遅いうちに、中心部からできるだけ離れた側縁部に逃げることを試みよう

ビーコンサーチとプロービング

10～15分以内の発見をめざす

雪崩対策用の必携ギア

プローブ

深い場所の埋没者を探すには長めがよいが、重くかさばるというデメリットがある。材質は耐久性を考えるとカーボンよりアルミのほうがよい

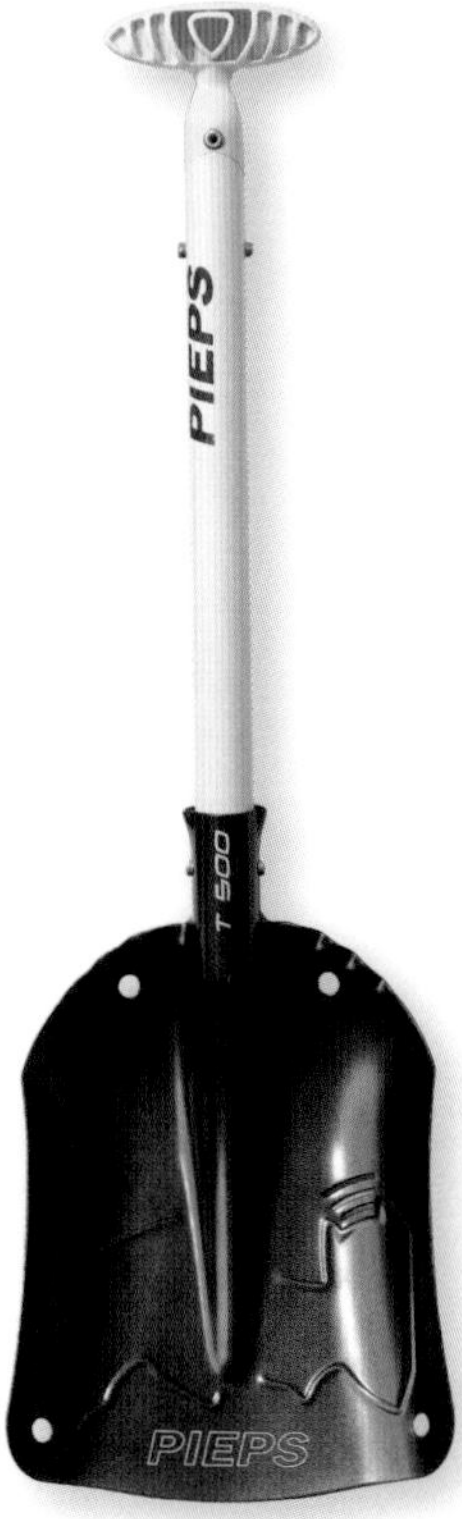

ショベル

ショベルは金属製とプラスチック製のものがある。プラスチック製のほうが重量は軽いが耐久性が劣るので、金属製がおすすめだ

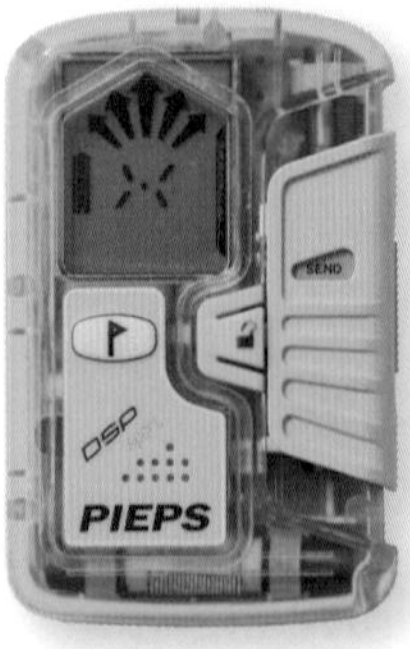

ビーコン

ビーコンはスマートフォンが近くにあると電波が干渉して受信範囲が狭くなる。携行時には50㎝以上離しておくこと

万一、自分や仲間が雪崩で埋まってしまった場合、迅速に捜索・救助を行なう必要がある。そのために必要な道具が、「雪崩対策の三種の神器」とも呼ばれるアバランチギア（ビーコン、ショベル、プローブ）だ。なかでも電波によって遭難者の位置を特定するビーコンは、事前に使用方法をマスターしておく必要がある。また、アバランチギアは共同装備ではなく、パーティメンバー全員が携行しなければならない。

ビーコンにはアナログ式とデジタル式の2タイプがあるが、現在は操作性のよいデジタル式が主流となっている。アンテナの数は、機種によって1～4本と異なっているが、初心者は探索精度の高い3本以上のモデルがおすすめだ。実際にビーコンを山中で使用するときは、雪崩に巻き込まれてもなくならないようにアウターウェアの内側に付属のホルスターなどで装着すること。そして、行動前には、パーティメンバー全員でビーコンの電波の送・受信が確実に行なわれているかを確認する「ビーコンチェック」を忘れずに必ずしよう。

プローブは、雪面に刺して雪崩による埋没者の位置を特定するために使うギアだ。一般的には長さ40～50㎝ほどのカーボンやアルミの棒がワイヤーなどでつながっていて、使用時に一本の長い棒に組み立てて使う。プローブも各メーカーによってロックや解除の方法が異なっているので、雪山に入る前に使い方を身につけておきたい。

＊上記3点のギアは、ピープス／セットスポーツ

遭難者への接近

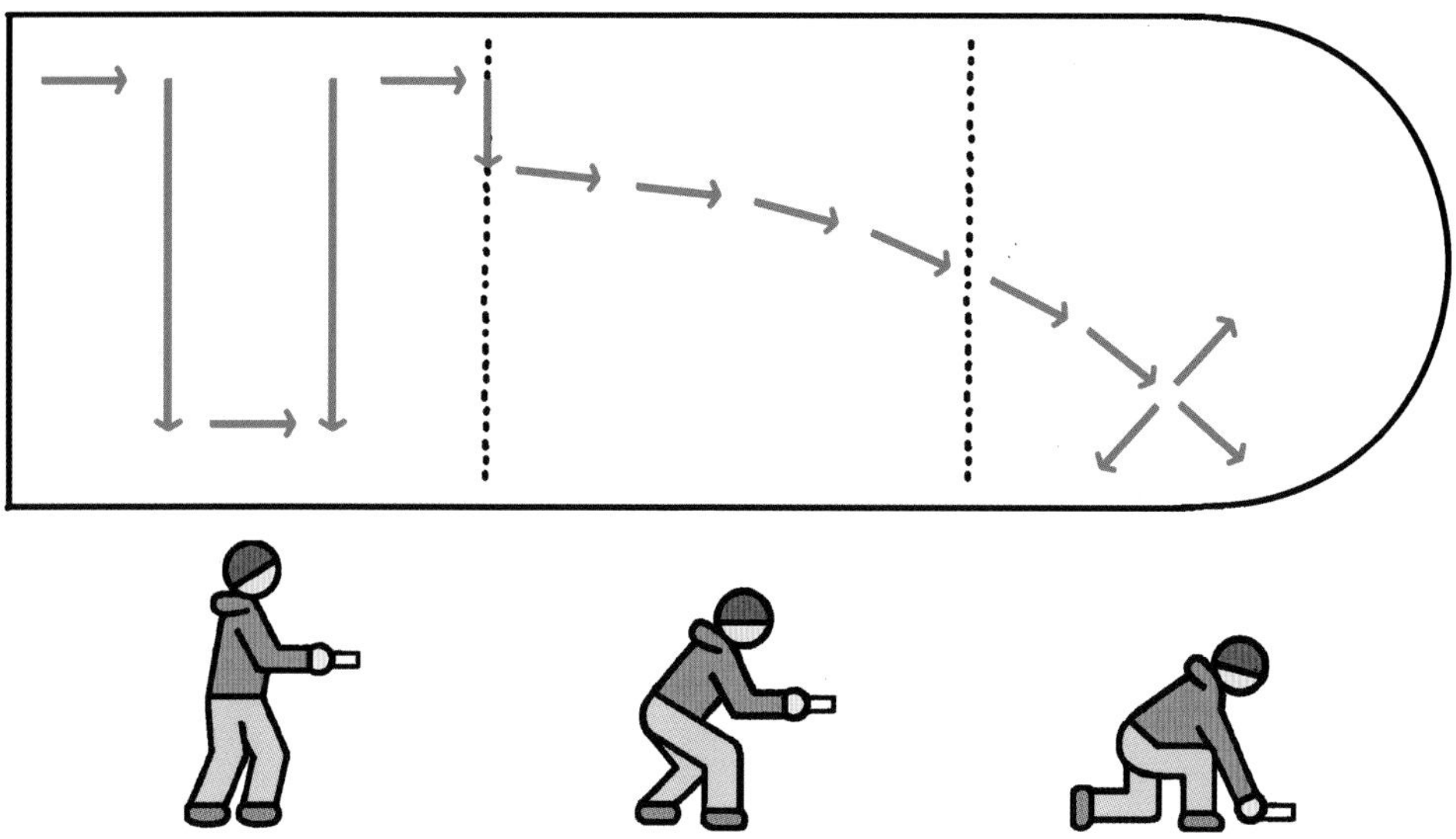

ビーコンの電波をキャッチするために、「シグナルサーチ」は立ったまま素早く移動し、「コースサーチ」では中腰の姿勢でゆっくりと捜索する。そして、最後の「ファインサーチ」では、しゃがんだ姿勢で正確な埋没位置を特定する

ビーコンの電波特性

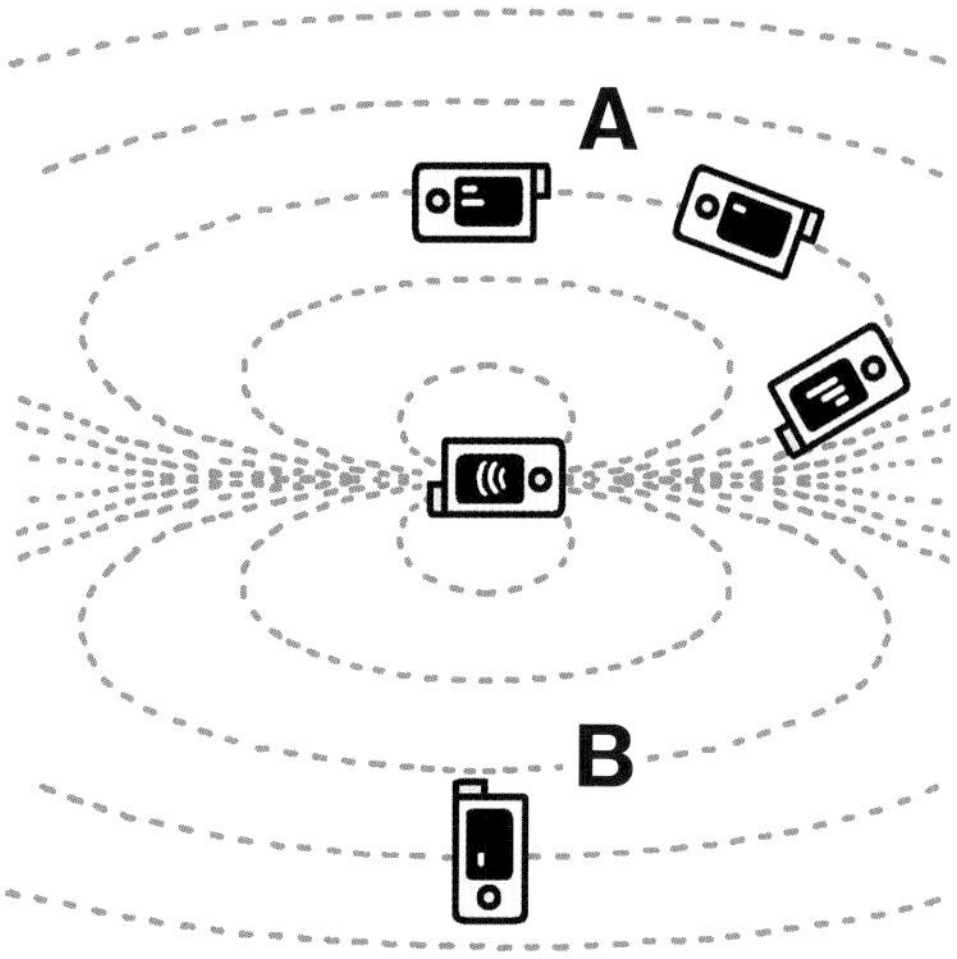

ビーコンの電波は、楕円状に送信される。この電波曲線に対して受信者側のビーコンが平行になっている（A）と感度がよく、直角（B）だと感度が悪くなる。「コースサーチ」で捜索するときは、この電波曲線に沿って埋没者に近づく

雪崩のセルフレスキューを行なう場合、迅速な行動が肝心だ。スイスで起こった雪崩事故の分析結果によると、埋没者で15分以内に救出された人の生存率は92％であった。しかし35分以内だと30％に、130分だと3％にまで低下するといわれている。

実際に捜索を行なうときは、まず自分たちの安全を確認したうえで、埋没した可能性の高い場所から探していく。特に雪崩の末端や走路がカーブしている外側で、デブリ（雪崩の雪が堆積したもの）がある場所は、重点的に探すのが鉄則だ。

捜索手順としては、ビーコンでおおよその位置を特定し、最後はプローブで確定する。ビーコンの電波は楕円状に送信されるので、位置や向きによって感度が変わってくることを頭に入れておこう。

また、ビーコンによる捜索は、最初は素早く電波をキャッチする「シグナルサーチ」、次にゆっくりと埋没者に接近する「コースサーチ」、最後に正確な埋没位置を特定する「ファインサーチ」の3段階に分けて行なう。このとき、ビーコンは雪面に対して平行にすることが重要だ。

シグナルサーチ

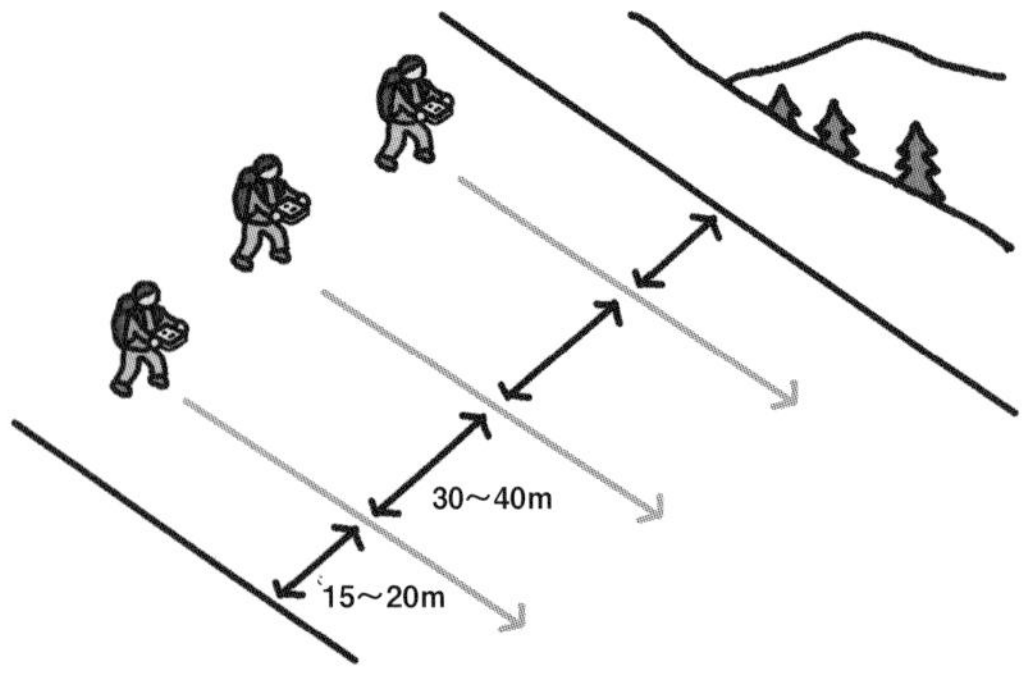

捜索者が複数の場合

捜索者が複数の場合は、短い時間で広範囲の捜索を行なうことができる。この場合、誰かひとりだけが先行することのないように、メンバー全員でスピードをそろえることが大切だ

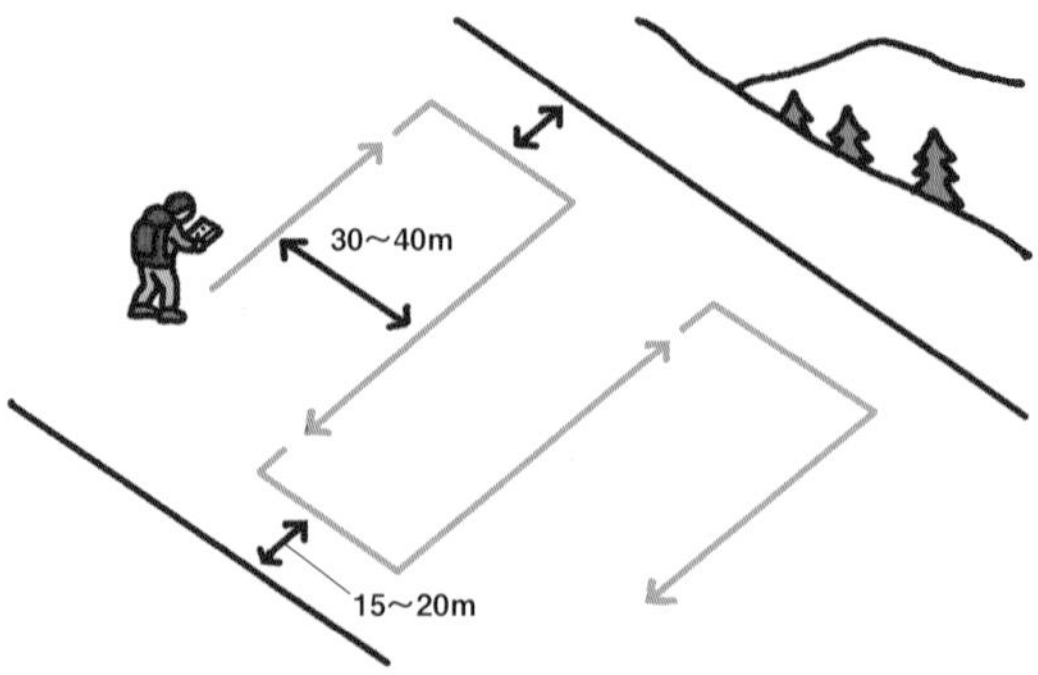

捜索者がひとりの場合

ひとりで幅の広い雪崩走路を探す場合は、捜索幅を30 〜 40mにし、コの字を描くようにする。これ以上捜索幅を広げてしまうと、時間は短縮できるが捜索漏れが起きる可能性がある

ファインサーチ

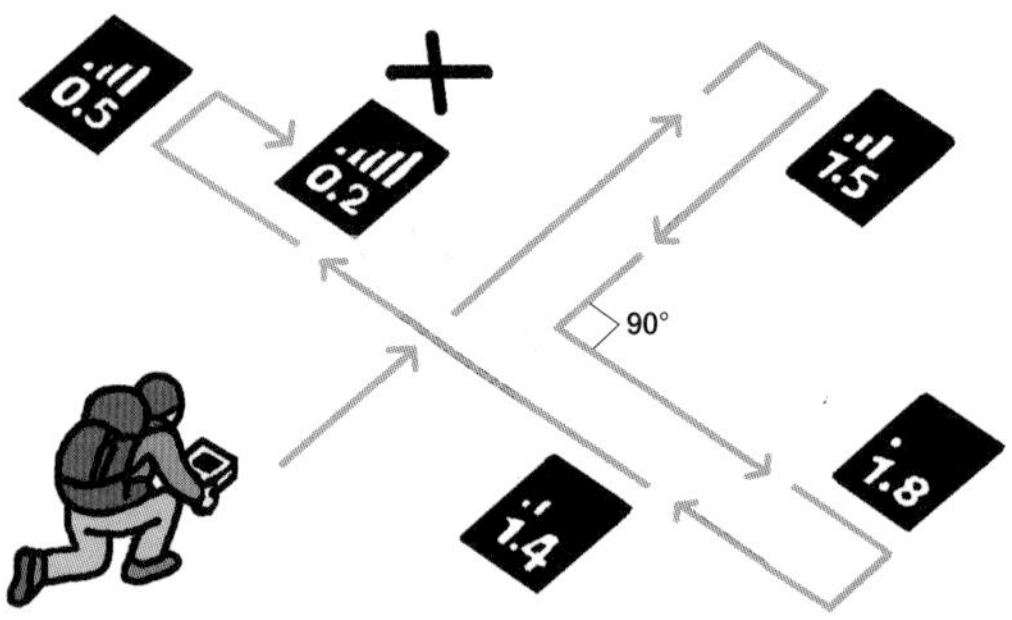

しゃがんだ姿勢でビーコンを雪面に近づけ、一定の高さを保ちながらゆっくりと探していく。縦と横の十字に動きながら、ビーコンの表示距離が最小値を示す地点を特定しよう

コースサーチ

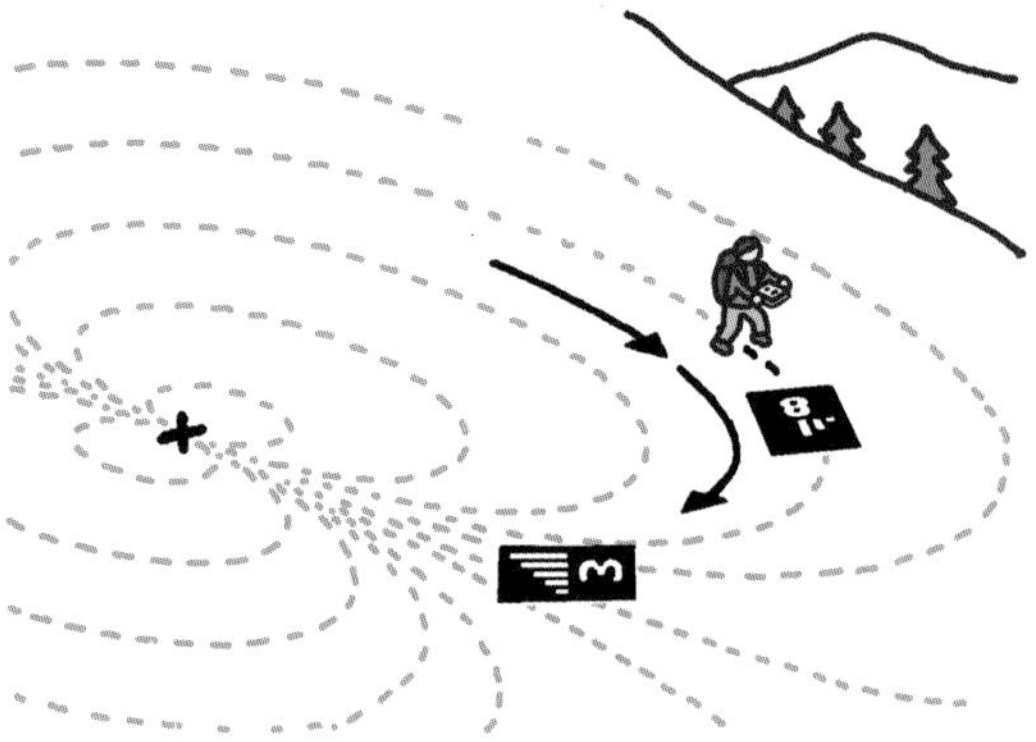

コースサーチは、ビーコンに表示される距離を見ながら、電波曲線の形に沿って進んでいく。距離の数値が小さくなるほど近づいている証拠なので、ゆっくりと慎重に近づこう

シグナルサーチは、できるだけ早く埋没者が埋まっているゾーンを絞り込むのが目的だ。そのため複数の捜索者がいる場合は、雪崩の幅を考えて捜索範囲を均等にしながら行なう。実際の現場では、ビーコンに慣れていない捜索者もいると考えると、捜索幅は30〜40ｍとするのが現実的だ。シグナルサーチでは、ビーコンをゆっくり左右に振りながら、電波が強い方向に進んでいく。

シグナルサーチで安定した電波を捕捉できたら、次は電波曲線に沿って埋没者に近づいていくコースサーチに移行する。コースサーチで埋没者までの距離が10ｍくらいになったら、ゆっくりと中腰になって電波を追っていこう。

コースサーチで残り3〜5ｍまで接近したら、縦横に直角の動きをしながら、正確な埋没位置を特定するファインサーチに切り替える。ファインサーチはゆっくりと規則的に十字を描くように捜索する。また、ビーコンは電波をキャッチしてから音と画面に表示されるまでタイムラグがあることが多い。焦ってビーコンを動かすと正しい方向を見失うこともあるので注意しよう。

プロービング

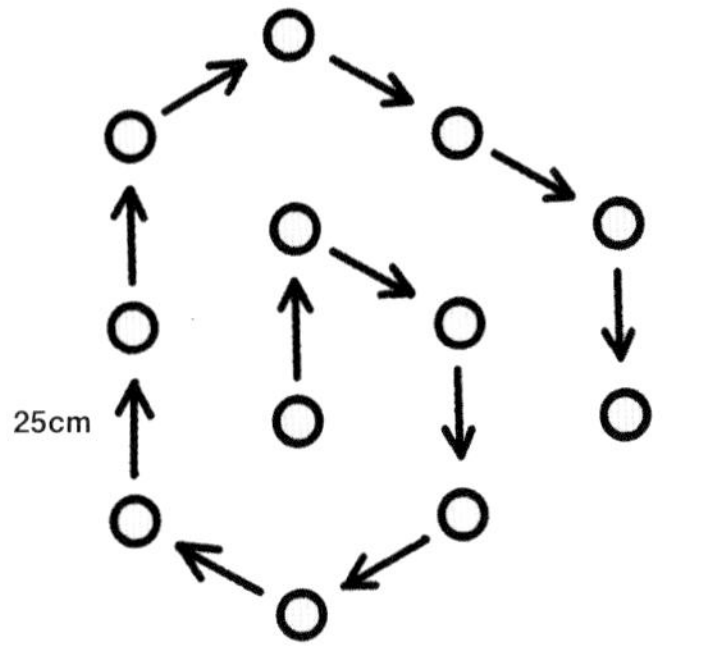

スパイラルプロービング

ビーコンが強く反応した地点から、25㎝間隔で、中心から外へ、らせん状にプローブを刺すとよい。スパイラルプロービングは、刺し忘れる場所がないように規則的に行なうこと

プロービングの基本

プローブを刺すときは、両手の間に間隔をとって持ち、下の手はブレないように固定すること。そのまま雪面に対して垂直に落下させるような感覚で、小刻みに刺し込む

遭難者を発見したら

掘り出した後に保温に努める

掘り出した埋没者を冷たい外気にさらさないように、ツエルトなどで保温に努める。寝かせるときも、マットや、中身を空にしたザックを敷くなどして熱が奪われないようにする

掘り出すときは斜面の下から

埋没者の体全体を掘り出すために、斜面の下から雪をどかしていく。掘り出しはかなりの重労働なので、ローテーションを組んで、疲れる前にほかのメンバーと交代しよう

ビーコンで埋没位置を絞り込めたら、プローブを雪面に刺して、埋没者を見つけだす。ビーコンで正確な位置特定をするよりも、ある程度絞り込んだ段階で規則的なプロービングに切り替えたほうが、スピーディな発見につながることが多い。

プローブは片手だと斜めになってしまうので、必ず両手で持ち斜面に対して垂直に刺すようにする。プローブの先端が埋没者に当たった感触があったら大声でほかのメンバーに知らせ、埋没者の掘り出しにかかる。このとき、ヒットしたプローブは位置特定のために抜かずにおくこと。

掘り出しは、迅速に行なう必要があるが、ショベルのブレードで埋没者を傷つけないように注意したい。もし傾斜がある場合は、斜面の下から横穴を掘る要領で作業をする。埋没者を見つけたら、頭部の掘り出しを最優先し、鼻や口に雪が詰まっていないかを確認すること。また、埋没者は低体温症の可能性が高いので、ツエルトなどで体を包み、首筋や両脇、鼠径部などをゆっくり加温する。急激に温めると冷たい血液が一気に心臓に流れ込み、ショック症状を起こす危険がある。

雪山のビバーク

ツエルトは必ず携行しよう

雪山でビバークをするときは、積雪が2・5m以上あるなら雪洞を掘るとよい。雪洞はテントに比べて風の影響を受けにくく、内部も暖かいからだ。ただし、雪洞が掘れるほどの積雪があるのは、北海道や東北、日本海側の山域に限られる。雪山ビギナーに人気の八ヶ岳などは、雪洞がつくれないことが多い。その場合は、ツエルトでビバークをする。

雪洞を掘る場合は、雪崩の危険がありそうな地形や吹き溜まり、雪庇などは避けよう。積雪量を考慮すると尾根の風下側で、ある程度の傾斜がある斜面が望ましい。雪洞をつくる際にはショベルとスノーソーがあるとスピーディに作業できる。スノーソーで雪面に切り込みを入れ、ブロックを崩さないようにして、ショベルで雪を運び出そう。雪洞は、ツエルトと併用する簡易的なものでも、つくるまでにはそれなりの時間がかかる。すべての作業を暗くなるまでに終わらせるためには、日没の1〜2時間前には、ビバークをするかどうかの決断をしたい。

ビバークをする際は、濡れたウェアは低体温症になる危険があるので必ず乾いたものに着替えること。そのうえで、持っているウェアをすべて着込んで保温に努めよう。特に首まわりが冷えると、寒さを感じやすいのでウェアのファスナーを上までしっかりと閉め、フードもかぶること。そして、温かいものを飲んだり、非常食を食べるなどして体力の回復を図ることが大切だ。また、ナルゲンボトルやプラティパスなどの水筒は、お湯を入れて湯たんぽとしても利用できる。そして、夜中に喉が渇いたときには、そのまま飲めるので重宝する。一般のペットボトルは、熱湯を入れると容器がフニャフニャになってしまうので注意しよう。

雪山でのビバークは、手足が凍傷にかかりやすい。ビバーク中は、手足の感覚がなくなっていないかを確認し、登山靴の締めつけがきつくないかも注意しよう。充分な水分補給も凍傷予防には大切だ。

雪洞とツエルトを使ったビバーク

1

プローブで積雪量を確認する

雪洞を掘るには、2.5m以上の積雪があれば充分だ。積雪量はプローブを刺して確認する

ピッケルで掘る場所の印をつける

2

雪洞の横幅は、ツエルトより大きくする。掘る場所を決めたらピッケルで印をつける

スノーソーで切れ目を入れる

3

ショベルで持ち上げる大きさを考えて、スノーソーでブロック状に切れ目を入れる

ショベルで穴を掘る

スノーソーで入れた切れ目に沿って、ショベルで雪を切り出すようにどんどんと掘っていく

ツエルトが張れる大きさまで掘る

横幅はツエルトを張れる大きさまで、床はフラットになるまで、ショベルで雪をかき出す

ツエルトをザックから取り出す

あらかじめ両端に3㎜のスリングで10㎝ほどのループをつけておいたツエルトを取り出す

ピッケルでツエルトを雪面に固定する

ループにピッケルを通して、雪面に固定する。このときピッケルは雪面に対して垂直方向に刺すこと

反対側の端も雪面に固定する

反対側のループにもピッケルかポール、スノーバーなどを通して雪面に固定する

ザックでツエルトがバタつかないように押さえる

両端が固定できたらツエルトの中に入る。そのままでは風で床がバタつくのでザックを置いて押さえる

雪洞＋ツエルトの完成

ツエルトを利用した雪洞づくりは、本格的な雪洞に比べて時間も手間もかからないメリットがある

雪洞をつくらないビバーク

ビバーク適地をピッケルで掘る

木の周りなど風の影響を受けにくいビバーク適地を見つけたら、ピッケルで掘っていく

掘った部分を足で踏み固める

掘った部分の雪面がフラットになるように足で踏み固めて整地する

空のザックをマット代わりに敷く

雪面からの冷えを防ぐために、空にしたザックをマット代わりに敷く

手持ちのウェアをすべて着込む

ザックに腰を下ろし、手持ちのウェアをすべて着込む。ファスナーはすべて閉めておく

レスキューシートをかぶる

レスキューシートを体に巻きつける。隙間があると風が流入してくるので気をつけよう

ツエルトをかぶる

最後にツエルトをかぶる。ツエルトの裾は、風雪が入ってこないように尻の下に巻き込む

Column 6

装備と技術と体力、それに気力も大切な冬のビバーク

テント泊の予定だったにもかかわらず、ポールを忘れて3月の鹿島槍ヶ岳に向かったことがある。このときはやむを得ず、雪洞を掘ってビバークすることにした。仕上がった雪洞は上出来で、風を完全に防げたうえ、シュラフも持参していたので快適だった。予想外だったが、これは楽なパターンだ。

もっと過酷なビバークを、2月の八ヶ岳で強いられたこともある。そのときめざしたのは、登る人はまれな赤岳南西面のバリエーションルート。まずは行者小屋にテントを張り、赤岳と中岳の鞍部を越えて立場川本谷へ下降。そこからめざすルートに取り付いたものの、もろい岩場に手を焼いて敗退した。

その後は雪が降るなか、鞍部をめざして登り返すハメになった。われわれの足取りは重く、途中で真っ暗になってしまったが、行者小屋はさほど遠くはないので不安はなかった。

ところが、鞍部を越えた直後に状況は一変。一気に風が強まり、吹雪に変わったのだ。本来はここで引き返し、風の当たらない立場川方面でビバークするのが正しい判断だった。しかしそのときは、なんとしてでもテントに戻りたいと考えて強行することにした。

吹雪の夜にヘッドランプを灯しても、目に入るのは横殴りの雪だけだ。文三郎道の目印を探して歩きまわるうちに、まったく現在位置がわからなくなってしまった。もはや引き返すことも不可能だった。

多少は風よけになりそうな岩が目に入ったとき、観念した。ここで決断するしかない。吹雪に飛ばされないよう、慎重にツエルトを広げてビバークだ。けれども、ツエルトの中にいても、体は終始強風にあおられっぱなし。冷気が吹き込んで、暖かくなることはない。テントに戻るつもりだったのでシュラフはないばかりか、風でツエルトが破ける可能性に備えて、ブーツもアイゼンも着用したままだ。

ろくに体を温めることができずに長い夜をひたすら耐えて、もう限界だと思うころ、やっと風が弱まった。外が明るくなったので周囲を確かめると、自分たちがビバークしていたのは、文三郎道の平坦地だった。

このときの標高は、約2600m。強い冬型の気圧配置だったので、気温は氷点下20度以下だったはずだ。いま思い出してもぞっとする、生涯で最悪の夜ではあったが、体へのダメージは特になかった。状況が厳しいながらも、できるかぎりの対策をとって、カロリーと水分の補給を心がけたのがよかったのだろう。

あとは、絶対無事に下山するという、強い気持ちをもっていたことも大きかったに違いない。先人の本にも、ビバークで大切なのは気力だと記してあるものが多い。雪山のビバークでは装備と技術と体力が重要だが、同様に気力も必須のものに違いないと感じた。

文／木元康晴（登山ガイド）

実際にビバークするために鹿島槍ヶ岳で雪洞を掘る様子

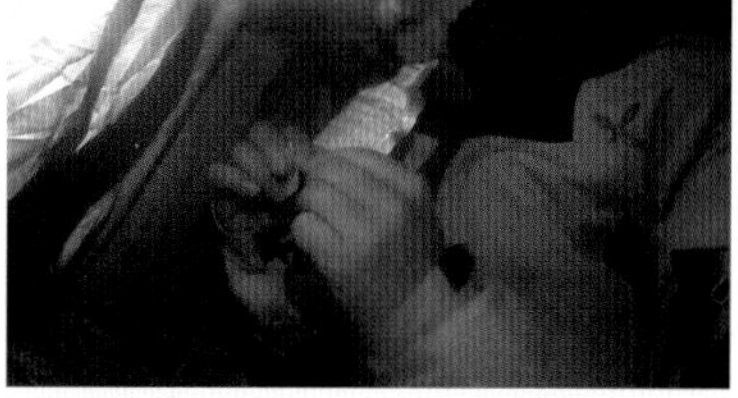

ビバーク時には水分とカロリーの補給が大切（これも実際のビバーク中の様子）

監修

木元康晴［きもと・やすはる］

1966年、秋田県生まれ。日本山岳ガイド協会認定登山ガイド（ステージⅢ）、東京都山岳連盟海外委員。著書『ヤマケイ新書 山のABC 山の安全管理術』、共著書『関東百名山』、近著に『ヤマケイ新書 IT時代の山岳避難』（すべて山と溪谷社）がある。

日下康子［くさか・やすこ］

医療法人社団ICVS「ICVS東京クリニック」院長、米国法人「蓮見国際研究財団」理事。日本登山医学会認定国際山岳医。テント縦走から海外登山まで、幅広いジャンルの登山を楽しんでいる。

中村富士美［なかむら・ふじみ］

民間山岳遭難捜索チーム LiSS代表、WMAJ医療アドバイザー。看護師として青梅市立総合病院に勤務。救命救急センターを経て、現在は国際山岳看護師として活動。行方不明者の捜索も行なう。

ヤマケイ登山学校

山のリスクマネジメント

山と溪谷社編

2020年3月30日　初版第1刷発行

発行人　川崎深雪

発行所　株式会社 山と溪谷社
〒101-0051
東京都千代田区神田神保町1丁目105番地
https://www.yamakei.co.jp/

印刷・製本　図書印刷株式会社

■乱丁・落丁のお問合せ先
山と溪谷社自動応答サービス ☎03-6837-5018
受付時間／10:00-12:00、13:00-17:30（土日、祝日を除く）

■内容に関するお問合せ先
山と溪谷社 ☎03-6744-1900（代表）

■書店・取次様からのお問合せ先
山と溪谷社受注センター
☎03-6744-1919　FAX 03-6744-1927

*定価はカバーに表示してあります。

ISBN 978-4-635-04423-3

編集	山と溪谷社 山岳図書出版部
編集・執筆	羽根田 治
	大関直樹
写真	伊藤文博
	加戸昭太郎
	木元康晴
	小山幸彦（STUH）
	寺田達也
	羽根田 治
	星野秀樹
写真協力	WMAJ（ウィルダネスメディカルアソシエイツジャパン）
	オーセンティックティックジャパン
	北アルプス三県合同 山岳遭難防止対策連絡会議
	国立感染症研究所
	埼玉県消防防災課
	山岳遭難捜索チーム LiSS
	長野県観光部山岳高原観光課
	長野県警察本部山岳安全対策課
	長野県警山岳遭難救助隊
	長野県山岳総合センター
	長野県山岳遭難防止対策協会
	新潟県土木部砂防課
	日本気象株式会社
	日本気象協会
	日本山岳救助機構合同会社（jRO）
	日本登山医学会
	モンベル
	ヤマップ
	ヤマテン
	山と自然ネットワークコンパス
	ヤマレコ
	ロストアロー
カバーイラスト	東海林巨樹
本文イラスト	山口正児
ブック・デザイン	赤松由香里（MdN Design）
デザイン	吉田直人
本文DTP	ベイス
地図製作	アトリエ・プラン
校正	戸羽一郎

■参考文献

『山岳雪崩大全』雪氷災害調査チーム編（山と溪谷社）
『山登りABC 山の天気リスクマネジメント』猪熊隆之、廣田勇介（山と溪谷社）
『雪山100のリスク』近藤謙司（山と溪谷社）
『入門＆ガイド 雪山登山』野村 仁（山と溪谷社）
『ヤマケイ新書 山岳遭難は自分ごと』北島英明（山と溪谷社）
『ヤマケイ新書 山のABC 山の安全管理術』木元康晴（山と溪谷社）
『登山技術全書 セルフレスキュー』渡邊輝男（山と溪谷社）
『登山技術全書 登山医学入門』増山 茂（山と溪谷社）
『新装版　野外毒本』羽根田 治（山と溪谷社）
『雪崩インシデントへの対応マニュアル』日本雪崩捜索救助協議会
『とってもあぶない「なだれ」の話』新潟県
『生死を分ける、山の遭難回避術』羽根田 治（誠文堂新光社）
『トランピン vol.18 夏山教書』（地球丸）